COCINA EN CASA COMO UN CHEF

GIROL SPANISH BOOKS
P.O. Box 5473 LCD Merivale
Ottawa, ON, Canada K2C 3M1
T/F (613) 233-9044 www.girol.com

JORDI CRUZ

COCINA EN CASA COMO UN CHEF

Domina los platos y las técnicas
del restaurante Angle

Grijalbo

Equipo de cocina del restaurante Angle

Nuestro equipo de sala

TÉCNICAS
Y RECETAS

14   NITRO LÓGICA

16   VERMUT DE MANDARINA

18   BLOODY ON THE ROCKS, sorbete de apio y salazones
     «versión receta ABaC 2016»

20   SALSAS NATURALES ESENCIALES

22   ENSALADA TIBIA DE FOIE CON HOJAS CÍTRICAS,
     esencia de calabaza y ajo tierno con puerros caídos y
     crujientes de pan, miel y mejorana

24   MEDALLONES DE CIGALA Y PANCETA con terrina
     de foie, crema de aceite, aceite infusionado al
     romero y esencia de judías a la mantequilla

26   CURRI DE MEJILLONES

28   EMULSIONES AÉREAS DE LÍQUIDOS CON GRASAS
     AMPLIANDO LA TÉCNICA DEL AIRE

30   JUGO DE MELÓN CON IBÉRICO, menta y lima kaffir

32   JUGO DE HONGOS CON EMULSIÓN DE AVELLANA,
     salteado de setas y crestas de gallo con crujiente de
     pan, ibérico y trufas

34   CREMA DE ALCACHOFAS BRETONAS con trufas y
     langostinos aromatizados

36   COCCIÓN AL VAPOR CON AROMAS AÑADIDOS

38   JUGO DE JUDÍAS PERONAS AL ACEITE DE OLIVA
     con percebes, patata escalivada y cigalas al vapor
     de romero

40   CANGREJOS DE RÍO AL AROMA DE JENGIBRE,
     texturas de alcachofas y aceite dulce de soja y
     naranja

42   REPARTICIÓN LÓGICA DE LOS COMPONENTES EN
     EL PLATO

44   TARTAR DE SALMÓN LIGERAMENTE AHUMADO, pan
     de mantequilla, manzanas al horno e hinojo en todos
     sus estados

46   TARTAR DE FOIE NATURAL CON TOQUE ÁCIDO
     Y BALSÁMICO, pan de miel con mejorana y falsa
     gelatina de Tokaji Aszú

48   TARTAR DE ANCHOAS DE LA ESCALA con los
     componentes de una tostada

50   LA INFUSIÓN A BAJA TEMPERATURA DE CALDOS,
     JUGOS Y CREMAS

52   BAGUETINA HINCHADA CON ANCHOA,
     berenjenas y pimientos a la brasa sobre
     un jugo infusionado de escalivada

54   GAMBAS DE PALAMÓS ASADAS, infusión de sus
     cabezas con colmenillas y aceite haciendo referencia
     a la donostiarra

56   MERO AL HORNO SOBRE ARROZ DE SETAS,
     infusión de hongos y aceite de romero

58   LOS JUGOS CLARIFICADOS

60   VIEIRAS AL ACEITE DE OLIVA, maíz salteado con
     aceite de trufa, crema láctea y jugo infusionado de
     calabaza y gallina

62   GAMBA DE PALAMÓS ASADA con suave flor de
     calabacín, ravioli de cigala y su jugo muy clarificado

64   BULLABESA INFUSIONADA DE CARABINEROS

66 TRABAJO CON RAVIOLIS Y ENCERRADOS

68 RAVIOLIS INVERTIDOS DE BONITO CON SUERO DE PARMESANO, crujiente de arroz, tomate en estados y hojas de albahaca

70 CANELÓN DE CIGALAS CON PERCEBES Y SEPIA, salsifí, tomate en dos cocciones y albahaca perfumada

72 RAVIOLIS DE CARACOLES DE BORGOÑA con su jugo concentrado en cebolla, panceta, nabo negro y aceite de nuez al ibérico

74 ESFÉRICOS

76 ESFERAS DE SCAMORZA AHUMADA con texturas de pan con tomate

78 ÑOQUIS DE SALMÓN LIGERAMENTE AHUMADOS con crema de coliflor y pan a la mantequilla

80 APLICACIÓN LÓGICA DE LAS ESPUMAS PARA INTRODUCIR UN SABOR O MARIDAJE BÁSICO

82 GAZPACHO DE FRUTAS con melocotón, chardonnay y fresas

84 RODABALLO SALVAJE AL CHARDONNAY, dos uvas, crema espumosa de albaricoques y aceite ibérico

86 COPA DE COCO CON UN TOQUE CÍTRICO

88 MACERACIÓN RÁPIDA DE ACEITES Y APLICACIONES

90 RODABALLO EN INFUSIÓN DE CÍTRICOS con frutas perfumadas y crema de paraguayo al tomillo limonero

92 RAYA DEL MEDITERRÁNEO CON UNA CREMA DE PLÁTANO Y NARANJA infusionada al tomillo limonero y salteada con hojas de tomate y gambas

94 NUESTRA LIEBRE A LA ROYALE con manzana cocinada, aceite caliente de enebro y jugo macerado con haba de cacao torrefacta

96 EL MARIDAJE SUTIL

98 JUGO DE BACALAO CON LOMO LIGERAMENTE AHUMADO, patata, trufa y tejas crujientes de alioli

100 COCA DE SARDINAS Y ESPÁRRAGOS LIGERAMENTE AHUMADOS con brotes de rúcula al aceite cítrico de pistachos y coco

102 PRODUCTOS TRATADOS COMO UNA ENSALADA

104 SALMONETES Y MAÍZ TRATADOS COMO UNA ENSALADA con tomates en dos cocciones, hojas aliñadas al chardonnay, crema de parmesano y aceite de oliva

106 TACO DE BACALAO TRATADO COMO UNA ENSALADA, espuma de arbequina, tejas de pan y suave sofrito en dos cocciones

108 VIEIRAS TRATADAS COMO UNA ENSALADA con calabaza, maíz a la trufa y tejas de pan a la naranja

110 HACIENDO REFERENCIA A LOS PLATOS DE ANTAÑO

112 RAVIOLIS DE BACALAO CON EL SABOR DE LA ESQUEIXADA, jugo de vegetación gelatinizado, yemas de tomate y hojas de escarola joven ligeramente aliñadas

114 CABALLA DEL MEDITERRÁNEO TRATADA COMO UNA ENSALADA haciendo referencia a un escabeche de conserva

116 CALÇOTS ASADOS Y CONFITADOS con pan de humo y romesco helado

118 LA COCINA DE CONCEPTO BASADA EN LA TÉCNICA

120 RISOTTO DE HONGOS con picada, rúcula y virutas de ibérico

122 «RISOTTO VENERE» CON CAMISA DE BOGAVANTE, gorgonzola, jugo de corales y crujientes frutos secos

124 HACIENDO REFERENCIA A LA PAELLA VALENCIANA arroz de bogavante y camisa de gamba con crema de ganxet, alcachofas y aceite ibérico

126 RISOTTO DE CONEJO EN DOS COCCIONES con maridaje de puerro, queso de cabra y dos trufas

128 ARROZ DE PICHÓN CON FOIE Y HONGOS, dos texturas de manchego y esencia de hierbas de montaña

130 LA COCINA DE CONCEPTO BASADA EN EL PRODUCTO

132 COCHINILLO IBÉRICO CON TRES TEXTURAS DE ALMENDRAS, el grano del cuscús con toque de avellana, ras el hanout y pequeñas hojas de sisho moradas

134 PIES DE CERDO ASADOS, crema infusionada de garbanzos a la vainilla y cangrejos de río al vapor de azafrán

136 INTRODUCCIÓN LÓGICA DE TÉCNICAS EN EL RECETARIO TRADICIONAL

138 JUGO MARINO CON PESCADOS DE ROCA, naranja, azafrán y aire de anisados

140 SOPA FRESCA DE PUERRO Y COCO con pequeña mariscada y una pectina cítrica de hojas perfumadas y aire de lima kaffir

142 NUESTRO FRICANDÓ A BAJA TEMPERATURA con infusión de setas, cebollitas trufadas y aceite de zanahorias dulces

144 ARROZ DE POLLO DE CASERÍO ASADO con nueces y queso Saint Félicien

146 CON FUSIÓN

148 BUN DE CERDO IBÉRICO Y GAMBA DE PALAMÓS con toques exóticos

150 A MODO DE NIGIRI DE CALAMAR ATEMPERADO y pieles de atún cocidas

152 LUBINA Y CIGALITAS DE COSTA A LA TAILANDESA

154 COCCIONES BÁSICAS PARA PESCADOS

156 PEZ DE SAN PEDRO CONFITADO EN ACEITE IBÉRICO, crema de patata ratte, coca crujiente con tuétanos de verdura tratados como un pisto

158 LOMO DE BACALAO CON JUGO DE ESPÁRRAGOS BLANCOS, huevo de codorniz a la trufa, espuma de yema al aceite de arbequina y aceite de oliva con beluga

160 FILETES DE DORADA DEL MEDITERRÁNEO sobre un arroz de hongos y la picada texturizada natural y cremosa

162 FRITURA DE SALMONETES Y ESCAMAS con tomates desecados, jugo de espinas y alioli de citronela

164 CORVINA ASADA con texturas de alcachofas y aceitunas negras

166 EL TRABAJO CON EL FOIE
168 HÍGADO DE PATO ASADO con naranja, melocotón, vainilla y mascabado
170 TACO DE MAIZ Y FOIE GRAS con café, chile, vainilla y cilantro
172 PINTADA ASADA CON FOIE GRAS, carbón de pan negro y berenjenas ahumadas

176 COCCIONES BÁSICAS PARA CARNES
178 TRATADO COMO UN ROSBIF, láminas de ternera atemperadas con aceite de trufas, pan de avellana, hongos, foie y patatas tratadas
180 PIEZA DE CABRITO A BAJA TEMPERATURA con manzana a la sidra y rebozuelos de margen
182 PECHUGA DE PATO AZULÓN con pequeñas hojas de espinaca, crema espumosa de patata y diversos sabores de almendras crudas y tostadas
184 FILETE DE JABALÍ CON FRUTOS Y FRUTAS SECAS, cebollitas a la vainilla y una crema suave de zanahoria con coco

186 TÉCNICAS DE VANGUARDIA APLICADAS CON LÓGICA A GRANDES BANQUETES
188 LOMO DE RAPE CON CAMISA DE OLIVAS NEGRAS y mostaza de grano al aceite de oliva «versión 2004»
190 RAPE EN CAMISA SECA DE ROMESCO con picada y sofrito en dos cocciones «versión 2004»
192 PLÁTANO AL CACAO

196 APLICACIÓN DE LA BAJA TEMPERATURA EN LA *MISE EN PLACE*
198 HUEVO DE CASERÍO A BAJA TEMPERATURA con crujientes de ibérico, yemas de espárragos, espumoso de manchego y hojas de rúcula
200 CANETÓN ASADO Y REPOSADO con tallarines de otoño a baja temperatura, perfumados con pimienta serpiente
202 FILETES DE CIERVO CON RAGÚ DE FRUTAS AL TOMILLO Y FOIE ASADO, crema de melocotón asado, jugo de guiso, aceite cítrico y haba de cacao torrefacta
204 COSTILLAS DE CORDERO LECHAL CON RAGÚ DE PATATA, crema de berenjenas asadas y verduras con el sabor de las brasas

206 REVISIÓN ANUAL DE RECETAS
208 LOMO DE RAPE CON ROMESCO, verduritas corales y gambas de costa «versión 2005»
210 LOMO DE RAPE CON OLIVAS NEGRAS Y MOSTAZA EN GRANO, crema de aceite y tubérculos con brotes de pipa y pan de olivas «versión 2005»
212 YEMA DE HUEVO CURADA Y COCINADA con parmentier de patata y texturas de ibéricos
214 YOGUR, HINOJO Y MANDARINAS al aceite de oliva

216 LA COCINA DE CONCEPTO EN LOS POSTRES
218 HACIENDO REFERENCIA A UN CAPUCHINO, hojas crocantes de cacao con esfera láctea, café, nata batida y leche concentrada
220 HACIENDO REFERENCIA A NUESTRAS HOJAS DE CACAO: EL TURRÓN 2005, hojas, aceites y frutas de almendras y avellanas con crema de turrón, helado nougat y esfera de jijona

222 LOS POSTRES «CUAJADOS»: LOS CUAJOS, GELIFICANTES Y ESPESANTES

226 HACIENDO REFERENCIA AL GIN-TONIC, agua mineral tonificada, gasificada y gelatinizada con infusión de limón y bayas de enebro

228 LECHE DE CABRA CUAJADA AL MOMENTO con pectina de miel y piñones tostados

230 LAS EMULSIONES EN ESFERA

232 ESFERA DE ANÍS con crujiente de quinoa y diversidad en la mora

234 EL TIRAMISÚ CEREAL

236 ELABORACIONES DULCES TRADICIONALES PUESTAS AL DÍA

238 PASTELITO DE CHOCOLATE HACIENDO REFERENCIA A UNA GANACHE, almendras blancas y amargas, avellanas tostadas, sal volcánica y maridaje con uva pasa

240 MIEL Y REQUESÓN con un compacto de fruta seca, crujiente de piñones y una pectina efecto frambuesa

242 ESPUMA DE CREMA CATALANA CARAMELIZADA con ocumare, helado de plátano y piña guisada al ron añejo

244 BAJO UNA ESCARCHA DE FLORES SECAS, nubes de yogur, galletas crujientes y helado de violetas

246 TEXTURIZACIÓN NATURAL DEL ACEITE DE OLIVA

252 VIEIRAS ASADAS CON PASTA DE ACEITE Y BROTES DE SOJA con alcachofa, apionabo y aceites esenciales

254 LOMO DE MERLUZA HACIENDO REFERENCIA A LA VASCA, almejas, crema de aceite en esencia de perejil y ajos tiernos, germinado de guisante y cebolletas

256 LUBINA MACERADA Y ASADA CON EMULSIÓN MARINA DE ACEITE, encerrados de ostras y acelgas con percebes y clorofila cítrica

258 MARIDAJES CON LÓGICA, NUESTRO TRABAJO EN SALA

LA EVOLUCIÓN DE LA COCINA DE NUESTRO TIEMPO

«Es de bien nacido ser agradecido», reza el refrán. Mi madre me lo ha repetido cientos de veces. Jordi me pide que le escriba el prólogo para este libro y queda claro que lleva en la sangre la misma condición que a mí me inculcaron siendo joven: la de agradecer lo que por uno hacen los demás, tener memoria para las cosas importantes.

En este caso particular, no puedo ocultaros la verdad: me hace gran ilusión y me reconforta que Jordi acuda a mi torpe pluma para que le prologue este estupendo libro hecho con mucha ilusión y hechuras de enorme cocinero. Varios son los motivos. Somos amigos hace mucho tiempo y uno siempre agradece que los amigos, además de llamar para que se les eche un cable, también compartan algo tan personal como es la confección de una obra de esta magnitud. Editar es poner las tripas del revés, enseñar lo que muchos tan celosamente guardan para sí. Es un acto de generosidad, de pasión.

No puedo negar la admiración que siento por un hombre y un profesional de la talla de Jordi Cruz, siempre dispuesto, con una amplia sonrisa, con muchas ganas de vivir y de cocinar bien.

Poco más puedo decir. Ser parco en palabras es lo menos que puedo hacer por respeto a ti, querido lector o lectora. No os entretengo más, pasa página y apriétate los machos.

Martín Berasategui

Recuerdo con nostalgia el primer concurso de jóvenes cocineros que inicialmente se celebraba en Vitoria, en el marco de las jornadas de cocina de autor, y que más tarde acabaría desarrollándose en el Kursaal de San Sebastián. Convertidos en un saco de nervios, competíamos entre colegas en jornadas de trabajo maratonianas y cada equipo presentaba los platos de su menú ante un jurado formado por los críticos gastronómicos y los cocineros más prestigiosos.

El destino quiso que, unos años más tarde y en el marco de *Lo mejor de la gastronomía*, me tocara desempeñar el papel de jurado del mismo concurso.

Ese año el nivel era muy alto; la mayoría de platos estaban muy bien resueltos técnica y conceptualmente. La labor del jurado fue difícil y, después de una ardua discusión, resultó que uno de los ganadores fue Jordi Cruz.

Así fue como conocí al autor de esta obra. Y, aunque su carrera no había hecho más que empezar, me di cuenta de que se trataba de un joven ambicioso con una culinaria impecable e imaginativa y un futuro prometedor. Jordi Cruz es uno de esos cocineros que despliega una gran capacidad de trabajo y posee la virtud de asimilar conocimientos con mucha facilidad y rapidez.

Filtra, contrasta y asimila todo lo que es nuevo para él. Ha sido un espectador de excepción de la gran revolución gastronómica de los últimos años, coincidiendo con el nacimiento y consolidación de los congresos de gastronomía, que han provocado una rápida propagación de técnicas, conceptos e ideas. Jordi Cruz es un representante de la nueva generación de cocineros formados en escuelas de Hostelería cada vez más capaces en su misión de formar a los jóvenes.

Estamos ante un libro muy completo, un amplio y profundo trabajo de síntesis de las nuevas y viejas técnicas, observadas desde la frescura y la lógica del autor.

El resultado es sorprendente, y me parece imprescindible para entender y conocer mejor la evolución de la cocina de nuestro tiempo. No tengo la menor duda del éxito de este magnífico libro y de que su autor va a escribir páginas de gloria para bien de la culinaria de este país.

Joan Roca

AGRADECIMIENTOS

A la familia González, por creer en un cocinero cargado de ilusión, pasión e ideas y apostar por él.

A Karen, Josep y Alberto. No solo sois familia, vosotros sois quienes realmente dan vida al Angle y, dicho sea de paso, también a mí.

A todos los que vivieron conmigo esos primeros años en el Estany Clar y los de Angle en Sant Benet y hoy en Barcelona. Hay que tener memoria.

A todos los cocineros que me han acompañado, por ser el motor de nuestro proyecto y, pese a los nervios y las prisas, vivirlo siempre con la ilusión del primer día.

A Àngel de 100x100 Chef, por estar siempre, por tu curiosidad sin límites y por dar vida a tantas ideas.

A Ferran Adrià, Joan Roca, Martín Berasategui, Andoni Luis Aduriz, Quique Dacosta, Carme Ruscalleda, Pedro Subijana... y a todos los cocineros, por situar nuestro mundo gastronómico en el mapa, por el apoyo incondicional a las nuevas generaciones y por su increíble aportación a la cocina.

A Roser, la razón de ser, la fuerza y, quizás, la mejor madre del mundo.

A los que quiero y siempre serán mi familia: Fede, Enriqueta, Fredie, Montse, Cris, Eva y Alba.

A vosotros, por dar sentido, por ser el motivo, por estar...
A todos, ¡gracias!

NUESTRA ILUSIÓN, NUESTRO MUNDO

El de cocinero es, sin lugar a dudas, uno de los trabajos más bellos que se pueden realizar, pero para descubrir sus encantos hay que poner los pies en el suelo, ser realista, caminar siempre hacia adelante y no dejar de soñar.

Para la gente que trabajamos en él, nuestro restaurante siempre ha sido nuestra segunda casa, un sitio donde ganarse la vida haciendo algo que nos gusta y que en tantas ocasiones nos llega a apasionar.

Algunas personas, ya de muy pequeñas, descubren en la cocina un quehacer que les motiva y les llena, una manera de expresar sus sentimientos, incluso algo divertido, la intuición, la creatividad…

Hace tiempo que nos dimos cuenta de que no solo pretendíamos satisfacer la necesidad humana de alimentarse, sino que caminábamos por un sendero que parecía llevarnos a algún lugar desconocido, algo pasaba, y decidimos llamarlo «evolución». Nuestro camino iba tomando forma y sentido, el paso del tiempo nos otorgaba experiencia y una visión más amplia de nuestro trabajo. Ahora disfrutamos de cada día, cada servicio, cada plato. Dotamos de identidad a un sitio, disfrutamos con nuestra cocina, la vivimos.

Mi manera de entender la cocina es sencilla: todo tiene su lógica y requiere solo nuestro cariño y nuestro afán por saber más. Ver, oler, saborear y aprender, cultivar unos conocimientos tan amplios como sea posible para poder trazar pinceladas de sabor en lienzos de porcelana. Lo más divertido es dar forma a una idea, que tome cuerpo con el buen hacer de cada día y se torne un regalo para los sentidos.

Este libro cierra una etapa, seguramente la más apasionante, aquella en que aprendimos a andar, hablar, llorar y sonreír. Entre sus páginas, intento reflejar cada uno de esos bellos recuerdos, las útiles enseñanzas de los malos momentos y tantas experiencias vividas en el camino de nuestra propia evolución.

A mi entender, un libro debe proporcionar información, enseñar cosas útiles, despertar la creatividad y provocar ganas de emprender trayectorias nuevas. Las técnicas y los conceptos desarrollados en este trabajo tienen la intención de sumar un grano de arena a lo expuesto por otros cocineros. Son una muestra de cómo se potencia la inventiva de todos nosotros con el fin de abrir nuevos caminos, crear un estilo propio y enriquecer, entre todos, la gastronomía de nuestro país.

Jordi Cruz, 2005

Hace más de diez años de estas líneas. Esta introducción corresponde al libro *Cocina con lógica*, que fue el primer recetario que escribí. Las páginas que tienes en tus manos recogen esos primeros platos e incorporan otros nuevos que elaboramos actualmente en el restaurante Angle.

La cocina es evolución constante, supone dar pequeños pasos hacia adelante y ninguno para atrás, pero es tan importante la tenacidad como la memoria. Si la cocina de Abac es nuestra vanguardia, Angle no es solo el primer restaurante que abrí, sino que también encierra nuestra tradición modernizada y explica de forma sutil cómo nos formamos y cómo avanzamos en este gran camino de la gastronomía.

Aquí te presento un libro escrito con el corazón, cocinado a lo largo de mis primeros 26 años entre fuegos, cucharas

y cazuelas. Lo inspira no solo mi pasión por la cocina, sino también la de muchos cocineros que me han acompañado en este camino y que ya considero familia. Quizás muchas de estas recetas te parezcan complejas para hacerlas en casa, pero tengo claro que con curiosidad y un poco de tesón todo se puede lograr. Si estas páginas te sirven para descubrir alguna técnica, algún producto nuevo o te despiertan ese gusanillo hambriento y loco llamado «cocinar», todo nuestro trabajo habrá merecido el esfuerzo.

Solo me queda agradecerte la confianza y animarte a conocer con nosotros cómo empezamos, cómo evolucionamos y compartir contigo las enormes ganas de descubrir qué nos queda por cocinar.

Jordi Cruz, 2016

NITRO
LÓGICA

El nitrógeno es un gas sin sabor, sin color y sin olor que respiramos habitualmente, ya que forma parte del aire atmosférico en un 78 %. Para obtener nitrógeno líquido, se realiza un proceso industrial de destilación fraccionada de aire líquido, cuyo resultado es un líquido a una temperatura extremadamente baja (inferior o igual a -195,8 ºC), con tendencia a transformarse de nuevo en gas. Se podría hacer una descripción mucho más compleja, pero lo que es realmente importante para entender qué supone la introducción del nitrógeno líquido en la cocina puede resumirse en tres puntos:

• Es un ingrediente que, gracias a su volatilidad, temperatura ultrabaja y cero aportación de absolutamente nada, nos permite realizar procesos, elaboraciones y técnicas que de otra forma serían muy difíciles o directamente imposible de llevar a cabo. La magia se produce al utilizarlo como un agua hirviente donde introducimos productos o elaboraciones que, una vez «cocinados», aparecen totalmente secos.

• Es peligroso, tanto por su manipulación como por su conservación, ya que se encuentra a una temperatura tan baja que, en contacto con la piel, puede provocar congelaciones y quemaduras por frío. En cualquier caso, no es ni más ni menos peligroso que una cazuela o sartén con aceite muy caliente. También debemos tener mucho cuidado de no «encerrar» este ingrediente en contenedores no aptos para el nitrógeno líquido. Si lo introducimos en un recipiente no específico para su conservación, puede reventar a causa del exceso de presión. Hay que conocer los «peligros», cómo manipularlo y conservarlo, pero, si trabajamos con precaución, no habrá que asumir muchos riesgos.

• Puede resultar caro. En realidad, su coste es relativamente bajo, pero las herramientas necesarias para utilizarlo son costosas. Además, al ser un gas atmósfera sometido a presión, siempre estamos perdiendo producto, ya que este desaparece. Para optimizar su coste hay dos puntos clave: el primero es hacer un uso justificado utilizándolo para elaboraciones que realmente nos aporten algo y que no puedan realizarse de otra forma, y el segundo es emplearlo con criterio y responsabilidad y con las herramientas y los conocimientos necesarios para hacer un buen uso de él.

Para empezar a utilizar nitrógeno líquido, debemos contar con un buen proveedor que nos pueda servir siempre que lo necesitemos y a un precio lógico, tanto de producto como de transporte. El material básico será una «lechera» o recipiente isotérmico de 20 a 40 litros que sea de calidad y específico para la conservación del nitrógeno, jarras isotérmicas, cryo-bowls, etc. Se recomienda el uso de gafas, guantes y delantales también específicos para la manipulación del producto.

El nitrógeno tiene muchas aplicaciones, quizás la más famosa sea la de «espectáculo» en la sala. Está muy bien la aportación estética y la espectacularidad de su uso, pero este producto debe entenderse como un valor añadido, como algo que realmente tiene aplicaciones con sentido más allá de meras puestas en escena atractivas. El uso del nitrógeno líquido nos permite realizar helados o sorbetes al momento con productos que se oxidan o pierden propiedades; con él podemos crear cócteles y elaborar arenas, masas o «tierras» con facilidad, formar velos, cáscaras, capas singulares con productos sin añadidos como gelatina o similares, etc.

Son muchas las técnicas desarrolladas, muchas las soluciones que puede aportarnos su uso y, quizás, lo más importante sea clasificar al nitrógeno líquido como «ingrediente». Una aportación que ha llegado a las cocinas para quedarse, para proporcionar soluciones y convertirse en algo tan habitual como el papel de cocina, los moldes de silicona, un congelador o una freidora, y su uso, en ocasiones incoherente y en otras lógico y necesario, poco a poco se normalizará hasta consolidarse como algo normal en gran número de cocinas.

VERMUT DE MANDARINA

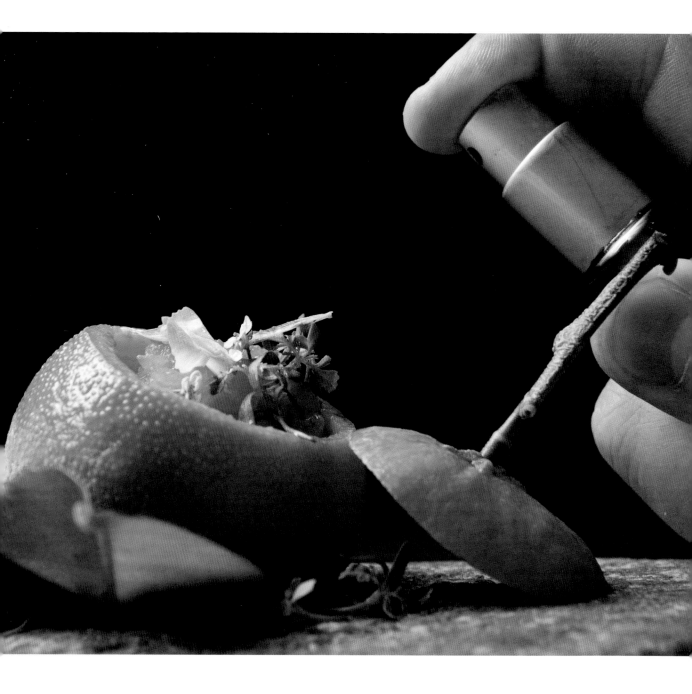

4 mandarinas | nitrógeno

PARA LA MANDARINA Cortamos la mandarina por la parte superior, reservando la tapa, y con una cucharilla de café sacamos los gajos del interior sin romper la piel, ya que esta nos servirá para servir el plato.

Pelamos con cuidado los gajos retirando la piel que los cubre y los introducimos en nitrógeno durante 30 segundos, o hasta que estén totalmente congelados. Colocamos la carne congelada de mandarina entre dos papeles antiadherentes y la golpeamos con un rodillo hasta que veamos que los gajos han perdido totalmente su forma. Este proceso nos permitirá separar, sin romperlos, todos los pequeños saquitos llenos de zumo que componen cada gajo de mandarina.

2 dl de zumo de mandarina filtrado con la ayuda de un colador | 30 ml de vermut | 8 ml de Campari

PARA EL SORBETE NITRO DE MANDARINA Y VERMUT Mezclamos todos los líquidos en un recipiente de pírex o metálico especial para trabajar el nitrógeno. Removemos con una varilla e incorporamos nitrógeno hasta que obtengamos la textura de un sorbete.

4 aceitunas verdes tipo gordal en trozos | flores de begonia blanca | brotes de mandarina | vermut rojo de buena calidad dentro de un vaporizador

MONTAJE Recuperamos las cáscaras de mandarina que hemos reservado y los gajos desmenuzados. En la base de las cáscaras, ponemos un par de cucharadas de pulpa de mandarina. Colocamos encima unos trozos de aceituna y, una vez hecho el sorbete, lo distribuimos encima de la pulpa de mandarina. Por último, decoramos el plato con las flores y los brotes y vaporizamos el conjunto con un poco de vermut delante del comensal.

BLOODY ON THE ROCKS, SORBETE DE APIO Y SALAZONES

(versión receta ABaC 2016)

PARA 10-12 ELABORACIONES

1,5 litros de agua | 7,5 g de alginato de sodio en polvo

PARA EL BAÑO DE ALGINATO Introducimos un litro de agua en el vaso del túrmix y le añadimos el alginato en polvo. Trabajamos la mezcla con el túrmix hasta que se disuelva bien el alginato, intentando no incorporar mucho aire. Agregamos el resto del agua y reservamos el conjunto unas 12 horas para que el alginato se hidrate bien y la mezcla pierda el aire introducido con el túrmix. Esta base puede guardarse sin problemas 2 o 3 días en la nevera.

1 rama de apio pequeña | 500 g de tomate cherry de buena calidad | 20 g de cebolleta | 1 g de ajo | 1 litro de zumo de tomate pasteurizado de buena calidad | 0,6 g de sal | 8 gotas de Tabasco | 10 gotas de Lea & Perrins | 5 g de zumo de lima natural | 24 g de gluconolactato cálcico | 2 g de goma xantana | 10 g de umami de mar Sosa | baño de alginato

PARA LAS ESFERAS DE BLOODY Limpiamos bien las verduras y trituramos todos los ingredientes, exceptuando el gluconolactato, la xantana y el umami de mar. Una vez esté todo triturado, pasamos el conjunto por un colador fino y, con la ayuda del túrmix, agregamos el gluconolactato, la xantana y el umami. Es importante triturar con cuidado para no incorporar aire a la mezcla, porque entonces flotaría en el baño de alginato y no se nos formarían bien las esferas. Dejamos reposar la mezcla hasta que pierda el aire contenido o realizamos una extracción de aire en una máquina de vacío. Finalmente formamos esferas con esta mezcla en el baño de alginato y las dejamos cocinar 1 minuto aproximadamente.

NOTA: Podemos conservar las esferas durante un par de días en un recipiente con aceite de oliva.

—

2,5 kg de manzana granny smith | ½ pieza de apio | 280 g de Prosorbet o estabilizante para sorbetes | ácido ascórbico

PARA EL NITROSORBETE DE APIO Y MANZANA Con la ayuda de una licuadora, hacemos un zumo con las manzanas bien limpias y sin pepitas y el apio. A continuación, le añadimos el Prosorbet y una pizca de ácido ascórbico para evitar la oxidación (también podemos usar unas gotas de zumo de lima o de limón). Esta elaboración es inmediata y la helamos también al momento, delante del comensal. Para cada dos raciones, colocamos 80 g de mezcla en un criobol, que es un recipiente de pírex o acero apto para trabajar con nitrógeno líquido. Trabajamos la mezcla con unas varillas y vamos incorporando una pequeña cantidad de nitrógeno líquido, contenido en una jarra especial para trabajar con este producto. Vamos removiendo y helando la mezcla, sin dejar de batir para incorporar la mayor cantidad de aire posible y añadiendo nitrógeno hasta conseguir un sorbete emulsionado y cremoso pero con una textura densa. Lo servimos al momento.

NOTA: Prosorbet es una mezcla de estabilizantes, azúcares etc., indicada para realizar sorbetes y que no necesita tiempo de maduración.

—

2 tomates | un trozo de apio de unos 5 cm | sal | pimienta | aceite de oliva arbequina

PARA LAS VERDURAS DE BASE Escaldamos el tomate y el apio durante unos 30 segundos y los enfriamos en agua con hielo. Después pelamos el tomate y lo picamos junto con el apio en cuadrados pequeños lo más perfectos posible. Aliñamos el picadillo con sal, pimienta y un buen aceite de oliva arbequina.

—

4 hojas grandes de lechuga romana | sal | pimienta | aceite de oliva arbequina

PARA LAS NERVADURAS DE LECHUGA ROMANA
Separamos los troncos o nervaduras de las hojas verdes y, con un pelador, cortamos tiras del tronco de la lechuga lo más finas posible. Introducimos las tiras en un baño de agua con hielo hasta que se ricen. Las escurrimos encima de un papel absorbente y, antes de servirlas, las aliñamos con sal, pimienta y un buen aceite de oliva arbequina.

—

1 kg de tomates cherry | 1 litro de zumo de tomate | 80 g de cebolleta | 140 g de apio | 35 g de umami de mar Sosa | 95 g de zumo de lima | 4,5 g de Tabasco | 25 g de sal | 6,5 g de Lea & Perrins | 15 g de azúcar | 1 c/s de pimienta

PARA EL AGUA DE BLOODY MARY Ponemos todos los ingredientes en un recipiente grande y, con la ayuda del túrmix, los trituramos hasta que quede un líquido bien fino y emulsionado. Lo vertemos dentro de una superbag o una estameña y la colgamos dejando que el líquido se filtre. El líquido que se filtrará primero será de un color rojizo y no nos interesa. Cambiamos el recipiente donde cae el líquido tantas veces como sea necesario hasta que salga un líquido de color amarillo y totalmente limpio. Terminado el filtrado, sazonamos el líquido con los aliños clásicos del Bloody Mary hasta darle un sabor potente y a nuestro gusto.

NOTA: El líquido que se filtra al principio, de color rojizo, no lo tiramos, sino que volvemos a ponerlo con cuidado en la superbag, y acabará clarificándose.

—

2 dl de agua de Bloody Mary

PARA LOS CUBITOS DE BLOODY MARY Vertemos el agua de Bloody Mary en una cubitera normal para hacer cubitos de hielo y la congelamos por completo.

—

anchoas de muy buena calidad cortadas en trozos de 3 mm | hojas pequeñas y tiernas de apio | sal de apio

MONTAJE Colocamos una cucharada de verduras de base en el fondo de pequeños boles bien fríos. Encima de estas, tres esferas de Bloody Mary. Sobre el conjunto, disponemos unas hebras rizadas de lechuga, unas tiras de anchoa y unas hojas de apio tiernas. Terminamos el montaje con un hilo de buen aceite de oliva y, al final, colocamos una cucharada generosa de nitrosorbete de manzana y apio. Aparte, llevamos a la mesa unos vasos para whisky clásicos con los cubitos de Bloody Mary y una pizca de sal de apio. Ponemos el agua de Bloody Mary en una botella de cristal clásica, como si de un whisky se tratara, y servimos la cantidad justa para cubrir los cubitos.

Texturización de salsas esenciales con diferentes espesantes

Texturización con Micri

SALSAS
NATURALES
ESENCIALES

Estas elaboraciones intentan concentrar y potenciar muchas de las propiedades básicas del producto con el que elaboramos una salsa o crema. La idea es retener al máximo el color natural del ingrediente y acentuar su sabor, ya que acostumbramos a utilizar muy poca cantidad de elaboración, y el sabor del producto debe distinguirse de manera nítida en el paladar.

Normalmente, empleamos esta técnica con verduras, frutas y con productos naturales de los que podamos extraer un jugo que luego se pueda concentrar. El procedimiento básico es siempre el mismo, pero cada alimento tiene sus propias características que deben tenerse en cuenta para su elaboración.

En el caso de las verduras, hay que descartar las partes muy duras, con poco sabor o que puedan aportar sabores desagradables, como cortezas, membranas o tallos. Y, en el caso de las hojas, debemos limpiar bien los restos de tierra. Son elaboraciones que normalmente se licuan para conseguir un jugo. Las frutas y verduras ya contienen mucha agua, pero las hojas, como el perejil o las espinacas, necesitan un escaldado en una cantidad mínima de agua y luego un enfriamiento muy rápido para no perder color.

Algunos productos, como el puerro o el cebollino, que son ricos en celulosa, pueden emplearse sin concentración alguna, ya que los componentes naturales darán una textura óptima de trabajo.

En nuestra cocina siempre concentramos el producto para potenciar el sabor, además de la textura. Para la elaboración, concentramos los jugos naturales en cocciones muy rápidas y a temperaturas fuertes. Una vez concentrado el producto, tenemos que enfriarlo rápidamente ya sea con cubitos de hielo, en abatidores de temperatura o con bandejas Gastronorm en congeladores.

Al final de la rápida cocción, añadimos componentes que nos aporten densidad al líquido. Normalmente, utilizamos mantequilla, tapioca, raíz de mandioca texturizada Micri, féculas, etc. Estos espesantes necesitan ser texturizados con un líquido para incorporarlos a la elaboración. Para conseguir la textura deseada, podemos utilizar agua del escaldado en los productos que requieran una cocción previa, o usar directamente un poco del producto base.

En las dos recetas siguientes, veremos las elaboraciones más comunes con la técnica de salsas esenciales. Aparte de las pequeñas diferencias de elaboración, la función básica es la misma: potenciar un concepto de plato o un maridaje básico.

Encontraremos también dos buenos ejemplos de esencias cortadas con aceites en las recetas de las páginas 120 y 128, elaboradas a partir de hierbas de montaña y rúcula selvática.

ENSALADA TIBIA DE FOIE CON HOJAS CÍTRICAS,
ESENCIA DE CALABAZA Y AJO TIERNO CON PUERROS CAÍDOS Y CRUJIENTES DE PAN, MIEL Y MEJORANA

1 lóbulo grande de foie muy fresco | c.s. de leche | sal y pimienta blanca | 2 c/s de aceite de oliva picual

PARA EL FOIE Mantenemos el foie en la leche ligeramente salada durante 1 hora para desangrarlo. Lo secamos perfectamente y cortamos raciones de 80 o 100 g. Aliñamos con sal y pimienta y asamos, durante aproximadamente 1 minuto, en una sartén con un poco de aceite hasta que tome un bonito color tostado. Acabamos la pieza al horno a 135 °C hasta que alcance los 35 °C en el corazón del producto.

—

1 kg de calabaza | 80 g de mantequilla en flor | sal y pimienta blanca

PARA LA ESENCIA DE CALABAZA Licuamos la pulpa de la calabaza sin nada de cáscara. Colamos por un chino. En una sartén antiadherente bien caliente, reducimos el jugo junto con la mantequilla. Rectificamos de sal y pimienta y cuando adquiera una textura untuosa, colamos en un recipiente bien frío puesto con antelación en la nevera.

—

500 g de hojas verdes de puerros | 200 g de hojas verdes de cebolleta | 80 g de Micri o 16 g de tapioca | 1 dl de aceite de avellana tostada | sal y pimienta blanca

PARA LA ESENCIA DE PUERROS Y AVELLANAS Escaldamos las hojas en agua ligeramente salada por espacio de 1 minuto. Enfriamos con hielo y reservamos el agua de cocción. Licuamos las hojas dos veces. Trituramos el Micri en 80 ml de agua de cocción. Reducimos esta esencia como la anterior, sustituyendo la mantequilla por el Micri texturizado en agua de cocción. Para la elaboración con tapioca, cocemos en agua de cocción la tapioca por espacio de 15 minutos.

—

120 g panecillo precocido crudo de calidad, tipo chapata | 20 g miel | hojas molidas de mejorana seca | sal

PARA EL PAN CRUJIENTE DE MIEL Y MEJORANA Cortamos el pan semicongelado a dados de 0,4 cm. En una sartén antiadherente, doramos los dados sin dejar de saltear, procurando que no se quemen ni se rompan demasiado. Cuando estén tostados añadimos la miel a hilo y la mejorana. Reservamos el pan en un recipiente hermético.

—

8 puerros mini | hojas de rúcula selvática, acelga roja, canónigos, perifollo, berros y alguna otra variedad ligeramente amarga | 1 dl de aceite de oliva royal | 10 ml de vinagre balsámico | 5 ml de hidromiel | sal y pimienta blanca

PARA LA ENSALADA Y EL PUERRO JOVEN CAÍDO Escaldamos los puerros de 15/20 segundos en agua salada y enfriamos con hielo. Ponemos las hojas de ensalada en agua tibia con una gota de lejía durante 5 minutos. Las limpiamos y mantenemos 5 minutos más en agua helada. Hacemos una vinagreta con el resto de ingredientes.

—

—

Frutas para acabar el plato (por ración)
8 arándanos (opcional) | 6 fresitas del bosque | 1 fresa pequeña | 6 semillas de fruta de la pasión | 3 yemas de tomate de Montserrat | hojitas de tomillo limonero | hojitas de menta

MONTAJE Asamos el puerro y cortamos en secciones de 1 cm. Acabamos el foie al horno y aliñamos la ensalada. En el plato, hacemos unos trazos con la calabaza y unas gotas con la esencia de puerros. Cortamos con aceite de avellana la esencia de puerros restante la y trazamos un círculo. Disponemos el foie encima de una cucharada de daditos de pan y acabamos con las hojas de ensalada recién aliñadas. A menudo, incorporamos mitades de avellanas tostadas para que el comensal reconozca el sabor del aceite.

MEDALLONES DE CIGALA Y PANCETA
CON TERRINA DE FOIE, CREMA DE ACEITE, ACEITE INFUSIONADO AL
ROMERO Y ESENCIA DE JUDÍAS A LA MANTEQUILLA

8 cigalas medianas muy frescas | 1 pieza de panceta curada | 12 g de terrina de foie natural | sal y pimienta blanca

PARA LAS CIGALAS Limpiamos perfectamente las colas de cigalas. Reservamos las cabezas para otros usos. Cortamos tiras de panceta de 6-8 cm por 1 cm de ancho lo más finas posible. Cortamos la terrina en daditos. En el centro de cada cigala ponemos un cubo de foie, damos forma de medallón y enrollamos con la panceta. Rectificamos de sal y pimienta.

—

PARA LA CREMA DE ACEITE Trabajos en texturización del aceite de oliva. *Véanse págs. 244-243.*

—

2 dl de aceite refinado de oliva 0,4° | 40 g de hojas de romero fresco

PARA EL ACEITE DE ROMERO Envasamos en una bolsa de vacío el aceite y el romero. Maceramos al baño maría a 65 °C durante 45 minutos o 1 hora.

—

500 g de judías peronas | 40 g de mantequilla | sal y pimienta blanca

PARA LA ESENCIA DE JUDÍAS PERONAS A LA MANTEQUILLA Licuamos las judías y filtramos el jugo resultante por un chino. Reducimos en una sartén antiadherente junto con el resto de ingredientes hasta que adquiera una textura densa. Añadimos un poco de azúcar si la esencia tiene cierto amargor. Enfriamos lo más rápido posible para evitar la pérdida de color y la oxidación.

—

MONTAJE Asamos los medallones de cigala primero por la superficie para sellar la panceta y acabamos asando los laterales hasta que la panceta adquiera cierto tono tostado. La cocción no tendría que superar los 40 segundos. Reservamos 2 minutos en un lugar caliente a 50 ºC. En el plato, dibujamos unos trazos de crema de aceite y de esencia de judías. Colocamos los medallones y acabamos con unas escamas de sal y un fino cordón de aceite de romero. Podemos colocar unas flores de romero, o unos brotes tiernos.

CURRI DE MEJILLONES

—
275 g de hongos *Boletus edulis* frescos o bien congelados enteros | 65 g de mantequilla | 65 g de nata | 30 ml de salsa de soja fermentada | 65 g de cebolleta | 1 litro de caldo de pollo

PARA EL CALDO CRIOFILTRADO DE HONGOS Pelamos los pies de los hongos y dejamos los sombreros sin pelar. Limpiamos bien los pies pelados y los sombreros y los escaldamos unos 30 segundos en agua hirviendo. A continuación los enfriamos en agua con hielo. Seguidamente, cortamos los hongos en trozos de unos 3 cm

y los introducimos en el horno, precalentado a 180 °C, con una nuez de mantequilla. Dejamos que se asen hasta que estén dorados. Esta operación también podemos hacerla en una sartén amplia a fuego medio o fuerte hasta que el conjunto adquiera un bonito color tostado. Una vez bien dorados, los sacamos del horno y los reservamos.

En una olla, doramos la cebolla cortada en trozos de 2 cm. Añadimos las setas y cocinamos el conjunto unos 3 minutos más. Mojamos el salteado con el caldo de pollo y lo hervimos durante 10 minutos. Una vez pasados los

10 minutos, agregamos la nata y la mantequilla y lo dejamos hervir todo otros 5 minutos.

Fuera del fuego, incorporamos la soja y trituramos todo el conjunto hasta que quede bien fino. Finalmente envasamos esta mezcla en bolsas al vacío y las ponemos en el congelador para que se formen unas «placas». Después dejamos descongelar las placas encima de una estameña o paño de lino muy limpio para conseguir un caldo de setas totalmente translúcido y clarificado.

—

1,5 litros de agua | 7,5 g de alginato de sodio en polvo

PARA EL BAÑO DE ALGINATO Ponemos 1 litro de agua en un vaso para túrmix y añadimos el alginato en polvo. Trabajamos la mezcla con el túrmix hasta disolver bien el alginato, intentando no incorporar mucho aire. Añadimos el resto del agua y reservamos el conjunto unas 12 horas para que el alginato se hidrate bien y la mezcla pierda el aire introducido con el túrmix. Esta base se puede guardar sin problemas 2 o 3 días en la nevera.

—

300 g de chalota | 30 g de ajo | 65 g de citronela | 20 g de jengibre fresco | 1 g de comino molido | 2 g de curri en polvo | 2 dl de vino blanco | 400 g de tomate concentrado | 10 g de pasta de curri rojo | 4 dl de agua | 20 g de hoja de lima | 12 dl de leche de coco | 30 g de gluconolactato cálcico | sal | pimienta | baño de alginato

PARA LAS ESFERAS DE CURRI Cortamos la chalota y el ajo muy finos y los rehogamos hasta que adquieran un color dorado medio. Añadimos el polvo de curri y el comino molido y los tostamos en la cazuela hasta que se desprenda un olor fuerte a curri. Seguidamente añadimos el vino y lo dejamos reducir.

Agregamos la citronela, el jengibre y las hojas de lima picadas y lo rehogamos todo. Más tarde incorporamos el tomate concentrado y la pasta de curri rojo, la leche de coco y el agua. Hervimos la mezcla una ½ hora y rectificamos el punto de sal y pimienta. Pasamos el caldo por un colador fino, le añadimos el gluconolactato y formamos esferas en el baño de alginato. *Véanse págs. 74-75.*

—

600 g de calabaza | 50 g de mantequilla | 6 g de gluconolactato cálcico | baño de alginato

PARA LAS ESFERAS DE CALABAZA Pelamos y cortamos la calabaza y la metemos en el horno con una nuez de mantequilla. La asamos a 180 ºC hasta que tenga un bonito color dorado y esté completamente cocida.

Una vez asada, la trituramos caliente en un robot de cocina y le añadimos la mantequilla para darle brillo y sabor y

obtener una crema de calabaza bien emulsionada.

Si la crema queda muy densa, podemos aclararla con una pequeña cantidad de caldo suave de verduras. Añadimos el gluconolactato a la crema y formamos esferas en el baño de alginato. *Véanse págs 74-75.*

—

20 mejillones | 20 ml de agua | sal | 2 granos de pimienta

PARA LOS MEJILLONES Limpiamos bien los mejillones y ponemos todos los ingredientes en una cazuela con tapa para cocer los mejillones al vapor. Una vez se vayan abriendo, los vamos sacando de uno en uno y los reservamos en la misma agua de la cocción. Esta operación se puede realizar al vacío con fantásticos resultados. Para ello, colocamos los mejillones en agua salada, a razón de 80 g de sal por litro de agua, durante 20 minutos. Luego los escurrimos y envasamos al vacío. Los cocemos en un baño de agua a una temperatura controlada de 85 ºC durante 7 minutos. Enfriamos las bolsas en agua helada, abrimos los mejillones y los reservamos hasta el momento de usarlos en el agua que ellos mismos van soltando.

—

un trozo de calabaza de 1 cm de grosor | agua con hielo | aceite | sal

PARA LA CRUDITÉ DE CALABAZA Con un cortafiambres, hacemos tiras de calabaza de 1 mm de grosor lo más finas posible, y las introducimos en el agua con hielo hasta que se ricen. Antes de servirlas, las aliñamos con un poco de aceite y sal.

—

—

brotes de mostaza rizada | brotes de perifollo | cebolletas del platillo encurtidas | piel de kumquat (naranja china) | flores de caléndula | aceite

MONTAJE En platos hondos pequeños, colocamos 3 o 4 esferas de calabaza y curri calientes, añadimos la calabaza rizada y todos los demás elementos como si se tratara de una pequeña ensalada. Terminamos el plato con unas escamas de sal, dos o tres tiras de piel de kumquat cortadas en juliana y un hilo de aceite. Delante de los comensales, vertemos con una jarrita la cantidad suficiente de caldo de setas caliente para cubrir la mitad de las esferas.

Cubeta GN y posición del túrmix

Se denomina «aire» a una de las numerosas técnicas desarrolladas por Ferran Adrià y el equipo de El Bulli. Representa la evolución lógica de las espumas.

Los aires son emulsiones de textura aérea que, en nuestra cocina, nos ayudan a incorporar un sabor sutil que no se mezcla con el principal. Se crea así una especie de relación armónica, en la que podemos probar ambos sabores por separado y juntos, valorando mejor la calidad de cada uno. Este capítulo intenta explorar esta técnica y aportar algo que nos parece interesante: el hecho de emulsionar aceites esenciales con líquidos.

1_

2_

3_

1_Agregado de lecitina en polvo
2_Trabajando y viendo los primeros resultados del aire
3_Aire estabilizado

EMULSIONES AÉREAS DE LÍQUIDOS CON GRASAS

ampliando la técnica del aire

Cuando elaboramos platos, a menudo planteamos grandes maridajes entre productos principales y otros que combinan perfectamente con ellos. Pero a veces el sabor del segundo es demasiado fuerte y resta protagonismo al producto principal.

Este desequilibrio se puede solucionar con una elaboración basada en la técnica del aire. Los aires ayudan a separar distintos sabores en un plato y los integran de manera sutil. Complementamos esta técnica con aceites puros, que tienen suficiente sabor para quedar fijados en el aire, pero que resultan más ligeros al paladar. La grasa es difícil de emulsionar pero, gracias a la lecitina de soja, podemos cambiar su textura de modo satisfactorio.

Productos como el aceite de avellana, de trufa, o de lima kaffir nos aportan ricos sabores, y esta técnica nos proporciona una manera diferente de integrarlos en nuestras creaciones.

En esta técnica el buen estado de la lecitina es fundamental. Hay que respetar ciertas reglas para conseguir un buen resultado:

1 Conservarla siempre herméticamente cerrada y lejos de la humedad.
2 En el caso de que se utilice granulada, la texturizaremos previamente con un poco de producto y con la ayuda de un túrmix. De lo contrario, pueden quedar restos de lecitina en el aire, y, si la texturizáramos con demasiada antelación, la lecitina perdería muchas de sus propiedades.
3 La lecitina tiene que emplearse en su justa medida. No por poner más, obtendremos más aire. Tenemos que encontrar el equilibrio entre cantidad de lecitina y de producto. Si añadimos demasiada, su sabor influirá en el resultado final.
4 Una solución de alginato sódico (Natrii alginas) disuelto en agua a 90 °C y texturizado puede dar más aguante a nuestro aire.

Cuando trabajamos aires con y sin grasas, son primordiales el material y la destreza al emulsionar el líquido. El recipiente debe ser estrecho y alto. Es importante aplicar una capa tensa de film transparente en un extremo para evitar derrames.

Trabajaremos el líquido en el extremo plastificado teniendo en cuenta que la espuma se almacenará en el extremo opuesto y que no podemos sumergir todo el brazo del túrmix en el líquido.

Los aires con y sin grasas necesitan 1 minuto de reposo para estabilizarse y adquirir un aspecto de espuma seca.

En la cocina de banquetes, esta técnica es perfectamente factible, ya que solo tenemos que utilizar herramientas de mayor tamaño en el caso del recipiente y mayor potencia en el brazo. Los aires elaborados en grandes cantidades son de mayor calidad, tanto en su estructura como en su aspecto y sabor.

Elaboración básica de la técnica

70 % líquido (alto contenido en agua y sin ácidos): leche, infusiones, agua

+

20 % aceites puros o aromatizados sin residuo sólido: aceite de frutos secos, como avellana o de hierbas, como romero...

+

7 % opcional de productos, como yema de huevo, polvo de regaliz, azúcares, cacao...

+

3 % lecitina de soja sin texturizar

JUGO DE MELÓN CON IBÉRICO,
MENTA Y LIMA KAFFIR

—

1½ melones Galia maduros | 75 g de yogur natural | ½ limón | 60 g de leche de vaca fresca | 30 g de nata fresca | sal y pimienta blanca

PARA EL JUGO DE MELÓN Pelamos los melones retirando medio centímetro de cáscara y las pepitas. Licuamos y filtramos por un chino. Colocamos el yogur en una bolsa de vacío con la cáscara de limón, sin nada de blanco, rallada finamente. Maceramos 45 minutos a 60 °C. Enfriamos rápidamente y añadimos todos los ingredientes al jugo de melón licuado. Rectificamos y reservamos en la nevera 1 hora antes de servir.

—

4 limas kaffir | 200 g de aceite de oliva 0,4° (o aceite de cacahuete) | 300 g de leche evaporada | 150 g de leche | 8 g de lecitina de soja en polvo

PARA EL AIRE DE LIMA KAFFIR Congelamos la lima y con un rallador muy fino rallamos la piel sin llegar al blanco. Introducimos la ralladura y el aceite en una bolsa de vacío. Maceramos al baño maría 45 minutos a 55 °C. Para montar el aire, cogemos 80 g de aceite de lima y el resto de ingredientes. Introducimos en un recipiente estrecho y alto y trabajamos la superficie con la ayuda de un túrmix hasta conseguir un buen volumen de espuma. Dejamos reposar 1 minuto para que se estabilice.

—

½ melón Galia maduro | 1 fruta de la pasión | 80 g de yogur natural denso

PARA LOS RAVIOLIS DE MELÓN Y YOGUR Pelamos el melón y cortamos en el cortafiambres discos de 1 mm de espesor. Cortamos 16 tiras de 2 por 6 cm y, en el centro de 8 de ellas, colocamos pequeñas porciones de yogur.
Cerramos formando un ravioli, con el resto de tiras cubrimos los laterales de los raviolis con el fin de sellarlos y colocamos una semilla de fruta de la pasión encima de cada ravioli.

—

½ melón Galia muy maduro | 1 limón | 40 g de jengibre fresco | 1 dl de aceite de oliva muy suave

PARA LAS BOLITAS DE MELÓN AL JENGIBRE Con la ayuda de un sacabolas pequeño, hacemos bolitas de melón. Rallamos fino el jengibre y lo trabajamos un poco con el aceite y unas gotas de limón. Añadimos a esta mezcla las bolitas de melón y maceramos como mínimo 1 hora en la nevera.

—

—

60 g de jamón ibérico de calidad | 1 fruta de la pasión | hojitas de menta | escamas de sal Maldon

MONTAJE Colocamos una cucharada de bolitas de melón y, al lado, una loncha de jamón de manera que tenga cierto volumen. En el plato, colocamos dos raviolis de melón por ración, hojitas de menta y un cordón de aceite de lima. Con la ayuda de dos cucharas, sacamos de la superficie del recipiente del aire una nube de buen tamaño y la colocamos encima del montaje de jamón y melón. Servimos el jugo de melón aparte, bien frío.

JUGO DE HONGOS CON EMULSIÓN DE AVELLANA,
SALTEADO DE SETAS Y CRESTAS DE GALLO CON CRUJIENTE DE PAN,
IBÉRICO Y TRUFAS

1 litro de caldo de gallina y ternera | 200 g de hongo fresco *Boletus edulis* | 2 cebolletas | 2 chalotas | ½ diente de ajo picado | 80 g de mantequilla | 80 ml de nata fresca | sal y pimienta blanca

PARA EL JUGO DE HONGOS Picamos las verduras y las rehogamos con un poco de mantequilla. En otra sartén, salteamos los hongos laminados y limpios. Cuando la verdura esté cocida, le añadimos las setas dejando que el conjunto tome un poco de color. Pasamos el salteado a un recipiente con el caldo y cocemos no más de 12 minutos. Pasamos por el túrmix y ponemos al fuego otra vez. Añadimos poco a poco la nata y la mantequilla para dar untuosidad al caldo. Rectificamos y filtramos.

100 g de hongo fresco *Boletus edulis* | 2 crestas de gallo frescas o confitadas | 1 cebolleta | 20 g de mantequilla en flor | sal y pimienta

PARA EL SALTEADO DE CRESTAS DE GALLO Y HONGOS Limpiamos y laminamos los hongos. Hacemos la misma operación con la cresta de gallo confitada. En una sartén antiadherente asamos los hongos unos 20 segundos. Retiramos y salteamos la cresta intentando que quede crujiente. Añadimos los hongos y rectificamos.

1 dl de leche | 3 dl de leche evaporada | 1 dl de aceite de avellana | 6 g de lecitina de soja en polvo | sal

PARA EL AIRE DE AVELLANA Emulsionamos la mezcla y dejamos reposar 1 minuto para que se estabilice.

1 panecillo precocido tipo chapata | 20 ml de aceite de avellana tostada

PARA LAS TEJAS DE PAN Congelamos el pan, mejor en crudo, y cortamos láminas de 5 cm x 3 mm en la máquina cortafiambres. Untamos ligeramente con aceite de avellana, tostándolo a horno fuerte sobre una bandeja Gastronorm, donde previamente hemos pincelado aceite de avellana. Cuando adquieran un bonito tono dorado, reservamos. Calentamos en la salamandra.

2 pequeñas lonchas de jamón ibérico por ración | escamas de sal Maldon | aceite de trufa negra *Véase anexo*

MONTAJE En el centro de un plato sopero, colocamos un par de cucharadas de salteado de crestas y hongos, las lonchas de jamón intentando dar el máximo volumen y acabamos el conjunto con una teja de pan. Terminamos el montaje con una cucharada generosa de aire de avellana. Aliñamos con un poco aceite de trufa y servimos el jugo de hongos aparte, ligeramente caliente.

CREMA DE ALCACHOFAS BRETONAS
CON TRUFAS Y LANGOSTINOS AROMATIZADOS

6 alcachofas de la Bretaña grandes (de 150 a 250 g unidad) | caldo de verduras | 60-80 ml de aceite de oliva picual | 4 cebolletas medianas | sal y pimienta blanca

PARA LA CREMA DE ALCACHOFAS Colocamos una bolsa de cocción de vacío en un recipiente con los bordes doblados y añadimos el aceite de oliva. Pulimos las alcachofas, dejando los fondos muy limpios. Introducimos los fondos en la bolsa y aliñamos con sal. Envasamos al vacío a una presión mínima de 9 atmósferas. Ponemos la bolsa con los fondos en un cazo al fuego. Cubrimos con agua. Cuando empiece a hervir, bajamos la intensidad y cocemos a suaves borbotones hasta que los fondos estén tiernos. Rehogamos la cebolleta picada fina con un poco de aceite. Introducimos en el vaso de la Thermomix todo el contenido de la bolsa con los fondos, la cebolleta y caldo de verduras suficiente para que la crema tenga una textura líquida pero quede sabrosa. Rectificamos y trabajamos con la Thermomix a máxima potencia. Pasamos por un chino y reservamos.

—

1 alcachofa morada grande | 1 zanahoria mediana | 1 blanco de puerro | 2 cebolletas | 1 patata mediana | 2,5 litros de agua mineral | 3 ajos | sal

PARA EL CALDO DE VERDURAS Pulimos y limpiamos todas las verduras, las cortamos en *mirepoix* y las introducimos en una cazuela alta. Mojamos las verduras con el agua y las ponemos al fuego. Cuando comience a hervir, colocamos a un lado de la plancha y dejamos el caldo en infusión un par de horas a fuego muy suave. Pasado ese tiempo, colamos por un colador fino sin apretar las verduras.

—

2 dl de leche y 1 dl de leche evaporada | 50 ml de agua mineral | 90 ml de aceite macerado de trufa negra V*éase anexo* | 1,2 g de lecitina de soja en polvo | sal

PARA EL AIRE DE TRUFA Mezclamos todos los ingredientes menos la lecitina en un recipiente rectangular, estrecho y alto. Tiene que quedar unos 2 cm de líquido en su interior. Unos 5 minutos antes de servir, añadimos la lecitina y trabajamos la superficie del líquido con el túrmix, formando una espuma aérea. Dejamos reposar 1 minuto antes de servir para que el aire se estabilice.

—

4 langostinos frescos medianos | 1 dl de agua mineral | sal | 20 ml de aceite macerado de trufa negra V*éase anexo*

PARA LOS LANGOSTINOS Pulimos las colas de langostino dejándolas limpias de cáscaras o intestinos. Colocamos el agua, el aceite y la sal en un cazo alto. Encajamos en el cazo un colador de malla. Tiene que quedar una altura entre la malla y el líquido de unos 5 cm. En el momento de servir, marcamos muy ligeramente los langostinos en una sartén bien caliente con unas gotas de aceite. Introducimos las colas en el colador de malla y tapamos.

Cocemos al vapor de trufa unos 30 o 40 segundos. Cortamos cada langostino por la mitad y servimos de inmediato.

—

4 alcachofas moradas de tamaño normal | 1 dl de aceite de oliva picual | sal

PARA LOS FONDOS DE ALCACHOFAS Cortamos el tallo de la alcachofa dejando 2-3 cm. Retiramos las dos primeras capas de hojas y vaciamos el interior. Con un pelador, repasamos la parte externa de los fondos y tallos hasta que no quede nada de hoja. Introducimos los fondos en una bolsa de vacío con el aceite y cocemos igual que los fondos utilizados en el caldo.

—

1 trufa de verano *Tuber aestivum* de tamaño medio | aceite de trufa negra V*éase anexo*

MONTAJE Cortamos 3 o 4 láminas muy finas de trufa de verano por ración. Cortamos cada fondo de alcachofa en 4 y los salteamos con un poco de aceite. En el plato, colocamos los cuartos de alcachofa, los 2 trozos de langostino y las láminas de trufa. Tenemos que montar de manera que quede un hueco en el centro para poder colocar el aire. En el momento de servir, colocamos el aire con la ayuda de dos cucharas. Aliñamos con un hilo de aceite de trufa y unas escamas de sal. Servimos el jugo aparte a unos 90 ºC.

COCCIÓN
AL VAPOR
con aromas añadidos

Esta técnica es una ampliación de la tradicional cocción al vapor, que intenta incorporar aromas y sabores que, de otra manera, no tendrían tanta intensidad o presencia.

Con este tipo de técnica, no solo conseguimos una cocción delicada y precisa, sino que además aportamos juego a nuestras creaciones, reduciendo la cantidad de componentes en la receta y facilitando el servicio o el acabado del plato.

La idea básica es la cocción tradicional de pescados en un caldo corto, pero en vez de cocer el pescado en el interior del caldo, lo hacemos en la superficie con ayuda de un colador de malla bien encajado en el recipiente de cocción. La cantidad de aroma que introducimos en este líquido tiene que ser mayor para conseguir que quede bien impregnado en el producto cocinado. Los caldos cortos son una manera lógica de mantener humedad en el producto, pero muchas veces la cocción tiene lugar a una temperatura incorrecta o da un resultado parecido al hervido.

Esta manera de cocinar aporta humedad al producto, temperatura de cocción precisa y añade también un aroma base para realzar el maridaje que planteamos o nos permite crear un sabor nuevo basado en el producto principal y el añadido.

En la receta de la página 134, encontramos un «mar y montaña» formado por pies de cerdo y cangrejos. Los cangrejos precisan de una cocción corta. Con esta técnica realizamos una buena cocción y, además, añadimos

un sabor que mejorará la combinación de cerdo guisado y marisco. En la receta utilizamos azafrán, pero si queremos realzar el concepto de «mar y montaña», el tomillo o el romero serían una opción muy acertada.

Otra manera de enfocar este tipo de trabajos es cocinar los productos en seco encima de los aromas. La técnica del «flavor» del cocinero Joan Roca ya explica detalladamente esta manera de tratar los aromas volátiles de las especias y aromatizantes secos. El concepto de «flavor» podemos encontrarlo muy bien definido en la industria alimentaria.

Las sustancias aromáticas complejas se dividen en:
• naturales propias del producto entero
• naturales propias de una de las partes del producto
• sintéticas o artificiales

Veamos el ejemplo de la vainilla: el «flavor» de vainilla puede ser natural y provenir de la vaina entera. El idéntico al natural proviene de una parte y se basa en la vainillina, de un aroma más intenso y concentrado que el total del producto natural. El aroma artificial de vainilla normalmente proviene de la etilvainillina, que no está presente en las vainas de vainilla pero que tiene un «flavor» dos veces y media más fuerte, en proporción al peso, que la vainillina.

En la cocina, utilizamos un aroma esencial o potente y lo fijamos con ayuda de calor que, además de despertar y asentar el aroma, proporciona al producto una cocción suave y precisa.

JUGO DE JUDÍAS PERONAS AL ACEITE DE OLIVA
CON PERCEBES, PATATA ESCALIVADA Y CIGALAS AL VAPOR DE ROMERO

3 litros de agua mineral | 2 cebolletas | 1 ajo | 300 g de judías peronas | 1 blanco de puerro | 2 patatas medianas | sal

PARA EL CALDO DE VERDURAS Pelamos y cortamos todas las verduras. Ponemos a cocer con el agua y lo dejamos al lado de la plancha un par de horas para que infusione. Colamos sin apretar demasiado.

—

1,5 litros de caldo de verduras | 500 g de judías peronas | 4 cebolletas | 2 patatas de la cocción del caldo de verduras | 1 dl de aceite de oliva royal o picual | sal y pimienta blanca

PARA EL JUGO DE JUDÍAS Picamos la cebolleta y la pochamos con un poco de aceite. Mojamos con el caldo y lo hacemos hervir. Añadimos la judía picada en juliana y la patata. Cocemos 5 minutos y colamos reservando el caldo. Introducimos las verduras en un baño de agua con hielo durante 1 minuto. Cuando el caldo esté frío, mezclamos todo y trituramos con la Thermomix junto con el aceite de oliva. Rectificamos de sal y pimienta.

—

4 cigalas de buen tamaño muy frescas | 1 c/s de manteca de cacao en polvo | 1 dl de agua mineral | 1 g de polvo de romero u hojas frescas | sal y pimienta blanca

PARA LAS PIEZAS DE CIGALA Pulimos las colas de cigala y reservamos las cabezas y los caparazones para otros usos. Las espolvoreamos con la manteca de cacao y las asamos. Esta manteca permite un asado y sellado de la carne rápido e intenso. Cortamos cada cigala en 3 segmentos. Preparamos el baño de romero como el baño de jengibre *Véase pág. 40.*

—

2 patatas del bufet medianas | c/s aceite de oliva royal | sal y pimienta blanca

PARA LA PATATA ESCALIVADA Limpiamos y salpimentamos las patatas, las envolvemos en papel de aluminio con un poco de aceite y las cocemos al horno a 170 °C hasta que estén tiernas. Sacamos el papel y las pelamos. Trabajamos las patatas con un tenedor con aceite y perejil picado. Formamos pequeñas *quenelles* con la ayuda de dos cucharas. Elaboramos tantas *quenelles* como piezas de cigala.

—

40 g de percebes | 80 ml de aceite de oliva royal | perejil picado

PARA EL ACEITE CON PERCEBES Escaldamos los percebes en agua hirviendo salada. Los pelamos y picamos en láminas finas. Mezclamos con el aceite y un poco de perejil picado. Reservamos.

—

2,55 dl de aceite virgen de oliva arbequina o royal | 2,45 dl de nata fresca 35 % M.G. | 1,5 hoja de gelatina (3 g) | 80 ml de agua mineral | 2 g de agar-agar | 6 g de sal

PARA LA ESPUMA DE ARBEQUINA Colocamos la nata en un bol y atemperamos a 25 °C. Atemperamos el aceite a 20 °C en una jarrita. Hacemos cocer el agar-agar en el agua 5 minutos a fuego suave, hasta conseguir unos 50 g. Remojamos la gelatina y la añadimos al agar templado. Agregamos los gelificantes a la nata y, con el batidor, emulsionamos el aceite a hilo. Rectificamos con la sal y cargamos el sifón (½ litro y 1 carga). Reservamos un mínimo de 2 horas.

—

MONTAJE Calentamos el jugo de cigalas sin superar los 90 °C. Calentamos el baño de romero y cocemos las piezas de cigala durante 30 segundos. En el plato, colocamos 3 *quenelles* de patata, y encima de cada una ponemos las piezas de cigala. En el centro, disponemos una pequeña cantidad de espuma de arbequina. Aliñamos con el aceite de percebes y unas escamas de sal. Servimos aparte el jugo de judías.

CANGREJOS DE RÍO AL AROMA DE JENGIBRE,
TEXTURAS DE ALCACHOFAS Y ACEITE DULCE DE SOJA Y NARANJA

24 cangrejos de río | perejil picado | sal y pimienta blanca | jengibre en polvo | aceite de oliva arbequina

TRABAJO CON LOS CANGREJOS Retiramos las cabezas de los cangrejos y tiramos de la parte central de la cola para extraer el intestino. Pelamos completamente las colas y las dejamos con un poco de aceite de oliva. Preparamos el baño de jengibre, y para ello colocamos 1 dl de agua en un cazo junto con el jengibre en polvo y un poco de sal. Colocamos un colador de malla que encaje justo y deje una altura entre el agua y el colador de 2 cm.

2 alcachofas | 2 c/s de aceite de oliva picual

PARA LOS FONDOS DE ALCACHOFA Pulimos las alcachofas, las cocemos de 3 a 5 minutos en agua salada y las enfriamos con agua y cubitos de hielo. En el momento de servir, las cortamos en 4 trozos y las salteamos con el aceite hasta que tomen color, aliñamos con sal y servimos rápidamente.

6 alcachofas | 1,5 dl de aceite de oliva picual | 30 ml de agua mineral | sal

PARA LA CREMA DE ALCACHOFA Limpiamos las alcachofas dejando los fondos perfectamente pulidos. Los cortamos a cuartos y colocamos en una bolsa de cocción con la mitad del aceite, el agua y la sal. Cocemos 5 minutos en agua hirviendo. Retiramos y cocemos 1 hora al baño maría a 70 °C. Pasamos por la Thermomix con el resto del aceite. Incorporamos más aceite si queremos una textura menos densa.

1 alcachofa | 2 dl de aceite de cacahuete | sal

PARA LOS CHIPS DE ALCACHOFA Y FONDOS Limpiamos el fondo de alcachofa y lo pasamos rápidamente por la máquina cortafiambres. Freímos en el aceite de cacahuete hasta que queden crujientes. Escurrimos los chips en un papel absorbente y salamos ligeramente.

1 dl de aceite de oliva muy suave | 1 piel de naranja | 20 ml de salsa de soja fermentada | 20 ml de salsa teriyaki | 15 g de miel

PARA EL ACEITE EXÓTICO DE CÍTRICOS Y SOJA Pelamos la naranja procurando no dejar nada de blanco en la piel. Envasamos con el aceite de oliva y mantenemos al baño maría 1 hora a 63 °C. Elaboramos una vinagreta con el aceite aromatizado de naranja y el resto de ingredientes.

MONTAJE Aliñamos los cangrejos con sal, pimienta y un poco de perejil picado. Damos temperatura al baño de jengibre y cocemos durante 50 segundos los cangrejos tapados. En el plato, dibujamos dos lágrimas de crema de alcachofas y encima distribuimos de manera estética los fondos de alcachofas, los cangrejos y las chips. Aliñamos con el aceite exótico y unas escamas de sal. Servimos de inmediato.

REPARTICIÓN LÓGICA
de los componentes en el plato

Cuando elaboramos un plato, debemos tener en cuenta muchos factores: el maridaje básico, la cocción de los elementos, etc. Puede parecer que la manera de degustar el plato sea un punto secundario, pero, a veces, una mala colocación o repartición de los componentes puede echar a perder una gran receta.

No solo es importante la colocación de los elementos, sino que las cantidades de cada producto deben ser precisas para que ningún sabor supere en intensidad al maridaje básico planteado en nuestra creación.

A veces la cantidad de producto es acertada, pero la forma del producto base hace que no podamos controlar la cantidad de sabor que nuestro comensal introducirá en la boca.

Un buen ejemplo es la receta del tartar de anchoas en la página 48. La idea surgió de la clásica tosta con escalivada y anchoas. Al disponerlas una al lado de la otra, la cantidad de anchoas que ingiere el comensal es excesiva, pues su sabor es muy fuerte y salado. En cambio, si descomponemos la tosta para formar un grupo de componentes lógico, es el cocinero quien marca la cantidad de anchoa, pimientos, pan crujiente, etc. que el comensal degustará en cada bocado. Con esta manera de enfocar las tostas, presentaremos diferentes recetas divertidas, sin ninguna pretensión, tan solo dar lógica a algunas elaboraciones clásicas que pudieran estar mal planteadas en cuanto a la colocación de sabores en el plato.

Este planteamiento puede servir para todas nuestras elaboraciones. La colocación de los componentes de un plato no ha de venir marcada por la estética, sino que debe ser la lógica quien dirija el montaje de nuestros trabajos.

La idea del plato nace muchas veces de la imaginación, fruto de una chispa en el momento inesperado. Plasmar correctamente esta idea en el plato necesita mucho más trabajo; hay que razonar fríamente y tener muy claro qué concepto, sabor o idea queremos transmitir con nuestra creación.

TARTAR DE SALMÓN LIGERAMENTE AHUMADO,
PAN DE MANTEQUILLA, MANZANAS AL HORNO E HINOJO EN TODOS SUS ESTADOS

1 lomo de salmón salvaje | sal y azúcar | hojas de hinojo | aceite de oliva suave

TRABAJO CON EL LOMO DE SALMÓN Hacemos una mezcla de sal y azúcar al 50 %. Aliñamos el lomo con las hojas de hinojo. Cubrimos el lomo con la mezcla de sal y azúcar y lo dejamos un par de horas. Limpiamos de restos de sal y azúcar. Introducimos el lomo en el ahumador durante unos 12 minutos. Cortamos dados perfectos de 0,5 cm y dejamos macerar con un poco de aceite de oliva.

100 g de pan | 30 g de mantequilla en flor

PARA EL PAN DE MANTEQUILLA Cortamos el pan en dados de 0,5 cm y los salteamos junto con la mantequilla hasta que tomen un bonito color dorado. Pasamos a una bandeja de horno y cocemos a 110 °C durante 5 minutos más para que el pan quede bien crujiente. Reservamos lejos de la humedad.

1 manzana golden | 30 g de mantequilla | sal y pimienta

PARA LA MANZANA ASADA Cortamos la manzana en dados de 0,5 cm. La envasamos en una bolsa de cocción aliñada con el resto de componentes. Cocemos a 70 °C en el baño maría durante 45 minutos.

2 bulbos de hinojo | ½ hoja de gelatina neutra (1g) | 100 g de mantequilla | sal y pimienta blanca

PARA LAS TEXTURAS DE HINOJO Licuamos un bulbo y le añadimos la gelatina remojada y un poco de sal. Lo vertemos en un recipiente justo; el jugo tiene que alcanzar una altura de 0,5 cm. Dejamos cuajar. Cocemos medio bulbo cortado en dados durante 2 minutos. Texturizamos la carne del bulbo con un poco de agua de cocción y la mantequilla. Trabajamos en la Thermomix hasta conseguir un puré fino. Rectificamos y reservamos. Limpiamos el último medio bulbo y retiramos la primera capa dejando el corazón blanquecino pulido. En el momento de servir, cortamos con la máquina cortafiambres lo más fino posible. Reservamos en un baño de agua con hielo durante un par de minutos.

30 g de huevas de salmón | puntas de cebollino | flores y brotes tiernos de hinojo

MONTAJE Colocamos gotas de puré fino de hinojo en el plato, distribuidos de forma atractiva. De la misma manera, colocamos los dados de salmón, huevas de salmón y pan de mantequilla. Añadimos unos dados de manzana y láminas de hinojo crudo, a partes iguales. Colocamos también los daditos gelatinizados de hinojo. Acabamos el plato con las flores y hojas de cebollino e hinojo. La distribución de todos los componentes tiene que ser regular y elegante. Será el criterio de cada cocinero el que marque las cantidades de cada producto, valorando su cantidad de sabor, su textura y la función que cumple dentro de la elaboración.

TARTAR DE FOIE NATURAL CON TOQUE ÁCIDO Y BALSÁMICO,
PAN DE MIEL CON MEJORANA Y FALSA GELATINA DE TOKAJI ASZÚ

500 g foie de pato Moulard muy fresco | 6 g de sal | 5 g de pimienta blanca | c.s. de leche

PARA LA TERRINA DE FOIE Mantenemos el foie en leche ligeramente salada durante 2 horas con el fin de desangrarlo. Limpiamos bien y desvenamos con cuidado de no romper demasiado el hígado. Cortamos en dados regulares de 1 cm aproximadamente. Aliñamos y cocinamos en una sartén partiendo de frío. Trabajamos el foie con las manos. Retiramos de la sartén cuando no aguantemos la temperatura en la yema de los dedos. Enfriamos rápidamente y envasamos al vacío a la máxima presión posible. Colocamos las bolsas entre dos placas para darles forma y dejamos reposar un mínimo de 12 horas.

1 manzana golden | 1 pera conferencia | 80 g de mantequilla | sal

PARA LA PERA Y MANZANA A BAJA TEMPERATURA Limpiamos y cortamos la fruta en dados de 0,5 cm. Colocamos todos los ingredientes en una bolsa de cocción y cocinamos a 70 °C durante 1 hora. Enfriamos y reservamos.

150 g de pan en daditos de 0,5 cm | 15 g de miel de acacia | mejorana seca en hojas | sal | mantequilla

PAN DE MIEL CON MEJORANA Salteamos los daditos de pan en una sartén junto con la mantequilla. Cuando tome color, añadimos la miel y la mejorana. Retiramos del fuego y secamos en el horno a 100 °C durante 10 minutos más. Reservamos en un recipiente hermético.

50 ml de moscatel | 80 ml de gerwürztraminer | 30 ml de Pedro Ximénez | 1 y ½ hojas de gelatina neutra (3 g)

PARA LA FALSA GELÉE DE TOKAJI ASZÚ Mezclamos los vinos y añadimos la gelatina remojada y disuelta previamente en un poco de la mezcla calentada a 35 °C. Reservamos un mínimo de 4 horas.

2 dl de zumo de naranja | 50 g de azúcar mascabado | ½ vaina de vainilla | 50 dl de vinagre balsámico | 10 g de mantequilla

PARA LA CREMA BALSÁMICA DE NARANJA, VAINILLA Y MASCABADO En una sartén caramelizamos el azúcar, y cuando esté rubio añadimos el vinagre. Una vez reducido, añadimos el resto de ingredientes y concentramos a textura densa. Reservamos

300 g de naranja china | 25 g de raíz de mandioca texturizada (Micri) | 30 ml de zumo de naranja

PARA LA CREMA DE NARANJA CHINA Licuamos los frutos y mezclamos con el resto de ingredientes con un túrmix. Colamos y rellenamos un biberón para salsas.

escamas de sal Maldon | hojas perfumadas de temporada: tomillo limonero, flor de romero, salvia, etc. | pimienta blanca

MONTAJE Cortamos el foie y la gelée de Tokaji en dados de 0,5 cm. Dibujamos en el plato unas gotas de reducción de vainilla y de naranja china. Colocamos los dados de fruta de forma regular. De la misma manera, procedemos con los dados de foie y pan crujiente. La repartición de los dados y gotas tiene que ser homogénea y es importante valorar la cantidad de cada producto que colocamos en el plato. Acabamos con las escamas de sal y las hojas aromáticas. Damos una vuelta de molinillo de pimienta blanca justo antes de servir el plato.

TARTAR DE ANCHOAS DE LA ESCALA
CON LOS COMPONENTES DE UNA TOSTADA

12 anchoas conservadas en sal | 1 dl de aceite de oliva

TRABAJO CON LAS ANCHOAS Limpiamos las anchoas
con ayuda de agua fría a hilo. Retiramos la sal y posibles
escamas. Sacamos los dos lomos y retiramos todas las
espinas que podamos sin romper los lomos de anchoa.
Marinamos en el aceite toda una noche. Justo antes de
montar el plato, cortamos 6 lomos de anchoa y en 3 partes
cada lomo.

1 kg de tomates maduros | 3 hojas de gelatina neutra (6 g)
| sal

PARA LA GELATINA DE AGUA DE TOMATE Retiramos la parte
superior del tomate y cortamos a cuartos. Trituramos con
la ayuda de un túrmix. Colamos con un chino y colocamos
con cuidado dentro de una estameña. Dejamos filtrar por su
propio peso hasta que saquemos toda el agua de vegetación.
Por cada 4 dl de agua, añadimos 3 hojas de gelatina neutra
disueltas, una vez remojadas, con una pequeña proporción
del agua. Dejamos cuajar en la nevera.

120 g de pan a dados de 0,5 cm | 20 g de mantequilla

PARA LOS DADITOS DE PAN CRUJIENTE Salteamos los
dados en una sartén junto con la mantequilla. Cuando
tomen color, los colocamos en una placa de horno y secamos
a
100 °C unos 10 minutos más. Reservamos.

2 tomates maduros | 4 c/s de aceite de oliva royal | sal

PARA LOS DADITOS DE TOMATE Escaldamos los tomates
8 segundos y enfriamos con cubitos de hielo. Cortamos en
cuartos y dejamos la carne limpia. Cortamos en daditos de
0,5 cm. Maceramos los dados en el aceite con la sal unos
20 minutos.

aceituna Kalamata cortada en dados de 0,3 cm | hojitas de
perifollo y germinado de pipas | vinagre balsámico | aceite
de oliva picual o royal

MONTAJE Distribuimos de manera homogénea los dados
de tomate y pan en el plato. Encima, colocamos los lomos de
anchoa y porciones pequeñas de agua de tomate
gelatinizada. Acabamos con las hojas y los dados de
aceituna. Aliñamos con gotas de vinagre balsámico y un hilo
de aceite de oliva.

LA INFUSIÓN A BAJA TEMPERATURA

de caldos, jugos y cremas

Dentro de la alta gastronomía, la simplicidad en los platos ha cobrado gran importancia. No solo para realizar creaciones aptas dentro de los largos menús degustación, sino por una razón muy sencilla: lo complejo y elegante parte en muchas ocasiones de lo simple, sutil y sencillo. Esta sutileza va marcando cada vez más los jugos y caldos realizados en las grandes cocinas. Un buen caldo puede ser la mitad de un plato si este contiene un sabor especial y sutiles aromas complejos al olfato del comensal.

En los últimos años, los caldos, jugos y cremas han representado el estandarte de grandes cocineros. Son elaboraciones que dan mucho juego y pueden estar elevadas al máximo exponente. Bien realizados, estos jugos merecen la misma cata que un gran vino y su elaboración necesita una comprensión absoluta de la técnica, sobre todo en lo que aromas y sutileza se refiere. Si, por ejemplo, queremos realizar un jugo infusionado de verduras a la brasa, conseguir un sabor suave y elegante, será muy difícil si trabajamos el caldo a altas temperaturas. Si, además, queremos que el sabor a humo de la brasa impregne nuestro caldo y sea percibido por el comensal, el mimo con el que elaboremos el jugo tiene que ser máximo.

En los trabajos con caldos y jugos, encontramos aspectos muy concretos que afectan directamente a su calidad:

• planteamiento y elección del caldo a elaborar y su uso concreto
• temperatura
• calidad del producto
• cantidad y proporciones lógicas
• técnicas de cocción para potenciar o crear sabores
• técnicas de infusión para pasar los sabores al jugo
• técnicas de filtrado

Para cocinar un caldo a baja temperatura, previamente hay que tener muy claro cómo debe ser el jugo (clarificado o cremoso), su función en el plato, la potencia de sabor que ha de tener y su elaboración para conseguir los resultados deseados. Es importante evaluar si es factible prepararlo siempre de la misma manera y con la misma calidad, pues, si realizamos un caldo muy costoso o laborioso que solo queda perfecto el primer día, no nos sirve para nada.

La temperatura en estas elaboraciones no puede rebasar los 95 °C. En aquellas en las que buscamos resultados sutiles o trabajamos con productos de aroma y sabor delicados no sobrepasaremos los 55-60 °C.

Estas temperaturas no tienen que superarse ni en la elaboración, ni tampoco cuando recuperamos la temperatura en el momento de servir el plato. Lógicamente, estos parámetros corresponden a elaboraciones muy concretas tratadas en cierta manera como infusiones para respetar al máximo las virtudes de los productos utilizados.

En la elaboración tradicional de fondos para salsas, caldos y sopas con productos cárnicos, pescados, etc., donde la importancia del aroma es relativa, aplicaremos una ebullición lenta para conseguir un resultado óptimo.

En ambos casos, la calidad de los productos debe ser máxima, no solo para conseguir un buen resultado, sino también para alargar un poco su tiempo óptimo de consumo sin perder la mejor calidad.

El abatimiento rápido de temperatura es imprescindible para rebajar al mínimo el riesgo de contaminación y la multiplicación de bacterias anaeróbicas no eliminadas en la cocción a bajas temperaturas.

En general, estos caldos necesitan productos que previamente requieren cocciones y elaboraciones específicas. Si queremos realizar una infusión de pimientos a la leña, coceremos primero los pimientos a la brasa para conseguir el sabor a humo, luego los acabaremos al horno para completar la cocción sin perder sus jugos de vegetación, que son el mejor caldo base para este jugo. Por último, colocaremos los pimientos en recipientes herméticos que mantengan cierta temperatura para que suelten el máximo de jugo y este macere con el resto de ingredientes: especias, hierbas, etc. Por último, es importante la técnica de infusión utilizada. Las nuevas tecnologías han potenciado estas elaboraciones gracias al control de temperatura y de tiempo que aportan. Hornos, baños maría, Roner, etc. son promotores de la infusión de jugos.

La cocina al vacío es seguramente el mejor método para confeccionar estos caldos, por higiene, control de tiempo y temperatura.

En las siguientes recetas encontramos algunos ejemplos de cómo entendemos y elaboramos los jugos infusionados. Pero, si observamos todas las recetas del libro, veremos una gran diversidad de jugos tratados con estas técnicas de cocción e infusión a baja temperatura.

BAGUETINA HINCHADA CON ANCHOA,
BERENJENAS Y PIMIENTOS A LA BRASA SOBRE UN JUGO
INFUSIONADO DE ESCALIVADA

175 g de harina de fuerza | 5 g de levadura prensada de panadería | 1 dl de leche entera | 2,5 g de sal

PARA LA MASA Trabajamos todos los ingredientes, menos la levadura, en la máquina de amasar durante 2 o 3 minutos. A mitad del trabajo, introducimos la levadura disuelta en una cantidad mínima de leche templada. Retiramos la masa de la máquina y la trabajamos con las manos durante 3 a 4 minutos más. Colocamos la masa en un bol y cubrimos con film transparente. Realizamos unos agujeros para que la masa respire y la introducimos en la cámara. La dejamos reposar unas 7 horas antes de utilizarla. Una vez haya reposado, la estiramos encima de dos siliconas antiadherentes pequeñas, dejando un espesor de 1,5 mm.

Pincelamos una de las dos placas con un pincel ligeramente humedecido en agua. Colocamos la otra lámina encima de la primera y retiramos la silicona superior. Con la ayuda de un cortapastas, cortamos la masa realizando rectángulos de 1,5 cm por 5,5 cm. Cocemos las baguetinas en el horno precalentado a 240 °C durante 2 minutos. Damos la vuelta a las baguetinas que ya estarán hinchadas y cocemos unos segundos más para que tomen color por el otro lado. Reservamos en un recipiente hasta su uso.

—

2 pimientos rojos | 2 berenjenas | 3 cebolletas medianas | 4 tomates maduros | 3 tomates secos | 2 litros de caldo de porrusalda *Véase anexo* | sal

PARA EL CALDO DE VERDURAS A LA BRASA Cocemos todas las verduras, menos los tomates, lentamente encima de una brasa realizada con carbón de encina. Quitamos el pedúnculo de los tomates y los asamos al horno con unas gotas de aceite. Cuando las verduras a la brasa estén hechas, las pelamos y colocamos en una olla junto con los tomates y al caldo de porrusalda. Cocemos al lado de la plancha durante 2 horas a fuego muy suave para que infusione. Dejamos macerar el caldo con los ingredientes una noche y pasamos por una estameña fina.

—

4 pimientos rojos | 3 berenjenas | 3 cebolletas | 1 litro de caldo de verduras a la brasa | sal

PARA LA ESCALIVADA Y EL JUGO INFUSIONADO Cocemos los pimientos y las cebollas lentamente en una brasa. Cortamos las berenjenas longitudinalmente, las maceramos 20 minutos en leche, las secamos y cubrimos por el lado del corte con 2 mm de sal. Las cocemos suavemente a la brasa por el lado de la piel. Cuando esté bien tostada y la pulpa hecha, retiramos la capa de sal y después la pulpa con una cuchara. Pelamos también las cebollas y los pimientos. Introducimos todas las verduras en una bolsa de cocción junto con el caldo y envasamos al vacío, reservando un pimiento y una cebolleta para el relleno de las baguetinas. Colocamos la bolsa dentro de un baño de agua caliente a 55 °C durante 8 horas. Pasamos por una estameña y reservamos.

—

la verdura reservada | 4 filetes de anchoa de calidad

PARA EL RELLENO DE LA BAGUETINA Cortamos tiras de escalivada de 5 cm de largo por 0,5 cm de ancho. Cortamos las puntas de las anchoas de manera que la longitud sea de 5 cm. Cortamos longitudinalmente cada filete en 3 tiras. Para cada baguetina, intercalamos una lámina de pimiento, otra de cebolleta y por último la lámina de anchoa.

—

—

aceite de oliva picual

MONTAJE Abrimos las baguetinas con la ayuda de un cúter pequeño. Las ponemos en el horno a 120 °C el tiempo justo para que queden doradas y crujientes. Colocamos el relleno de verduras y anchoas en el interior de cada baguetina. En un bol donde la baguetina quede fijada a media altura, colocamos un poco de caldo infusionado a 55 °C y un hilo de aceite. Introducimos la baguetina en los boles, de manera que quede suspendida justo encima del caldo y servimos al momento. Es posible que nos sobre masa o infusión de escalivada, pero estas medidas son mínimas para obtener un resultado óptimo.

GAMBAS DE PALAMÓS ASADAS,
INFUSIÓN DE SUS CABEZAS CON COLMENILLAS Y ACEITE HACIENDO
REFERENCIA A LA DONOSTIARRA

24 gambas muy frescas | 2 c/s de manteca de cacao crionizada | 2 c/s de aceite de oliva picual | sal y pimienta blanca

TRABAJO CON LAS GAMBAS Limpiamos las gambas dejando solo la punta de la cola. Las cabezas y caparazones los utilizaremos para el caldo de gambas. En el momento de servir, espolvoreamos ligeramente las colas de gamba con la manteca de cacao. Asamos en una sartén antiadherente caliente solo unos segundos. La manteca dará color de asado muy rápido y no afectará para nada el sabor o la textura de la gamba. Justo 1 minuto antes de servir, aliñamos las colas con aceite y salpimentamos. Añadimos estas colas al jugo infusionado de colmenillas con una cucharada de aceite donostiarra y dos colmenillas ligeramente salteadas.

—

1 kg de pescados de roca | 400 g de cabezas de gamba | 2,5 litros de fumet de pescado simple *Véase anexo* | 2 dl de coñac o brandi | 2 dl de vino blanco | 1 zanahoria | 2 cebollas | 2 cebolletas | 1 blanco de puerro | 6 tomates | 1 cabeza de ajos | 100 g de salsa de tomate natural concentrado

PARA EL JUGO DE PESCADO Y GAMBAS Asamos los pescados de roca al horno, y también los tomates con un poco de sal y aceite. Asamos el resto de verduras cortadas en *mirepoix* en una sartén. Salteamos las cabezas de gamba y, cuando queden secas, añadimos el coñac. Reducimos a seco y agregamos el vino blanco. Cuando reduzca, colocamos los pescados, las cabezas y tomates a cocer junto con el fumet durante 1 hora a fuego suave. Filtramos y reservamos para la infusión.

—

1 litro de jugo de pescado | 200 g de colmenillas

PARA LA INFUSIÓN DE COLMENILLAS Limpiamos bien las setas y las salteamos ligeramente. Las introducimos en una bolsa de vacío con el jugo de pescado. Infusionamos en un baño maría a 55 °C durante 1 hora.

—

1 patata mediana | mantequilla clarificada | sal

PARA LOS CRISTALES DE PATATA Con un cortapastas esférico de 5 cm, cortamos un tubo de patata. Cortamos láminas muy finas en el cortafiambres y los pasamos por la mantequilla clarificada. Colocamos los discos entre dos tapetes de silicona y cocemos a 110 °C 1 hora aproximadamente. Miramos continuamente los cristales. Cuando estén crujientes, los ponemos encima de papel absorbente y reservamos de la humedad en un recipiente hermético.

—

1 dl de aceite de oliva | 2 dientes de ajos | 1 c/s de perejil picado | 1 guindilla | sal y pimienta blanca | 15 ml de vinagre blanco de calidad

PARA EL ACEITE DONOSTIARRA Laminamos muy fino el ajo. Lo ponemos en un cazo con la mitad del aceite. Cocemos partiendo de frío. Cuando el ajo tome color, añadimos la guindilla picada fina. Vertemos el vinagre con cuidado pues el aceite está muy caliente. Reducimos un poco el aceite, añadimos el perejil y cortamos la cocción con el resto del aceite.

—

2 patatas | 2 flores de calabacín de buen tamaño | 2 c/s de aceite de oliva royal | 1 c/c de perejil picado | sal y pimienta blanca

PARA LA PATATA ESCALIVADA CON FLOR DE CALABACÍN Limpiamos bien las patatas y las aliñamos con aceite, sal y pimienta. Cubrimos con papel de aluminio y cocemos al horno hasta que estén hechas. Las sacamos del papel y las pelamos. Las aplastamos con un tenedor y añadimos el perejil picado y un poco de aceite. Rectificamos y hacemos piezas de patata con ayuda de dos cucharas. Las cubrimos con flor de calabacín y aliñamos ligeramente. En el momento de servir, las horneamos durante 1 minuto a 120 °C. Colocamos 3 *quenelles* de pequeño tamaño por ración.

—

aceite de oliva picual

MONTAJE Filtramos el caldo de colmenillas y reservamos las setas para finalizar el plato. Calentamos 40 ml aproximadamente de caldo por ración. En una sartén, salteamos ligeramente las setas, añadimos 80 ml de caldo por ración y cocemos un poco. En el momento de servir, añadimos una cucharadita de aceite donostiarra y un poco de perejil picado. Agregamos las gambas marcadas y cocemos unos segundos. En el plato, colocamos las patatas, encima las setas y gambas de forma atractiva. Acabamos con los cristales de patata aliñados con aceite donostiarra y unas hojitas de perifollo.

MERO AL HORNO SOBRE ARROZ DE SETAS,
INFUSIÓN DE HONGOS Y ACEITE DE ROMERO

1 mero de buen tamaño | 1 cebolla | 1 cabeza de ajos |
2 ramitas de perejil | 1 hoja de laurel | 2,2 litros de agua |
sal y pimienta blanca

TRABAJO CON EL MERO Limpiamos y sacamos las carnes al
mero. Ponemos a hervir el agua, añadimos el resto de
ingredientes y cocemos 10 minutos. Agregamos las espinas
de pescado y cocemos 15 minutos a fuego muy bajo.
Añadimos unas gotas de aceite, dejamos macerar 5 minutos
fuera del fuego y colamos. Deben quedar 1,2 litros de fumet.

2 blancos de puerros | 2 cebolletas | 2 dientes de ajo
morado | 300 g de garbanzos crudos | 2 zanahorias |
2 c/s de aceite picual | sal

PARA EL JUGO DE LEGUMBRES Y PORRUSALDA Limpiamos
todos los ingredientes y los ponemos a cocer en 4 litros de
agua. Cocemos a fuego mínimo unas 2 horas. Colamos
y reservamos.

300 g de cebolleta | 300 g de hongos *Boletus edulis* |
6 dl de caldo de legumbres porrusalda | sal y pimienta
blanca

PARA EL JUGO INFUSIONADO DE CEBOLLA Y HONGOS
Pulimos los hongos y la cebolleta. Los cortamos en juliana y
los rehogamos por separado. Cuando la cebolleta tenga un
bonito tono dorado, la añadimos a los hongos. Envasamos el
salteado junto con el caldo de legumbres. Cocemos al baño
maría a 65 °C durante 7 horas.

1 litro de caldo de gallina | 200 g de hongos | 80 g de
cebolleta | 100 g de mantequilla en flor | 1 dl de nata fresca
| sal y pimienta blanca

PARA LA CREMA DE HONGOS Hacemos un salteado de
cebolleta y hongos como en el paso anterior. Añadimos el
caldo y cocemos 10 minutos. Trabajamos con la Thermomix y
colamos. Ponemos otra vez al fuego y añadimos la nata y la
mantequilla. Salpimentamos y reservamos.

1 litro de fumet de mero | 300 g de crema de hongos |
200 g de arroz Carnaroli | 100 g de hongos | 1 diente de ajo |
80 g de cebolleta | 80 ml de vino blanco | sal y pimienta
blanca

PARA EL ARROZ DE HONGOS Picamos las verduras y las
setas y las rehogamos. Salteamos el arroz en la misma
sartén, añadimos un poco de vino blanco y reducimos.
Mojamos con poca cantidad de crema de setas y jugo de
pescado. Cocemos y añadimos caldo como si trabajásemos
un risotto. La cocción es de 16 minutos, mojando y
amalgamando continuamente. Podemos también cortar la
cocción a los 7 minutos, enfriando el arroz rápidamente,
para reducir el tiempo de elaboración.

2 ramitas de romero fresco | 3 dl de aceite de oliva royal

PARA EL ACEITE DE ROMERO INFUSIONADO Envasamos
todo en una bolsa de cocción. Cocemos al baño maría a
55 °C durante 2 horas.

MONTAJE Cortamos el mero y lo asamos por la parte de la
piel hasta que tenga un tono dorado. Salpimentamos y
acabamos la cocción al horno con un poquito de fumet de
mero. En el plato, colocamos una *quenelle* de arroz de setas
y, encima, el mero. Aliñamos con un poco de aceite de
romero y servimos aparte el jugo de hongos y cebolla a no
más de 90 °C.

LOS JUGOS
CLARIFICADOS

Cuando hablamos de jugos a baja temperatura, cremas finas, caldos perfumados, etc., ante todo daremos prioridad al sabor y a los aromas, pero también hay que tener en cuenta su aspecto, y no es solo una cuestión estética. Si pretendemos realizar un plato que sea complejo al comerlo y sencillo a la vista, la transparencia, la limpieza y el brillo de nuestro caldo pasarán a tener una importancia lógica.

Clarificar o limpiar los jugos supone eliminar las impurezas que, una vez realizada su elaboración, quedan inertes en la preparación. Este filtrado remarca el rigor en nuestra cocina y, en muchos casos, un jugo bien limpio cumple la función de «simplificar» la receta, ya que estos jugos translúcidos pasan más inadvertidos que las cremas densas con fibras o impurezas.

La búsqueda de la sencillez de caldos que parecen insípidos, pero son sabrosos y fragantes, responde a la necesidad de sorprender al comensal.

Un caldo requiere de un mimo y rigor máximos, pues de ello depende siempre el resultado de cualquier preparación, teniendo en cuenta que estos jugos pueden considerarse los «cimientos» de muchas de nuestras recetas.

Tradicionalmente, para clarificar se utilizan claras de huevo emulsionadas y adicionadas con verduras cortadas en *mirepoix* que se encargan de sumergirlas en el caldo. Al cuajar, las claras recogen las impurezas y emergen para poder ser retiradas.

Si observamos con detenimiento esta elaboración clásica, comprobamos que lo importante es el efecto de «cuajo» de la clara. Es decir, lo que necesitamos a la hora de clarificar un caldo es un producto que cuaje en el interior para recoger las impurezas y que, además, no afecte al sabor de nuestro caldo.

Seguramente las claras de huevo son el clarificante por excelencia, pero carnes de pescados y mariscos, por ejemplo, también cuajan una vez cocidos, y cuando están crudos, permiten ser texturizados con el caldo, para así después cocerlos y que estos cuajen en el interior del caldo.

En la primera receta en la que aplicamos esta técnica, elaboramos un caldo de cigalas translúcido. Realizábamos un jugo potente de marisco por infusión. Lo enfriábamos y en él texturizábamos carne de cigala hasta obtener un puré fino. Al subir la temperatura a 95 °C, este puré cuajaba y podíamos filtrarlo dejándolo totalmente transparente y limpio. El sabor a marisco era muy fuerte, pero, después de 2 horas en la cámara, el sabor a cigala «despertaba» y conseguíamos un caldo translúcido como el agua, con un intenso sabor a cigala.

Naturalmente, este caldo no resultaba demasiado rentable y procedimos a clarificar caldos de pescado con la misma carne utilizada en su elaboración. Por ejemplo, una crema de bacalao clarificada con carne de bacalao. Con este método, no solo conseguíamos un jugo limpio, sino que también potenciábamos su sabor a bacalao.

Dejando aparte las claras y otros productos clarificantes, comprobamos que los jugos cocidos a temperaturas inferiores a 100 °C no se deshacen tanto como en cocciones a temperaturas más altas. Por lo tanto, al no destruir las fibras o la estructura de los productos, estas no se mezclan con el jugo y dejan el caldo mucho más limpio.

Si tenemos en cuenta que actualmente la mayoría de caldos se cocinan a baja temperatura para respetar el sabor y los aromas naturales de los productos, no son necesarios agentes coagulantes para clarificarlos, tan solo cocciones suaves, filtrados, decantados y finas telas de lino. De todos modos, si quedaran impurezas en nuestro caldo, podríamos añadir alguna clara ligeramente batida, aumentar la temperatura a 95 °C y filtrarlo de nuevo. Repetiremos la operación un par de veces para eliminar todo rastro de impurezas o claras.

Hemos creado elaboraciones en las cuales utilizamos productos que secamos con distintas técnicas para realizar procesos de cocción/infusión delante del comensal. Obtenemos caldos limpios y, al mismo tiempo, productos cocinados con aromas añadidos. Un buen ejemplo sería la receta de la bullabesa de carabinero. Cocineros como Joan Roca han hecho evolucionar la clásica clarificación aplicando, por ejemplo, el vacío. Para hacerlo, añadimos a los caldos un 10 % de claras de huevo pasteurizadas, envasamos al vacío y lo introducimos en un baño a una temperatura controlada de 90 °C. Dejamos cuajar la clara totalmente y, terminada la clarificación, filtramos con un colador o una tela lo más fina posible.

Con el tiempo, aparecerán nuevos productos que puedan sustituir a las claras o maquinaria que filtre tan fino que no necesitemos ningún ingrediente especial para ello, como la conocida superbag u otros filtros utilizados en la industria química. Hasta ese momento, al igual que perdura la buena cocina tradicional, permanecen las claras de huevo como el mejor agente clarificante para nuestros jugos y caldos.

VIEIRAS AL ACEITE DE OLIVA,
MAÍZ SALTEADO CON ACEITE DE TRUFA, CREMA LÁCTEA Y JUGO INFUSIONADO DE CALABAZA Y GALLINA

8 vieiras de tamaño medio | 80 ml de aceite de oliva royal o picual | sal y pimienta blanca

PARA LAS VIEIRAS Limpiamos y pulimos las vieiras dejando la nuez de carne bien limpia. Cortamos cada vieira por la mitad y envasamos al vacío 4 mitades de vieira por ración con un poco de aceite, sal y pimienta.

600 g de calabaza en dados de 1 cm | 200 g de mantequilla en flor | 1 cebolleta grande | 1 blanco de puerro | 2 ajos morados | 4 dl de caldo de gallina *Véase anexo* | 6 dl de caldo de porrusalda *Véase anexo* | sal y pimienta | 10 claras de huevo para clarificar

PARA EL CONSOMÉ DE CALABAZA Y GALLINA Picamos el ajo, la cebolleta y el puerro y los rehogamos con un poco de mantequilla. Añadimos la calabaza y seguimos cociendo hasta que tome un poco de color. Mojamos con el caldo e infusionamos 20 minutos a fuego mínimo. Trituramos todo y dejamos enfriar. Añadimos a la pasta de calabaza 10 claras de huevo batidas y trabajamos un poco con el túrmix para integrarlas. Damos temperatura a la crema y dejamos cuajar el huevo. Pasamos por una estameña sin apretar. Podemos dar un ligero hervor al caldo resultante para acabar de eliminar posibles restos de impurezas. Reservamos.

100 g de maíz cocido | 2 cebolletas | 20 ml de aceite de trufa *Véase anexo* | sal y pimienta

PARA EL MAÍZ A LA TRUFA CON CEBOLLETA Rehogamos las cebolletas picadas con un poco de mantequilla. Hacemos un salteado con el maíz y aliñamos con el aceite de trufa justo antes de servir el plato.

250 g de mascarpone | 50 g de Micri o tapioca texturizada | 80 ml de caldo de porrusalda *Véase anexo* | 1 c/s de aceite de trufa | 40 g de patata cocida

PARA LA CREMA DE MASCARPONE Calentamos el caldo con la patata y el Micri. Texturizamos con la ayuda de un túrmix. Dejamos templar a 30 °C y añadimos el mascarpone y el aceite de trufa. Trabajamos un poco más con el túrmix para emulsionarlo todo.

4 tejas de pan | flores de salvia

MONTAJE Preparamos un baño maría a 53 °C y cocemos en él las vieiras de 3 a 4 minutos. Abrimos la bolsa y las colocamos en una fuente. Antes de servir, les daremos 3 o 4 segundos de gratinador. En el plato, colocamos un fondo de maíz y trufa con cebolleta, y encima disponemos las vieiras. Colocamos la teja de pan y un poco de crema de mascarpone. Aliñamos con un poco de aceite de trufa y las flores de salvia. Servimos aparte el caldo de gallina y calabaza a 90 °C. Si disponemos de ellas, entre cada lámina de pan, colocamos finísimas láminas de trufa de invierno *Tuber melanosporum* o de verano *Tuber aestivum*.

GAMBA DE PALAMÓS ASADA
CON SUAVE FLOR DE CALABACÍN, RAVIOLI DE CIGALA Y SU JUGO MUY CLARIFICADO

4 dl de caldo clarificado de cigala | 8 gambas de Palamós frescas y hermosas | 1 dl de aceite de oliva picual aromatizado con setas colmenillas | 1 c/s de mojo gamba | 8 colmenillas bien limpias | sal gris de Guérande

COMPONENTES BÁSICOS

—

4 flores de calabacín o calabaza | 4 colas de cigala | 1 c/s de cebolleta | 1 ajo tierno | 1 c/s de puerro joven | 5 g de pie de rebozuelo atrompetado *Craterellus lutescens* | una pizca de pimiento de Espelette en polvo | 1 c/s de aceite de colmenillas | una nuez de mantequilla | sal y pimienta blanca

PARA EL RAVIOLI DE CIGALA Separamos la cabeza de las colas, abrimos por el centro y quitamos el intestino. Cortamos en dados pequeños. Rehogamos el ajo tierno con la mantequilla, añadimos la cebolleta muy fina, rectificamos de sal y agregamos la pizca de Espelette. Rehogamos la seta en el aceite. En un bol pequeño ponemos el aceite de la seta y el rehogado de verduras escurrido. Añadimos la cigala y dejamos reposar. Si utilizamos pie de rebozuelo atrompetado, la *quenelle* será normal. Encamisamos con flor de calabacín. Dejamos fuera de la nevera para que coja temperatura.

Lo ponemos 1 minuto al horno y emplatamos sin demora. A temperatura ambiente, le practicamos una cocción de 30 segundos a 180 °C.

—

3 blancos de puerro | 1 litro de agua mineral | 4 cebolletas | 2 ajos pelados | 10 g de pimienta blanca machacada | ½ hoja de laurel | 500 g de carne de cigala | 1 kg de berberechos de mucha calidad | 2 litros de agua mineral para depurar los berberechos | 100 g de sal para depurar los berberechos | 1 clara de huevo

PARA EL AGUA CON INTENSO SABOR A CIGALA Ponemos el agua con la verdura, los ajos, la pimienta y el laurel al lado de la plancha 2 horas e infusionamos. Colamos y en 400 g del caldo resultante abrimos enseguida los berberechos previamente depurados. Pasamos el caldo por una estameña y lo enfriamos rápidamente en un baño frío. Colamos los berberechos por una estameña y los presionamos para retirarles el jugo. Medimos esta agua y mezclamos con caldo de cocción hasta obtener 2,5 dl. Maceramos este caldo en frío durante 1 hora con la carne de cigala. Trituramos 4 minutos hasta conseguir una crema lisa. El puré resultante lo mezclamos con la clara. Cocemos a fuego suave hasta que cuaje por completo. Pasamos por la estameña y dejamos madurar unas 6 horas.

—

polvo de rebozuelo atrompetado | una pizca de cebollino fino | una pizca de perifollo fino | una pizca de pimiento de Espelette en polvo | una pizca de ajo tierno pochado y fino | 1 c/s de aceite de oliva arbequina

PARA EL MOJO DE GAMBA Asamos rápidamente la gamba destripada, la mojamos por un lado con el mojo y le damos 1 minuto más de cocción.

—

MONTAJE En el centro del plato disponemos el ravioli, al lado y de pie las gambas con el mojo en la parte externa, por último un par de colmenillas pequeñas ligeramente salteadas, dos cucharadas de clarificado y un toque de sal gris.

BULLABESA INFUSIONADA DE CARABINEROS

8 carabineros pequeños | 2,5 dl de agua | 6 g de alga kombu | 4 g de tsukudani (tiras de algas y setas confitadas con soja) | 1 g de bonito seco

PARA LA BULLABESA DE CARABINEROS Introducimos los carabineros en un deshidratador durante 24 horas con el fin de secarlos totalmente. Una vez secos, los rompemos un poco con los dedos y los metemos dentro de la infusionadora o un recipiente que permita hacer una infusión con cocción suave delante del comensal. Por otro lado, hervimos el agua con el alga kombu, añadimos el bonito seco y lo dejamos infusionar durante 15 minutos. Unos 5 minutos antes de servir el plato terminado, hacemos la infusión delante del comensal mojando los carabineros secos con el caldo dashi de bonito y kombu. Seguidamente encendemos el fuego y dejamos hervir la infusión durante 6 minutos. Finalmente la filtramos en una tetera y la servimos de inmediato.

2 hinojos baby | sal y aceite

PARA EL HINOJO BABY Marcamos los hinojos en la parrilla o en una plancha y los envasamos al vacío. Los introducimos en el horno con vapor a 85 °C durante 25 minutos. Una vez cocidos, los cortamos en láminas lo más finas posible.

4 zanahorias blancas mini | 4 zanahorias naranjas mini | 4 nabos mini

PARA LAS PEQUEÑAS VERDURAS Limpiamos bien las verduras eliminando toda la tierra que puedan tener. En un cazo, las escaldamos durante 40 segundos y las enfriamos rápidamente en un bol con agua y hielo para cortar la cocción y evitar que pierdan color. En el momento de terminar la receta, las salteamos brevemente en una sartén con un hilo de aceite o una nuez de mantequilla, sal y una pizca de pimienta recién molida.

4 carabineros

PARA EL CARABINERO Pelamos la cola de los carabineros y retiramos la tripa. Con un cuchillo, cortamos por debajo la cabeza para desprenderla de la cola. De esta manera evitaremos perder el jugo del interior.
A continuación, marcamos las colas durante unos segundos en una sartén antiadherente a fuego medio, y las cabezas, medio minuto por cada lado.
Reservamos los carabineros en un lugar cálido a 50 °C unos 2 minutos para terminar de filtrar calor.

1 naranja | 1 anís estrellado | 4 brotes de atzina o brotes anisados | brotes marinos | flores de pensamiento mini | aceite de oliva

MONTAJE Colocamos las verduras y una cabeza y una cola de carabinero de manera elegante en cada plato. Lo aderezamos con dos o tres toques de ralladura de naranja y anís estrellado, y lo decoramos con los brotes anisados, las flores frescas, los brotes marinos y un hilo de buen aceite de oliva. Servimos un poco de consomé de carabinero delante del comensal.

Ravioli invertido de bonito

Ravioli invertido de bacalao

TRABAJO CON RAVIOLIS Y ENCERRADOS

Probablemente, el término «ravioli» es el concepto de la cocina italiana más versátil y utilizado fuera de las fronteras del país de la pasta. Y es cierto que lo primero que hemos sustituido de estas preparaciones es exactamente eso, la pasta.

Los raviolis están formados por dos elementos básicos: un envoltorio y un relleno que puede presentar diversas texturas y sabores. El término «ravioli» designa ya muchas preparaciones de muy diversas formas y elaboradas con infinidad de productos.

Todas las pequeñas creaciones que presentan una elaboración de textura más o menos delicada y que necesitan una capa exterior para poder mantenerla a temperatura ambiente o después de una ligera cocción, demuestran que el término ravioli engloba mucho más que la preparación original para la que fue creado.

Los cocineros buscamos elaborar pequeños bocados que sean sencillos a la vista pero que al degustarlos resulten especiales por encerrar sabores sorprendentes o texturas mágicas. En este afán de minimalismo complejo, hemos creado un mundo alrededor de los raviolis y encerrados, elevando esta forma de pasta a técnica creativa muy versátil.

Al trabajar esta técnica, percibimos que es posible realizar grandes maridajes. Los sabores y productos de la receta, dejando de lado salsas o guarniciones, están unidos formando una elaboración única que garantiza el consumo de todos los sabores y texturas a la vez.

En nuestra cocina ya queda poco de los «raviolis originales». Son muchos los productos que se emplean a modo de pasta y los rellenos pasan por todas las texturas, productos y masas. Los raviolis son, en algunas ocasiones, una buena manera de cocer sus componentes. Por ejemplo, en el trabajo de sepia y cigalas, son estas últimas las que cuecen la sepia por transmisión de temperatura. Los de caracoles son una elaboración tradicional concebida para ser consumida de un bocado, donde la panceta es la encargada de encerrar todos los demás componentes en una suerte de ravioli cuadrado. Por último, está el ravioli invertido de bonito. Mucha gente nos pregunta por qué llamamos a este ravioli «invertido». No es por complicar su nombre en un triple salto mortal. Si al comerlo nos fijamos un poco en él, veremos que entre el sofrito y el tomate (dos productos húmedos) encontramos un rulo de pan crujiente. Lo lógico es pensar que esta masa debería estar colocada por fuera del ravioli para no humedecerse y permanecer crujiente. Gracias al montaje en el momento, podemos realizar este ravioli con celeridad y disponerlo «invertido» a la lógica, pero quizás la razón es más sencilla. Cuando planteamos este plato, intentamos hacerlo al revés y de esta intención de hacer las cosas a la inversa, nacieron los «raviolis invertidos».

RAVIOLIS INVERTIDOS DE BONITO CON SUERO DE PARMESANO,
CRUJIENTE DE ARROZ, TOMATE EN ESTADOS Y HOJAS DE ALBAHACA

1 lomo de bonito muy fresco | 1,5 g de orégano seco |
1,5 g de hierbas provenzales | sal y pimienta blanca

PARA EL CARPACCIO Limpiamos bien el lomo de zonas
oscuras. Cortamos de forma que quede una barra para luego
cortar láminas de 3,5 cm de ancho. Aliñamos con las hierbas
y salpimentamos. Envolvemos con film transparente para
que no pierda la forma. Congelamos.

—

2 kg de tomate canario maduro | 2 cebollas | 2 dientes de
ajo | sal, azúcar, pimienta y agua mineral

PARA EL SOFRITO Escaldamos los tomates, refrescamos,
pelamos y dejamos la pulpa totalmente limpia. Picamos en
dados regulares. Caramelizamos la cebolla y los ajos a fuego
mínimo durante 2 horas. Añadimos el tomate y dejamos que
confite, vamos agregando agua para que no quede seco, y
dejamos cocer hasta que el tomate pierda toda la acidez.
Rectificamos y reservamos para el montaje.

—

150 g de parmesano | 80 g de Micri | 1 dl de nata fresca | sal
y pimienta blanca

PARA EL SUERO DE PARMESANO Cuando empiece a hervir
la nata, dejamos atemperar y añadimos el Micri y el
parmesano. Pasamos por el túrmix y rectificamos. Debe
quedar una masa líquida, brillante y con cuerpo fluido en
estado frío. Guardamos en un biberón y reservamos 1 hora
en la nevera.

—

2 barritas de pan | parmesano en polvo | hojas de orégano |
100 g de sofrito de tomate

PARA EL RAVIOLI Congelamos el pan, sacamos la corteza
con ayuda de un pelador, cortamos 16 láminas en el
cortafiambres de unos 2,5 mm por 3,5 cm de ancho y 10 cm
de largo. Cortamos el bonito de la misma forma. Disponemos
las láminas del carpaccio sobre una bandeja aceitada.
Envolvemos un poco de sofrito con las láminas de pan y
dejamos dorar en el horno. Sobre el carpaccio, disponemos
el polvo de parmesano y el orégano que le darán un sabor
particular. En el centro, colocamos el ravioli de pan y
enrollamos. Preparamos 4 piezas por ración. Una vez
montados, servimos rápidamente para que su interior no
pierda la textura crujiente.

—

2 cebollas rehogadas | 2 c/s de percebes pelados | 2 hojas
de albahaca fritas en aceite | 3 c/s de aceite de oliva royal

PARA EL SOFRITO DE PERCEBES Y CEBOLLA A LA ALBAHACA
Mezclamos todos los ingredientes ligeramente picados con
un poco de aceite de oliva.

—

arroz salvaje suflado en aceite | hojas de albahaca fritas |
escamas de sal Maldon | aceite de oliva royal cortado con
vinagre balsámico | yemas de tomate de Montserrat

MONTAJE Dibujamos dos líneas de suero en el plato.
Colocamos 2 raviolis en cada una con un poco de sofrito de
percebes por cada ravioli. Ponemos un poco de arroz
suflado, la parte gelatinosa de los gajos de tomate, unas
hojas de albahaca y finalmente aliñamos el conjunto con
la vinagreta balsámica.

CANELÓN DE CIGALAS CON PERCEBES Y SEPIA, SALSIFÍ,
TOMATE EN DOS COCCIONES Y ALBAHACA PERFUMADA

1 sepia de 500 g | aceite de oliva virgen picual

PARA LAS LÁMINAS DE SEPIA Limpiamos la sepia haciendo un cuadrado con la parte central de 10 por 8 cm. Congelamos entre papeles sulfurizados y dos placas planas. Una vez congelada, cortamos 4 piezas de 2 mm de grosor. Disponemos las láminas en una bandeja pincelada con aceite de oliva.

100 g de percebes gallegos | 1 cebolleta| 1 cebolla seca | 1 ajo tierno | sal y pimienta blanca

PARA LA CEBOLLETA CON PERCEBES Picamos el ajo tierno y las cebollas y dejamos cocer lentamente con un poco de aceite. Escaldamos los percebes con agua hirviendo salada (20 g por litro), dejamos enfriar y pelamos con mucho cuidado. Una vez rehogada la cebolla, dejamos enfriar y añadimos los percebes laminados. Rectificamos de sal y pimienta.

100 g de salsifí (escorzonera) pelado y en dados | 1 dl de caldo vegetal | 50 g de mantequilla | sal y pimienta | una pizca de nuez moscada

PARA LA CREMA DE SALSIFÍ Salteamos rápidamente los dados de salsifí con la mantequilla agregando el caldo. Rectificamos de sal, pimienta y nuez moscada. Cocemos 5 minutos y pasamos por el túrmix hasta obtener una crema muy fina. Reservamos.

1 kg de tomate canario | 2 cebollas secas de tamaño mediano | 1 cebolleta | 4 ajos | unas gotas de vinagre balsámico | aceite de oliva picual | sal, pimienta y un poco de azúcar

PARA EL SOFRITO DE TOMATE Escaldamos los tomates 10 segundos en agua hirviendo, refrescamos en agua helada y pelamos. Cortamos en dados de 1 cm. Picamos las verduras menudas y salteamos empezando por el ajo. Dejamos cocer hasta que la verdura adquiera un bonito color dorado. Agregamos unas gotas de balsámico y dejamos que evapore. Incorporamos los tomates en dados y rectificamos. Mojamos con un poco de agua y dejamos cocer a fuego mínimo durante al menos 2 horas. Es posible que tengamos que añadir algo de agua si está demasiado seco.

8 cigalas frescas | aceite con perejil y avellanas picadas | hojas de perifollo | dados de tomate de 3 mm | láminas de percebes de 2 mm | sal Maldon | hojas de albahaca fritas

MONTAJE Asamos las cigalas por la parte exterior y horneamos 1 minuto. Ponemos un poco de sofrito con los percebes en las láminas de sepia. Encima, colocamos dos cigalas con las partes no marcadas juntas. Enrollamos como un canelón tradicional. En el plato, hacemos unas lágrimas de salsifí de forma atractiva, un círculo de percebes y dados de tomate y en el centro colocamos una cucharada sopera de sofrito. Encima del canelón, disponemos una hoja de albahaca frita, un hilillo de aceite de avellanas y unas escamas de sal Maldon.

RAVIOLIS DE CARACOLES DE BORGOÑA
CON SU JUGO CONCENTRADO EN CEBOLLA, PANCETA, NABO NEGRO Y ACEITE DE NUEZ AL IBÉRICO

2 kg de caracoles de Borgoña purgados y limpios *Helix pomatia* | 4 o 5 ajos | 2 cebollas | 1 c/c de romero y tomillo fresco picado | 1 dl de coñac o brandi | 1,5 litro de caldo de ave | 100 g de jamón o panceta salada ibérica en dados | 100 g de piñones dorados (opcional) | 300 g de picada | sal y pimienta

PARA EL GUISADO DE CARACOLES Sofreímos los ajos y la cebolla. Cuando estén rehogados, agregamos la panceta y salteamos. Incorporamos las hierbas y el licor, reducimos a seco y añadimos la picada. Cocemos el conjunto unos 10 minutos. Mojamos con el caldo y hacemos una cocción de unas 2 horas a fuego suave y tapado. Dejamos enfriar y colamos. Reservamos el caldo para la cebolla confitada, menos ⅓ que reduciremos con la mantequilla para salsear al final. Retiramos los caracoles y reservamos el sofrito que quede. Para los raviolis, sacamos los caracoles de sus conchas y pesamos 60 g por ración. Unos 4 caracoles por cada ravioli.

120 g de avellanas | 1 ñora | 2 tomates maduros | 2 pimientos de cayena | 1 rama de perejil | 40 g de pan frito | 40 ml de vino blanco | 40 ml de caldo vegetal

PARA LA PICADA (300 g) Combinamos los ingredientes en crudo y los trituramos un par de minutos.

1 kg de cebolla de buena calidad | la salsa y el sofrito de cocer los caracoles | 1 litro de agua | 100 g de mantequilla | sal y pimienta

PARA LA CEBOLLA CONFITADA Pelamos las cebollas y cortamos en juliana fina, luego escaldamos 10 minutos en el agua. En una cazuela, ponemos la cebolla, colada y refrescada, con el resto de ingredientes. Cocemos durante 1 hora a fuego suave, hasta que la cebolla quede melosa.

200 g de nabo negro del Berguedà | 4 dl de agua mineral | 50 ml de nata fresca | 50 g de mantequilla | sal y pimienta

PARA LA CREMA DE NABOS NEGROS Pelamos y picamos los nabos en dados de 0,5 cm. Escaldamos con agua hasta que estén cocidos. Reservamos el agua de la cocción. Pasamos los nabos aún calientes por la Thermomix con la nata y la mantequilla, y trituramos muy fino. Rectificamos de sal y espesor. Reservamos.

20 g de nueces peladas | 20 g de jamón de bellota | 1 dl de aceite de nuez | sal y perejil

PARA EL ACEITE DE NUECES DE IBÉRICO Picamos todos los ingredientes lo más finos posible. Combinamos con el aceite y reservamos.

60 g de caracoles sin concha | 1 c/c de cebolla rehogada | 1 cubo de panceta salada ibérica de 5 por 6 cm | sal y pimienta | aceite de oliva | perejil picado

PARA LOS RAVIOLIS DE CARACOLES (cantidad por ración) El día antes ponemos la panceta a congelar. En el momento de emplatar, calentamos los caracoles a 50 °C con la cebolla. Cortamos 6 láminas de panceta por ración, lo más fina posible (es imprescindible). Estiramos las láminas en una placa con aceite, y en el centro colocamos un poco de cebolla y 4 caracoles. Cerramos el ravioli. Giramos las piezas dejando los cortes debajo, rectificamos y agregamos perejil finamente picado. Cocemos a 170 °C de 2 a 3 minutos.

MONTAJE Hacemos 6 toques con crema de nabo, divididos en dos hileras y separados entre sí de 2 a 3 cm. Al lado del nabo, ponemos un poco de cebolla confitada. Encima de cada conjunto, colocamos un ravioli recién horneado, procurando que muestre sus otros componentes. Salseamos con un poco de salsa reducida y terminamos con un poco de aceite de nuez.

ESFÉRICOS

Esta es una de las técnicas de la cocina de vanguardia más conocidas. Es en la cocina moderna donde toma importancia y genera interés, pero la técnica se patentó en el Reino Unido en el año 1946 y se empezó a aplicar ampliamente en la industria. Pasaron 57 años hasta que Ferran Adrià y el equipo de El Bulli la introdujeron en cocina y acuñaron para ella el nombre de «sferificación».

La esferificación nos permite encapsular líquidos en esferas de gel, también cremas, purés e incluso sólidos. Para lograrlo, emplearemos dos productos que reaccionan entre sí formando el gel que cubre las esferas: por una parte, calcio, ya sea de origen mineral (cloruro cálcico) o lácteo (gluconolactato cálcico) y, por otra parte, utilizaremos un hidrocoloide como el alginato de sodio.

La primera técnica que se desarrolló se llamó «sferificación directa o básica» según la cual se aplica alginato al producto y sales cálcicas al baño. Presenta el inconveniente de que el líquido a esferificar no puede contener calcio de forma natural puesto que el alginato, al penetrar dentro del producto, termina transformándolo en una bola de gel.

La segunda, llamada «sferificación inversa», es una evolución que soluciona la mayoría de inconvenientes que presentaba la primera, pues solo tenemos que «invertir» el uso de los componentes, es decir, utilizaremos un baño de alginato y, dentro de este, introduciremos una elaboración que contenga calcio. De este modo, podemos manejar casi cualquier producto; es más, aquellos que ya contienen calcio no necesitarán o necesitarán muy poco. Al estar los hidrocoloides en el baño y el reactivo en el producto, los geles se forman en la superficie de las esferas, lo que nos permite elaborar de antemano los esféricos, sin miedo a que se transformen en bolas de goma y con la ventaja de poder macerar y añadir otros sabores a nuestra elaboración.

Normalmente, en nuestra cocina aplicamos siempre la técnica inversa y, para llevarla a cabo con éxito, los pequeños detalles serán clave.

Preparamos en grandes cantidades un baño de alginato estándar, compuesto de 1 litro de agua mineral por cada 5 g de alginato de sodio. Antes de usarlo, lo dejamos reposar un mínimo de 12 horas. Quizás no sea necesario tanto tiempo, pero, gracias al reposo, el alginato se hidrata perfectamente y el baño pierde el aire incorporado por el túrmix o el robot de cocina utilizado para realizar la mezcla.

El baño de alginato va a adquirir cierta densidad y es básico que las elaboraciones introducidas en él sean más densas ya que, de lo contrario, no se hundirán formando esferas. También es esencial que el producto no contenga aire, pues, de ser así, se quedará en la superficie del baño estropeando la elaboración. Para solucionar el problema, podemos realizar extracciones de aire con una máquina de vacío o simplemente dejando reposar unas horas en la nevera hasta que la elaboración a trabajar pierda todo el aire que contenga. Los dos procedimientos tienen sus ventajas: la extracción con máquina nos proporciona inmediatez de uso y el reposo hará que el calcio añadido quede más integrado.

Cuando tengamos el baño listo, lo colocamos en una fuente que permita que el líquido ocupe una altura mínima de 5 o 6 cm y que, como máximo, diste 1 cm del borde del recipiente. Empleamos cucharillas específicas de diferentes gramajes, según el tamaño de las esferas que queramos realizar. Llenamos la cuchara con el producto a esferificar y lo dejamos caer en forma de gota justo en la superficie del baño. El tiempo de inmersión determinará el grosor del gel. Para una esfera firme pero de capa no muy gruesa, el tiempo de referencia es de 45 segundos dentro del baño.

Formadas la esferas, las retiramos con una cuchara específica llena de agujeros. Las pasamos por un baño de agua para detener la «cocción», luego por un papel absorbente para eliminar el exceso de agua y, seguidamente, las trasladamos a un recipiente hermético que contenga un líquido o grasa, como el aceite de oliva. Este líquido o grasa impide que las esferas se peguen o se rompan y, a la vez, sirve para infusionar y añadir sabor. Por ejemplo, si elaboramos esferas con puré de aceitunas, el aceite de oliva será ideal para conservar nuestras esferas y potenciar su sabor. Si queremos una grasa o un líquido neutros, podemos emplear agua o aceite suave como el de cacahuete o girasol. Las esferas conservadas en agua no aguantarán más de uno o dos días; las conservadas en aceite pueden aguantar un poco más.

Si queremos dar otras formas aparte de la esférica, solo tenemos que congelar el producto en moldes de la forma deseada e introducir las piezas heladas en el baño. A medida que se descongelen, las capas exteriores también formarán geles.

Si queremos servir nuestras esferas calientes, podemos introducirlas en agua o aceite a 65 °C-75 °C y dejarlas unos minutos hasta que alcancen esta temperatura.

La técnica de la esferificación, como tantas otras del recetario moderno, también va a requerir de mucha lógica. La aplicación que le demos tiene que estar justificada para lograr como resultado un plato de nota 10; si la empleamos sin necesidad, únicamente para demostrar nuestros conocimientos técnicos, la elaboración que realizaremos sí será técnica, pero también, carente de sentido.

ESFERAS DE SCAMORZA AHUMADA
CON TEXTURAS DE PAN CON TOMATE

90 g de clara de huevo | 120 g de pasta de tomate concentrado | 60 g de yema de huevo | 10 g de azúcar | 1 g de impulsor | 15 g de harina

PARA EL BIZCOCHO DE TOMATE Trituramos todos los ingredientes en un robot de cocina y filtramos el conjunto con la ayuda de un colador fino. Introducimos el caldo en un sifón y añadimos una carga de gas. Lo dejamos reposar 2 horas como mínimo. Para cocer el bizcocho, utilizaremos vasos de plástico de buena calidad, a los que realizaremos tres pequeños cortes en la base. Llenamos los vasos hasta la mitad con la mezcla de tomate y la cocemos en el microondas 45 segundos a 600 W. Una vez cocidos, colocamos los vasos en una fuente boca abajo hasta que los bizcochos estén fríos.

1,5 litros de agua | 7 ½ g de alginato de sodio en polvo

PARA EL BAÑO DE ALGINATO Vertemos 1 litro de agua en el vaso del túrmix y añadimos el alginato en polvo. Trabajamos la mezcla con el túrmix hasta que el alginato se haya disuelto por completo, intentando no incorporar mucho aire. Agregamos el resto del agua y reservamos el conjunto unas 12 horas para que el alginato se hidrate bien y la mezcla pierda el aire introducido con el túrmix. Esta base puede guardarse sin problemas 2 o 3 días en la nevera.

125 g de scamorza ahumada | 25 g de leche entera de vaca | 5 g de gluconolactato cálcico | sal | baño de alginato | aceite de oliva suave

PARA LAS ESFERAS DE SCAMORZA Trituramos la leche tibia con la scamorza y el gluconolactato a temperatura ambiente hasta que quede una mezcla bien fina. La colamos y la dejamos reposar para que el gluconolactato se hidrate y la mezcla pierda el aire contenido. En el baño de alginato, con la ayuda de una cucharilla para esféricos de 2,5 ml, formamos esferas sumergiéndolas por completo. Las dejamos cocer durante 1 minuto aproximadamente. Luego las pasamos por un baño de agua para parar la «cocción» y eliminar el exceso de alginato. Las reservamos hasta el momento de usarlas en aceite de oliva suave.

450 g de tomate de colgar | estabilizante para helados (cantidad según producto utilizado) | 50 ml de aceite de oliva arbequina | 30 g de miga de pan | 10 g de sal | pimienta negra

PARA EL HELADO DE PAN CON TOMATE Trituramos el tomate con la ayuda de un túrmix y colamos el puré resultante. Le añadimos la miga de pan y lo dejamos durante unos 20 minutos para que se hidrate. Lo sazonamos con la sal y una pizca de pimienta negra y trituramos otra vez el tomate con el pan, agregando al mismo tiempo el aceite en forma de hilo. Pasamos la mezcla por la heladora.

18 tomates cherry | sal | azúcar | aceite de oliva arbequina

PARA LOS TOMATES DESECADOS Escaldamos los tomates unos segundos y los enfriamos en agua helada. Los pelamos y los colocamos en un bol amplio. Los aliñamos con la sal, el azúcar y un poco de aceite y los pasamos a una fuente llana untada con aceite. Desecamos los tomates en el horno a 125 ºC durante 50 minutos. Es bueno darles la vuelta a media cocción. Reservamos los tomates desecados en un recipiente hermético aliñados con más aceite de oliva arbequina.

brotes de albahaca | aceite de oliva de buena calidad

MONTAJE Colocamos 3 pequeños pedazos de bizcocho de tomate en forma de círculo, y añadimos alrededor 3 esferas de queso y 3 tomates desecados. En el centro, disponemos una buena porción de helado de pan con tomate. Terminamos el plato con brotes de albahaca y un hilo de un buen aceite de oliva.

ÑOQUIS DE SALMÓN LIGERAMENTE AHUMADOS
CON CREMA DE COLIFLOR Y PAN A LA MANTEQUILLA

1,5 litros de agua | 7 ½ g de alginato de sodio en polvo

PARA EL BAÑO DE ALGINATO Vertemos 1 litro de agua en el vaso del túrmix. Agregamos el alginato en polvo y trabajamos la mezcla con el túrmix hasta disolver bien el alginato, procurando no incorporar mucho aire. Añadimos el resto del agua y reservamos el conjunto unas 12 horas para que el alginato se hidrate bien y la preparación pierda el aire introducido con el túrmix. Esta base puede guardarse sin problemas 2 o 3 días en la nevera.

—

150 g de salmón ahumado | 20 g de mantequilla | 1 g de gluconolactato cálcico | baño de alginato | aceite de oliva suave

PARA LOS ÑOQUIS Introducimos todos los ingredientes, menos el baño de alginato, en un robot de cocina y los trituramos hasta obtener una pasta fina y bien emulsionada. Es importante hacerlo con la mantequilla a temperatura ambiente para que la masa quede homogénea. Ponemos el baño de alginato en una fuente honda, de modo que el baño tenga como mínimo 4 cm de profundidad y la superficie quede a 1 cm del borde de la fuente.

Colocamos la mezcla de salmón en una manga pastelera con una boquilla lisa de 1 cm y hacemos una tira dentro del baño de alginato procurando que quede sumergida por completo. Con unas tijeras y sin perder tiempo, pues la mezcla se gelifica muy deprisa, cortamos la tira en trozos de 1,5 cm. Dejamos cocer los ñoquis dentro del baño de alginato durante 45 segundos. A continuación, los pasamos a un baño de agua para cortar la «cocción» y los reservamos sumergidos en aceite de oliva suave hasta el momento de servirlos.

—

100 g de pan | 80 g de mantequilla | sal y pimienta

PARA EL PAN A LA MANTEQUILLA Trituramos el pan en un robot de cocina hasta convertirlo en migas. Las ponemos en una sartén amplia al fuego junto con la mantequilla. Removemos la mezcla continuamente hasta que las migas queden del todo fritas y crujientes. Escurrimos bien el exceso de mantequilla colocando las migas encima de papel absorbente. Después reservamos el pan en un recipiente hermético. Bien guardado en lugar fresco y seco, puede durar un par de semanas como mínimo.

—

150 g de anguila ahumada entera, con piel y espinas | 5 dl de aceite de girasol

PARA EL ACEITE DE ANGUILA Envasamos la anguila ahumada con el aceite al vacío. Escaldamos la bolsa en agua hirviendo para retractilarla y la enfriamos en agua helada. Introducimos de nuevo la bolsa en un baño de agua a una temperatura de 70 °C y la dejamos infusionar durante 12 horas.

—

1 coliflor | 1 litro de agua | 100 g de mantequilla | sal y pimienta blanca

PARA LA CREMA DE COLIFLOR Cortamos la coliflor en trozos y la envasamos al vacío con el agua. La cocemos a 90 °C durante 30 minutos. Si no podemos envasar al vacío, la cocción también se puede hacer de la forma tradicional, cociendo la coliflor en agua hasta obtener la textura deseada. Trituramos la coliflor hasta que quede un puré bien fino. Le incorporamos la mantequilla y la sazonamos con la sal y la pimienta.

—

huevas de trucha | brotes de hinojo | 50 ml de aceite de anguila ahumada

MONTAJE En cucharas de cóctel, colocamos un poco de pan a la mantequilla; encima de este, los ñoquis con unas cuantas huevas de trucha y unos brotes de hinojo. Ponemos las cucharas en una campana de cristal y, con la ayuda de una pipa de ahumar con madera de buena calidad sin resinas, introducimos humo en la campana. Llevamos las cucharas a la mesa y retiramos la campana delante de los comensales. Les servimos también una tacita de crema de coliflor tibia con unas gotas de aceite de anguila ahumada.

AGUA TOMATE + ACEITE + CREMA

Con los nuevos emulgentes podemos crear grandes emulsiones para elaborar espumas que antes eran difíciles de conseguir. En este caso, vemos una ejecutada con un estabilizante para helados en crema. La emulsión se produce entre una grasa (aceite de oliva) y un líquido (agua de vegetación de tomate).

TRABAJANDO CON EL TÚRMIX

Una mínima proporción de estabilizante provoca que la grasa y el líquido queden perfectamente integrados.

El túrmix también estabiliza la emulsión que, de otra manera, al cabo de unos minutos se separaría.

TOSTA DE PAN CON TOMATE GELATINIZADO

La emulsión estable de este líquido con el aceite permite realizar una espuma con grasa de calidad, sin miedo a que se separen los componentes durante el reposo. En este caso, hemos elaborado un gelatinizado de agua de tomate, aceite y sal formando un pan con tomate.

APLICACIÓN LÓGICA DE LAS ESPUMAS

para introducir un sabor o maridaje básico

En nuestra cocina, cada paso está realizado de manera lenta, objetiva y lógica. Con esta mentalidad, observamos toda aquella información que pueda enriquecer nuestro trabajo. Si una receta tradicional se puede mejorar con las nuevas técnicas o conceptos, intentaremos potenciarla sin que pierda su esencia. En caso contrario, no debería ser modificada.

Técnicas jóvenes, como espumas y cocina al vacío, pueden mejorar la textura y el sabor de las recetas teniendo en cuenta que su utilización no ha de ser arbitraria o casual, ni responder a una necesidad de realizar trabajos de aspecto innovador pero sin sentido.

Las espumas son, en su inicio, una mousse de textura muy ligera y sabor muy intenso del producto base utilizado, realizadas a partir de un puré, infusión o líquido gelatinizado. En su consolidación como técnica, se llama espuma a toda elaboración con el sifón, aunque esté gelatinizada con grasas, albúminas, hidrocoloides (goma xantana, kuzu, goma gelán, iota), etc.

Hoy en día, esta técnica ofrece infinitas posibilidades de confección, pero su empleo siempre estará marcado por el uso que se haga de ellas. Para su elaboración, primero tendremos en cuenta el sabor que necesitamos. Concretaremos su aplicación, ya sea como sabor básico en aperitivos y primeros platos, como guarnición o salsa, o en preparaciones dulces y saladas. A continuación, definiremos su densidad según sea consistente, espesa o más líquida. Y, por último, determinaremos su composición, ya sea para elaboraciones frías o calientes, teniendo en cuenta que ciertos ingredientes utilizados en la preparación dotarán a nuestra espuma de diferentes virtudes como, por ejemplo, la capacidad de aguantar temperatura que ofrece el agar-agar.

Cuando realizamos un plato, siempre tendremos un sabor básico, ya sea el del producto principal o el maridaje de varios que dará como resultado un sabor concreto. La espuma, o técnicas como esta, pueden servir para incorporar sabores y texturas nuevas a nuestras creaciones. La potencia de sabor está garantizada si se utilizan como elaboración principal, ya que tienen muy poca o ninguna cocción y están formadas por un altísimo porcentaje de producto base.

Si las utilizamos para crear un maridaje de dos o tres sabores, al comensal le será más fácil valorar, comprender y juzgar la calidad de esta creación del cocinero si degusta primero los elementos por separado.

Entre las siguientes recetas, encontramos un gazpacho cuya base son las verduras originales del plato tradicional, de forma que este sabor siempre está presente en el plato. Los dos sabores que lo acompañan son el de las fresas y el del melocotón. El sabor a fresa es menos intenso que el del gazpacho, pero, como el vinagre lo potencia, la fresa se hace notar de manera sutil y elegante. El sabor a melocotón de viña lo incorporamos con una ligera espuma. De esta manera, podemos confeccionar un plato bonito pero sin adornos inútiles, ya que la espuma, además de ser componente del sabor básico, hará a su vez de guarnición. El sabor del melocotón puede parecer el menos lógico y, aunque el cocinero piense que el maridaje es bueno, debe estar abierto a que el comensal juzgue si se ha conseguido una renovación lógica del gazpacho.

GAZPACHO DE FRUTAS
CON MELOCOTÓN, CHARDONNAY Y FRESAS

500 g de fresa | 500 g de melocotón de viña | 500 g de tomates maduros | 100 g de pimiento rojo | 100 g de pepino | 80 g de cebolla | 1 diente de ajo | 60 g de miga de pan del día anterior | 2 dl de aceite de oliva royal | 2 dl de vinagre de chardonnay | 2 litros de agua mineral | sal

PARA EL GAZPACHO DE FRUTAS Cortamos todas las frutas y verduras en dados de 1 cm. Ponemos a macerar con el resto de ingredientes toda una noche. Al día siguiente, pasamos por la Thermomix muy fino y colamos por un chino. Rectificamos cualquier ingrediente al gusto propio.

480 g de puré de albaricoque | 2 hojas de gelatinas neutras (4 g)

PARA LA ESPUMA DE ALBARICOQUE Remojamos la gelatina y la disolvemos en una pequeña cantidad de puré caliente.

Con unas varillas, incorporamos la gelatina al resto de puré. Colamos. Cargamos el sifón y dejamos cuajar como mínimo 2 horas.

frutas para acabar el plato (por ración) | 8 arándanos (opcional) | 6 fresitas del bosque | 1 fresa pequeña | 6 semillas de fruta de la pasión | 3 yemas de tomate de Montserrat | hojitas de tomillo limonero | hojitas de menta

MONTAJE Cortamos las frutas más grandes por la mitad. Colocamos todas las frutas y hojas en círculo. Acabamos el plato con una pequeña cantidad de espuma en el centro y un hilo de aceite de oliva virgen alrededor. Servimos el gazpacho aparte bien frío.

RODABALLO SALVAJE AL CHARDONNAY,
DOS UVAS, CREMA ESPUMOSA DE ALBARICOQUES Y ACEITE IBÉRICO

1 rodaballo de buen tamaño | 1 dl de vinagre de chardonnay | 5 g de manteca de cacao crionizada | 1 cebolleta | 1 ramita de perejil | 1 cabeza de ajos | 1 ramita de apio | 8 granos de uva blanca | 2 litros de agua | cebollino picado | sal y pimienta blanca

TRABAJO CON EL RODABALLO Limpiamos y pulimos el pescado. Cortamos cada lomo en supremas de 100 g. Cortamos todas las verduras y las ponemos a cocer en agua. Añadimos las espinas del rodaballo y cocemos 15 minutos. Agregamos un poco de aceite, dejamos macerar 10 minutos más y filtramos. Al asar el pescado, utilizamos una suprema con piel negra y otra con piel blanca por ración. Espolvoreamos la piel del pescado con la manteca de cacao en polvo y salpimentamos. En una sartén antiadherente, colocamos el pescado con la piel hacia abajo. Asamos hasta que tome un bonito tono dorado y damos la vuelta. Añadimos unas pasas y granos de uva a cuartos sin piel ni pepitas. Reducimos en la misma sartén 25 g de vinagre de chardonnay por ración. Cuando esté reducido, agregamos un poco de fumet para evitar que el vinagre se queme. Damos un toque con el cebollino y reservamos 1 minuto al calor antes de servir.

80 g de pasas | 7-8 brotes de flor de saúco o 20 g de almíbar de saúco | 1,2 dl de agua mineral (60 ml si trabajamos con almíbar)

PARA LAS PASAS AL SAÚCO Ponemos en remojo el saúco en el agua. Añadimos las pasas y las dejamos macerar un mínimo de 2 horas.

500 g de puré de albaricoque de calidad | 1 hoja de gelatina neutra (2 g) | 1 g de agar-agar | 80 ml de agua mineral

PARA LA CREMA ESPUMOSA DE ALBARICOQUE Remojamos la gelatina y ponemos a cocer el agar con el agua durante 5 minutos. Dejamos atemperar un poco el agar y añadimos la gelatina. Con ayuda de una varilla, añadimos la gelatina al puré de albaricoque, colamos y cargamos el sifón de ½ litro agregando una carga de gas. Dejamos cuajar un mínimo de 2 horas.

3 cebolletas | 80 g de mantequilla | 100 g de uva blanca | cebollino picado

PARA LAS CEBOLLETAS CON UVAS Rehogamos la cebolleta picada fina hasta que esté tierna y añadimos la uva cortada a cuartos sin piel ni pepitas. Agregamos el cebollino y salamos ligeramente. Reservamos al calor.

80 g de jamón ibérico | 2 dl de aceite de oliva royal o picual | 100 g de grasa de ibérico | cebollino picado o perejil

PARA EL ACEITE IBÉRICO En un cazo, fundimos la grasa de ibérico a fuego muy lento. Picamos el jamón ibérico lo más fino posible. Mezclamos la grasa de ibérico, el aceite, el jamón picado y el cebollino.

MONTAJE En un bol, ponemos una buena cantidad de espuma de albaricoque. La dejamos en un lugar cálido durante 3 o 4 minutos. En el plato, colocamos una cucharada de cebolleta con uvas. Calentamos un poco el pescado y lo disponemos encima de la cebolleta con uvas. Añadimos unas pasas al saúco y aliñamos el plato con el aceite de ibérico.

COPA DE COCO CON UN TOQUE CÍTRICO

400 g de pulpa de coco | 1 yogur natural | 50 ml de nata fresca | 30 g de almíbar tpt (la misma cantidad de azúcar que de agua) | 2 hojas de gelatina neutra (4 g)

PARA LA ESPUMA DE COCO En una sopera ponemos la pulpa de coco, el yogur y la nata. Remojamos la gelatina y la disolvemos en el almíbar a 35 °C. Incorporamos la disolución de almíbar a la mezcla de coco. Trabajamos con ayuda de unas varillas para que todo quede bien integrado. Colamos. Llenamos un sifón de ½ litro agregando una carga de gas. Dejamos reposar un mínimo de 2 horas.

2 manzanas ácidas

PARA LAS MANZANAS ÁCIDAS En el momento de servir, pelamos la manzana y la pasamos por un rallador fino (Microplane). Utilizamos el rallado de inmediato para que no se oxide o merme su sabor.

1,7 dl de agua mineral | 1,1 dl de zumo de limón | 55 g de glucosa atomizada | 80 g de azúcar | 3 g de estabilizante

PARA EL HELADO DE LIMÓN Calentamos el agua a 85 °C y añadimos el azúcar, la glucosa y el estabilizante. Dejamos reposar 5 minutos y dejamos madurar 4 horas. Turbinamos junto con el zumo de limón en la heladora.

100 g de puré de kumquat licuado | 20 g de glucosa | 10 dl de agua mineral

PARA EL GRANIZADO DE KUMQUAT Hervimos el agua e incorporamos la glucosa. Dejamos atemperar, y añadimos la glucosa al licuado filtrado de naranja china. Ponemos a congelar. Trabajamos con una cuchara cada 20 minutos para formar cristales y conseguir un buen granizado.

2 manzanas ácidas | 50 ml de agua mineral | 1 limón | 1,5 g de lecitina de soja en polvo

PARA EL AIRE DE MANZANA Y LIMÓN Licuamos la manzana con la piel. Colocamos el jugo en un recipiente estrecho y alto. Añadimos el zumo de limón filtrado, el agua y la lecitina. Trabajamos la superficie en un extremo con la ayuda de un túrmix; en el extremo opuesto se acumulará el aire. Hacemos una buena cantidad y lo dejamos reposar 1 minuto para que se estabilice.

1 c/c de polvo de yogur | hojitas de tomillo limonero y menta

MONTAJE En una copa o recipiente de cristal, disponemos una cucharada de pulpa de manzana y, al lado, un poco de granizado de kumquat. Encima ponemos una porción de helado de limón. Hacemos una nube con la espuma de coco de manera que no cubra el helado y quede al lado de este.

Hojas de lima kaffir

Tomillos (tomillo y tomillo limonero)

Guindilla verde

Lavanda

Hierba Luisa

Puerro y citronela

MACERACIÓN RÁPIDA DE ACEITES Y APLICACIONES

Es bien sabido que la técnica del vacío permite una gran diversidad de aplicaciones en distintos ámbitos de la cocina actual, no solo en la conservación de los alimentos o en cocciones para carnes, pescados y vegetales. Ahumar, escabechar, confitar y encurtir son términos aplicables a esta técnica culinaria con resultados más que satisfactorios.

El efecto de la temperatura más la presión modifica la atmósfera protegida donde elaboramos el producto, creando un espacio higiénico con unas virtudes aplicables a infinidad de trabajos. Aromatizar aceites o líquidos con aromas muy frágiles era hasta ahora una cuestión de tiempo y reposo. Con el vacío, conseguimos liberar aromas de ciertos productos para enriquecer aceites o líquidos de manera rápida.

Hasta ahora, elaborar un aceite aromatizado consistía en introducir el aromatizante en el líquido o grasa y dejarlo el tiempo suficiente. También podíamos aplicar calor a estos líquidos o grasas para acelerar el proceso. Ambas opciones presentan inconvenientes todavía insalvables. Si preparamos un aceite de cítricos con maceración lenta, es probable que sufra cierta oxidación y el sabor se vea alterado. Por otra parte, si aplicamos temperaturas superiores a los 50-55 °C, muchos aromas pueden perderse, por ejemplo, al realizar infusiones con hojas verdes de aromas delicados: albahaca, cilantro, melisa, etc. La aplicación del vacío para realizar elaboraciones aromatizadas es un punto medio entre estas dos técnicas clásicas, que mejora la calidad y acelera considerablemente el tiempo de preparación.

En el vacío, la presión atmosférica que recibe el producto aromatizante provoca que los aromas se liberen antes que en cocciones o maceraciones normales.

El agua contenida en los productos aromatizantes se ve modificada por el efecto presión-temperatura: cuanto mayor es la presión, más disminuye la temperatura de ebullición.

Lógicamente, al realizar un aceite aromatizado, no pretendemos que este llegue a hervir, pero, al rebajar la temperatura de ebullición, también desciende la de evaporización consiguiendo a menos grados los mismos resultados que a temperaturas más altas, que acelerarían el proceso pero que podrían ser agresivas para los aromas más frágiles.

El vacío permite aromatizar aceites sin la acción del calor y así preservar al máximo sus propiedades organolépticas. Gracias a la presión y al efecto de las reacciones de ósmosis, el líquido o grasa penetra en el aromatizante absorbiendo muchos más aromas que en condiciones normales. En el caso de productos aromatizantes que contienen aceites esenciales, pieles de cítricos, hojas, cortezas, etc., la presión ayuda a separarlos más fácilmente dentro de la propia grasa o líquido a aromatizar, impregnándolo con los aromas más frágiles de estos productos.

Cuando queramos realizar un aceite aromatizado, determinaremos primero el aromatizante y luego en qué líquido o grasa pretendemos fijarlo. El tiempo para estas elaboraciones rápidas es de 45 minutos a 1 hora.

En las siguientes recetas, encontramos algunos ejemplos concretos de aceites aromatizados, pero a lo largo del libro aparecen muchas variantes de esta técnica, ya sea para cocer y perfumar frutas y verduras o para mejorar almíbares, vinagres, etc.

RODABALLO EN INFUSIÓN DE CÍTRICOS
CON FRUTAS PERFUMADAS Y CREMA DE PARAGUAYO AL TOMILLO LIMONERO

1 rodaballo salvaje de buen tamaño | 1 dl de aceite de cítricos | sal y pimienta blanca | 4 c/s de manteca de cacao crionizada

PARA EL RODABALLO Sacamos los lomos de rodaballo y hacemos trozos de 80 a 100 g por cada ración; utilizamos un lomo con piel blanca y uno con piel negra. Salpimentamos los dos trozos y los envasamos con 30 ml de aceite de cítricos. Cocemos a 55 °C durante 10 minutos. En el momento de servir, secamos el pescado para quitar el aceite de cítricos. Espolvoreamos con manteca de cacao crionizada para realizar un asado bonito en poco tiempo. Damos un golpe rápido de salamandra y servimos de inmediato.

—

2 naranjas | 1 lima kaffir | 200 g de jengibre fresco | 3 tallos de citronela | 3,5 dl de aceite de oliva 0,4º

PARA EL ACEITE DE CÍTRICOS Limpiamos todos los cítricos y los pelamos con un pelador de patatas, procurando que la piel no contenga nada de blanco. Pelamos el jengibre y lo cortamos muy fino. Quitamos la primera cáscara de la citronela y la laminamos finamente. Envasamos todo con el aceite de 0,4º y cocemos 1 hora a 55 °C.

1 manzana golden | 1 manzana ácida | 1 plátano | 1 mango | 100 g de piña | 1 melocotón | 2 peras conferencia | 2 dl de aceite de cítricos

PARA LAS FRUTAS CÍTRICAS Cortamos todas las frutas peladas en la máquina cortafiambres a 5 mm de grosor. Las picamos formando una mezcla de cubos y envasamos al vacío, aliñadas con el aceite de cítricos y sal. Cocemos a 65 °C durante 1 hora. En el momento de servir, aliñamos 50 g de frutas con unas hojas de tomillo limonero y cebollino picado.

—

2 naranjas | 1 bergamota | 1 mandarina | 3 dl de aceite de 0,4º | 1½ c/c de hojas de tomillo limonero | 8 hojas de perejil

PARA EL ACEITE DE NARANJA Pelamos las frutas y elaboramos el aceite igual que el de cítricos. Lo dejamos enfriar. Trabajamos el aceite, las pieles, tomillo limonero y perejil picado con el túrmix. Cuando la piel tenga una medida de 1 por 1 mm, reservamos en un recipiente hermético.

—

4 melocotones | 2 dl de agua mineral | 80 g de mantequilla | 2 ramitas de tomillo limonero | sal y pimienta

PARA LA CREMA DE MELOCOTÓN AL TOMILLO Ponemos a asar el melocotón con la mantequilla y el agua en el horno a 160 °C. Aliñamos con sal y pimienta. Cuando esté asado, añadimos las ramas de tomillo. Cocemos 5 minutos más y sacamos del horno. Si está muy seco agregamos un poco más de agua. Retiramos el hueso de la fruta y trabajamos en la Thermomix hasta conseguir una textura muy fina. Colamos
y reservamos.

—

MONTAJE En el plato, trazamos una lágrima de crema de melocotón, y en el centro disponemos las frutas y encima las dos piezas de rodaballo. Aliñamos con brotes de tomillo limonero y un hilo de aceite de naranja. Acabamos el plato con unas escamas de sal.

RAYA DEL MEDITERRÁNEO CON UNA CREMA DE PLÁTANO Y NARANJA
INFUSIONADA AL TOMILLO LIMONERO Y SALTEADA CON HOJAS
DE TOMATE Y GAMBAS

12 gambas frescas medianas | aceite de oliva picual | sal y pimienta blanca

PARA LAS GAMBAS Pelamos las gambas y dejamos las colas muy limpias. Reservamos cabezas y caparazones para otros usos. Aliñamos con sal, pimienta y aceite. Asamos con la raya.

1 raya del Mediterráneo muy fresca | aceite de tomillo limonero | 8 hojas de tomate | sal y pimienta blanca

PARA LA RAYA DEL MEDITERRÁNEO Cortamos tiras de aleta de raya de 220 g y salpimentamos. Envasamos al vacío con el aceite y cocemos a 50 °C durante 10 minutos. Sacamos la raya de la bolsa y retiramos con mucho cuidado las tiras de pescado. Calentamos una sartén y marcamos las gambas de la preparación anterior, luego añadimos las tiras de raya y las hojas de tomate. Salteamos ligeramente para que el pescado tome color. Servimos rápidamente.

NOTA: En cocciones a temperaturas tan bajas, es preciso acabar con una cocción a temperatura más elevada para prevenir ciertos riesgos alimentarios.

50 g de tomillo limonero | 2 dl de aceite de oliva royal

PARA EL ACEITE DE TOMILLO LIMONERO Envasamos el tomillo con el aceite y cocemos a 55 °C durante 1 hora.

3 plátanos maduros | el zumo de 3 naranjas | 40 g de azúcar moreno | 30 g de mantequilla |sal

PARA LA CREMA DE PLÁTANO Y NARANJA Salteamos el plátano con la mantequilla hasta que tome color. Aparte, caramelizamos el azúcar y añadimos el zumo de naranja. Cocemos hasta la total disolución del azúcar y dejamos enfriar. Envasamos el plátano y el jugo. Cocemos a 65 °C media hora y trabajamos con la Thermomix hasta conseguir una crema fina.

3 tomates canarios | aceite de oliva picual | sal y azúcar

PARA LAS HOJAS DE TOMATE CONFITADAS Escaldamos los tomates en agua salada 10 segundos. Enfriamos con hielo y retiramos la piel. Cortamos los tomates en cuartos y retiramos semillas y carne interior. Colocamos las hojas de tomate al horno aliñadas con sal, azúcar y aceite. Cocemos 1 hora a 110 °C. Las reservamos cubiertas de aceite.

aceite de naranja *Véase pág. 109*

MONTAJE En el plato dibujamos dos trazos de crema de plátano. Colocamos la raya, las gambas y las hojas de tomate de forma atractiva. Aliñamos con aceite de naranja, escamas de sal y hojas de tomillo limonero.

NUESTRA LIEBRE A LA ROYALE
CON MANZANA COCINADA, ACEITE CALIENTE DE ENEBRO Y JUGO
MACERADO CON HABA DE CACAO TORREFACTA

1 liebre con sangre | 250 g de terrina de foie | Otros: relleno + salsa de liebre

TRABAJO CON LA LIEBRE Limpiamos la liebre reservando la sangre que pueda tener para el relleno. Deshuesamos partiendo del interior y procurando no hacer ningún agujero en la carne. Reservamos los recortes de carne y el hígado. Estiramos la liebre sobre una hoja de papel sulfurizado. Encima, colocamos el relleno dando aproximadamente 0,75 cm de espesor. En el centro, colocamos la terrina de foie cortada en trozos de 1 x 1 cm. Enrollamos la liebre como un canelón y la ponemos media hora en el congelador para facilitar la introducción en la malla. Introducimos el cilindro de liebre en una malla elástica de red y lo envasamos al vacío junto con la salsa de liebre. Cocemos a 68 °C durante 48 horas. Pasado ese tiempo, enfriamos rápidamente. Al abrir la bolsa, reservamos todos los jugos que servirán de salsa, cortamos 8 rodajas perfectas y envasamos de nuevo con la salsa y dos cortes de liebre por ración. Para recuperar la liebre, la introducimos en un baño de agua a 65 °C durante 10 minutos. Acabamos al horno con un poco de mantequilla.

—

130 g de hígado y carne de la liebre | 80 g de papada de cerdo confitada | 3 c/s de sangre de la liebre | 40 g de pechuga de pollo | 50 g de setas frescas de calidad | 10 ml de jugo de trufa negra | 2 c/s de armañac | 2 c/s de oporto | 30 g de pan remojado en jugo de carne | 10 g de jamón ibérico | 20 g de zanahoria | 2 chalotas picadas | 1 yema de huevo | 6 g de sal y pimienta blanca

PARA EL RELLENO Escaldamos y cortamos la zanahoria a daditos en brunoise. Cortamos el jamón en daditos. Picamos las carnes y mezclamos el resto de ingredientes formando una masa homogénea. Salteamos una pequeña cantidad para comprobar el sabor. Rectificamos si fuera necesario.

—

los huesos de la liebre | 4 c/s de aceite de oliva picual | 1 hoja de laurel | 2 dientes de ajo | 1 ramita de tomillo | romero | 1 litro de vino reducido a ¼ | 50 ml de oporto | 1,5 litros de caldo de carne

PARA LA SALSA DE LIEBRE Tostamos los huesos en una sartén a fuego medio. Cuando tomen color, añadimos los ajos y soasamos el conjunto. Reducimos el oporto y añadimos las aromáticas. Mojamos con el jugo de carne y el vino concentrado. Cocemos por espacio de 2 horas a fuego mínimo. Acabamos la cocción y filtramos. Damos densidad a la salsa con la nuez de mantequilla. La cantidad de salsa será aproximadamente de 2 dl.

—

30 g de mantequilla, 2 manzanas golden | 20 ml de aceite de oliva picual | sal y pimienta blanca

PARA LA MANZANA A BAJA TEMPERATURA Cortamos la manzana en dados de 0,5 cm. La aliñamos con el resto de ingredientes y envasamos al vacío. Cocemos 1 hora a 65 °C. En el momento de servir, salteamos ligeramente para acabar la cocción.

—

15 bayas de enebro | 1,5 dl de aceite de oliva suave

PARA EL ACEITE DE ENEBRO Picamos las bayas finamente con el cuchillo. Las envasamos con el aceite y las mantenemos al baño maría durante 1 hora a 55 °C.

—

10 bayas de cacao torrefactas | 1 dl de aceite de cacahuete

PARA EL ACEITE DE BAYAS DE CACAO TORREFACTAS Pelamos las bayas de cacao y las picamos finamente. Añadimos el aceite y agitamos vigorosamente con una cuchara durante unos segundos. Dejamos reposar 1 hora. Es aconsejable renovar este aceite para cada servicio, pues el cacao acaba integrándose mucho en la grasa y le da un color muy oscuro.

—

Compota de manzana *Véase anexo*

MONTAJE Hacemos un trazo con la compota y colocamos una cucharada de dados de manzana. Disponemos los dos cortes de terrina y los napamos con su jugo. Aliñamos con los aceites de cacao y enebro.

«LOS SABORES SUTILES
PUEDEN SER AQUELLO
QUE HACE ESPECIAL A
UN PLATO; UN SABOR
SUAVE PERO PRESENTE
PUEDE CREAR UN
MARIDAJE ELEGANTE.»

EL MARIDAJE SUTIL

Si elaboramos un pan de nueces casero de gran calidad y le damos un imperceptible toque de canela, el resultado será un sabor más completo y agradable, un pan que destaque de los demás panes de nueces. En definitiva, nos dará un maridaje sutil que potenciará nuestra receta, sorprenderá al comensal y dará el toque personal de nuestra cocina.

Restar potencia a un sabor es coherente si tenemos en cuenta que las especias, aceites esenciales, ahumados, etc. tienen mucho sabor y pueden sobrepasar el del producto principal. En cierta manera, este concepto sirve para igualar sabores en recetas donde no se corresponde el sabor del producto principal y aquellos que lo acompañan.

Para hacer una crema de coliflor y añadir el sabor de la anguila ahumada, lo lógico es hacer un aceite de anguila por infusión y reposo. El sabor de este aceite será muy pronunciado y el de la crema de coliflor se encontrará muy por debajo de su intensidad. Para conseguir el equilibrio, añadiremos a la crema una proporción muy baja de aceite de anguila, de forma que el sabor de la coliflor resalte sobre el del aceite de anguila ahumada. Al degustarlo, percibiremos que la crema tiene un componente más que convierte el sabor de la coliflor en algo especial. Este sabor potente añadido en su mínima expresión y que combina muy bien con el producto principal será nuestro maridaje sutil.

En las cocinas modernas, todos los cocineros buscan ese sabor que diferencie su arroz a banda, su cocido o su jugo de pescado. La elegancia normalmente pasa por el sabor sutil de un maridaje intenso. Encontrar esos sabores nos otorga personalidad y la cantidad utilizada nos proporciona elegancia.

Comprendemos que ese maridaje bien realizado supone subir un escalón más y la sutileza será nuestro susurro escondido al paladar del comensal.

JUGO DE BACALAO CON LOMO LIGERAMENTE AHUMADO,
PATATA, TRUFA Y TEJAS CRUJIENTES DE ALIOLI

1,4 l de agua | 300 g de pieles de bacalao | 200 g de espinas de bacalao | 1 cebolla pequeña | 3 dientes de ajo | 1 rama de apio | 6 ramas de perejil | 1 hoja de laurel | sal y pimienta blanca | aceite de oliva picual

PARA EL FUMET DE BACALAO Hervimos el agua con los ajos, laurel, cebolla, apio y perejil durante 10 minutos, agregamos las pieles de bacalao y cocemos a fuego muy suave 15 minutos. Dejamos reposar 10 minutos y colamos bien.

—

1,2 litro de fumet de bacalao | 300 g de tripas de bacalao | 150 g de carne de bacalao | 1 dl de vino blanco | 2 cebolletas | 1 blanco de puerro | 2 dientes de ajo | 100 g de patata escalivada | 80 ml de nata fresca | 80 g de mantequilla | nuez moscada | sal y pimienta blanca

PARA LA SOPA DE BACALAO Cortamos las verduras pequeñas. Coloreamos un poco los ajos en la mantequilla y agregamos el resto de verduras. Cocemos suavemente sin que cojan color. Cortamos el bacalao y la tripa en dados de 0,5 cm. Rectificamos las verduras con sal, nuez moscada y pimienta. Reducimos el vino y añadimos la patata escalivada. Cuando el vino se evapore, mojamos con el fumet y dejamos cocer el conjunto de 5 a 10 minutos. Agregamos el bacalao y la tripa. Cocemos nuevamente a fuego mínimo 15 minutos, como si de una infusión se tratase. Rectificamos el conjunto con sal y trituramos en la Thermomix durante 4 minutos. Colamos muy fino presionando bien el residuo del bacalao para extraer el máximo de gelatina. Volvemos a poner a fuego mínimo agregando la mantequilla y la nata, mezclamos y, cuando la sopa ligue y adquiera homogeneidad, reservamos.

—

4 piezas de bacalao de 50 g desalado y al punto de sal | 4 c/s de aceite de oliva royal o picual | 4 dientes de ajo confitados en aceite de oliva | 1 tronco de una madera noble para ahumar

PARA EL LOMO DE BACALAO AHUMADO Ponemos los trozos de bacalao en un plato con aceite. Quemamos la madera y ahumamos el bacalao tapando con una fuente bien honda y con la madera sacando humo en su interior. Una vez ahumado, envasamos al vacío con un poco de aceite ligeramente ahumado y el ajo. En el momento de servir, confitamos el bacalao 5 minutos a 65 °C. Ponemos la pieza por el lado de la piel en una sartén antiadherente bien caliente hasta que quede tostada.

—

2,4 dl de aceite de oliva virgen arbequina | 220 g de yemas de huevos frescos | 1,2 dl de nata fresca | 1,5 hojas de gelatina neutra (3 g) | 70 ml de agua mineral | 3,5 g de agar-agar | sal

PARA LA ESPUMA DE YEMA ARBEQUINA Remojamos el agar con el agua y sal 2 minutos. Igualamos las temperaturas de la nata, el aceite y las yemas a 28 °C. Calentamos el agar en agua, hervimos 5 minutos y dejamos atemperar. Agregamos la gelatina remojada y mezclamos rápidamente con la nata que habremos mezclado con las yemas y el aceite. Por último colamos. Cargamos el sifón de ½ litro con una carga de gas, dejamos reposar un mínimo de 5 horas.

—

90 g de claras de huevo | 90 g de mantequilla fundida | 140 g de harina tamizada | 2 cabezas de ajo | 20 g de mantequilla | 10 ml de aceite oliva picual | sal y azúcar

PARA LA TEJA DE ALIOLI Ponemos los ajos cortados por la mitad en un recipiente. Añadimos el aceite, los 20 g de mantequilla y confitamos al horno durante 20 minutos; controlamos la cocción hasta que estén del todo cocidos. Apretamos las cabezas de ajo, trituramos y colamos. Hacemos una masa lisa con la mantequilla, claras y harina, agregamos la crema de ajos y rectificamos. Dejamos reposar la masa durante 1 hora. Con la ayuda de una manga, disponemos sobre un silpat y cocemos al horno a 180 °C hasta que adquiera un color dorado. Damos forma de inmediato. Reservamos en un bote hermético.

—

patata escalivada, chafada y aliñada | daditos de tripa cocida en fumet de bacalao | cebollino | aceite de trufa | crema de patata con nuez moscada | nata fresca y mantequilla | cebolleta

MONTAJE Reservamos el lomo de bacalao al calor. Calentamos la sopa, las tripas guisadas y la patata chafada. Dibujamos una lágrima con la crema de patata. Disponemos una *quenelle* de patata y una cucharada de tripas al lado. Encima ponemos el lomo ahumado, haciendo posteriormente un cordón con el aceite de trufas, y colocamos la teja procurando que no toque ninguna parte muy caliente. Decoramos con la espuma y servimos la sopa, a no más de 90 °C, con jarrita ya en la mesa.

OBSERVACIONES Si no tenemos envasadora, ahumamos el aceite y luego dejamos confitar el bacalao a 50 °C. frío.

COCA DE SARDINAS Y ESPÁRRAGOS LIGERAMENTE AHUMADOS
CON BROTES DE RÚCULA AL ACEITE CÍTRICO DE PISTACHOS Y COCO

1 kg de sardinas medianas muy frescas | 3 dl de aceite de oliva royal o picual | virutas de madera de olivo para el ahumado | masa de coca

PARA LAS SARDINAS Limpiamos bien las sardinas. Retiramos los lomos y las colocamos en un recipiente ancho semicubiertas con el aceite. Las ahumamos unos minutos, el tiempo justo para que se note el ahumado pero que no destaque demasiado. Con la masa, hacemos unas cocas de 8 por 6 cm y 3 mm de grosor. Ponemos una ligera capa de escalivada en dos cocciones y colocamos encima las sardinas. En el momento de servir, calentamos un poco en la salamandra. Es importante montar la coca en el momento de servir. De este modo podemos colocar la escalivada tibia.

200 g de harina | 1,1 dl de agua mineral | 50 ml de aceite de oliva picual | 5 g de levadura de panadería | 4 g de sal

PARA LA MASA DE COCA En un bol colocamos la harina tamizada, formamos un volcán y añadimos el resto de ingredientes, la levadura previamente diluida en un poco de agua tibia. Trabajamos la masa y la dejamos fermentar en la estufa durante 30 minutos.

12 espárragos verdes | 3 dl de aceite de oliva royal o picual | sal de Guérande

PARA LOS ESPÁRRAGOS VERDES Cortamos los espárragos 3 centímetros por debajo de la yema. Pelamos solo la parte del tallo y cocemos 2 o 3 minutos en agua salada. Refrescamos en agua helada y salada y los colocamos en un recipiente con aceite, ahumamos de la misma manera que las sardinas.

2 pimientos rojos | 1 berenjena | 2 cebolletas | 2 dl de aceite de oliva picual | sal y pimienta

PARA LA ESCALIVADA EN DOS COCCIONES Hacemos una brasa con carbón de encina y asamos los pimientos hasta que empiecen a ablandarse. Los aliñamos con sal, pimienta y un poco de aceite y los cubrimos con papel de aluminio. Acabamos su cocción en el horno. Hacemos la misma cocción con las cebollas y la berenjena. Finalizada cada cocción, pelamos todas las verduras y retiramos las semillas de los pimientos. Aliñamos con aceite de oliva nuevo y el que podamos recuperar de la cocción. Con estos aceites hacemos el aceite cítrico de pistacho.

aceite de la escalivada | 1 c/s de vinagre balsámico | 50 g de pistacho verde | la piel de 5 naranjas chinas (kumquat) | 30 g de coco fresco | sal

PARA EL ACEITE DE ESCALIVADA CON CÍTRICO Y PISTACHO Hacemos una vinagreta, emulsionando el aceite de cocción de la escalivada con el vinagre balsámico. Añadimos el resto de ingredientes picados finos.

hojas de rúcula selvática | crema de patata a la mantequilla *Véase anexo* | escamas de sal Maldon

MONTAJE Colocamos una lágrima de crema de patata, y encima de esta, la coca recién salida del gratinador. Disponemos los espárragos, recién salteados con un poco de mantequilla, de manera elegante. Añadimos las hojas de rúcula aliñadas y un hilo de vinagreta de escalivada con pistacho y kumquat. Acabamos con unas escamas de sal y servimos rápidamente.

PRODUCTOS TRATADOS COMO UNA ENSALADA

La primera vez que pensamos en esta manera de entender las ensaladas fue al confeccionar el taco de bacalao tratado como una ensalada.

Para hacerlo, trabajamos pensando en las diferentes elaboraciones clásicas de bacalao en la cocina catalana como la *esqueixada*, el bacalao *a la llauna* o el *xató*. En tierras catalanas, el bacalao se come muchas veces crudo o como una ensalada, pero en este caso pretendíamos que el bacalao fuera el máximo protagonista con un poco de temperatura gracias a una cocción precisa.

Es bien cierto que la cocina demanda platos saludables y equilibrados, pero en la mente de los cocineros la idea de una ensalada puede parecer vulgar. Esta percepción es lógica en cierta manera, pues una buena ensalada puede hacerse en casa sin ninguna dificultad. Por este motivo, las ensaladas no «sorprenden» ni apetecen tanto como otros platos, ya que, en esencia el comensal busca aquellas cosas que hace tiempo que no come o que no puede preparar en su propia cocina.

Los platos tratados como ensaladas ponen orden en nuestra carta y en nuestra creatividad haciendo comprensible un concepto tan básico como saludable.

Somos los restaurantes los que debemos impulsar una cocina sana, y con este concepto, además, podemos hacer platos creativos e interesantes que aporten algo a la gastronomía.

En estas creaciones, las hojas, tallos o brotes cumplen diversas funciones, como aligerar el conjunto, incorporar sabores del dulce al amargo, sabores especiados, etc. También el uso de germinados puede potenciar el componente básico del plato: si tratamos un fricandó como una ensalada y tenemos en cuenta que la cebolla y la zanahoria son imprescindibles en este guiso tradicional, unos brotes de cebolleta y zanahoria joven cumplirán una labor lógica.

Para confeccionar platos tratados como una ensalada, es importante partir de una idea preconcebida muy clara. Por ejemplo, sabemos que un foie combina muy bien con hojas como la rúcula, con las flores y los brotes de salvia, las finas hierbas, etc. Si tratamos un foie como una ensalada, conseguiremos que un plato graso quede más ligero y que esas hojas, bien aliñadas, aporten sabores al foie, sean saludables y limpien nuestro paladar del exceso de grasa.

SALMONETES Y MAÍZ TRATADOS COMO UNA ENSALADA
CON TOMATES EN DOS COCCIONES, HOJAS ALIÑADAS AL CHARDONNAY, CREMA DE PARMESANO Y ACEITE DE OLIVA

4 salmonetes de roca medianos *Mullus surmuletus* | manteca de cacao crionizada | sal y pimienta blanca

TRABAJO CON LOS SALMONETES Limpiamos bien los salmonetes y desescamamos. Desespinamos con ayuda de unas pinzas. En el momento de servir, salpimentamos y espolvoreamos ligeramente la piel con la manteca crionizada. Asamos en una superficie bien caliente antes de servir. Ponemos un momento en el gratinador para atemperar levemente el centro del pescado. Servimos de inmediato.

3 tomates canarios maduros | 2 c/c de aceite de oliva picual | sal y azúcar

PARA LAS HOJAS DE TOMATE CONFITADAS Escaldamos los tomates en agua hirviendo durante 10 segundos. Los enfriamos y pelamos con mucho cuidado. Los cortamos a cuartos y retiramos la carne interior que reservamos para otros usos. Colocamos las hojas de tomate, pinceladas con aceite de oliva, en una bandeja de horno, espolvoreamos con azúcar y sal y cocemos a 110 °C durante 1 hora. Las conservamos cubiertas de aceite de oliva virgen.

160 g de maíz cocido *blat de moro escairat* | 40 ml de aceite de albahaca y piñones V*éase anexo* | 12 hojas de tomate confitado | cebollino picado | sal

PARA EL SALTEADO DE MAÍZ Calentamos una sartén y salteamos todos los ingredientes durante 1 minuto, Rectificamos de sal.

100 g de parmesano rallado | sal | 1 dl de nata fresca | 1dl de leche | 30 g de raíz de mandioca texturizada (Micri)

PARA LA CREMA DE PARMESANO Hacemos hervir la leche y la nata. Incorporamos el queso y el Micri. Trituramos con el túrmix bien fino. Dejamos atemperar en la nevera.

PARA LA CREMA DE ACEITE Trabajos en texturización del aceite de oliva. *Véase pág. 246*

hojas de rúcula, berros, perifollo, acelga roja, escarola rizada, puntas de cebollino | germinado de espárragos y de pipas | canónigos | virutas de parmesano | 60 ml de vinagreta hecha con vinagre de chardonnay

PARA LAS HOJAS ALIÑADAS Desinfectamos las hojas con agua helada y unas gotas de lejía durante 2-3 minutos y las limpiamos de nuevo asegurándonos de que no queden restos de desinfectante. Escurrimos y aliñamos junto con las virutas de parmesano.

1 tomate raf | sal y aceite de oliva picual

PARA LOS CILINDROS DE RAF Cortamos las puntas de los tomates. Con la ayuda de un cilindro de 1 cm, retiramos 4 tubos del interior de los tomates. Los cortamos por la mitad y los aliñamos con aceite y sal. En su defecto, colocamos yemas de tomate de Montserrat.

MONTAJE En el plato, realizamos 2 lágrimas de crema de aceite y colocamos 2 gotas de crema de parmesano, 2 cucharadas centradas de maíz salteado y, encima, los salmonetes acabados de asar. Ponemos los cilindros de raf o las yemas, 2 por ración, y las hojas aliñadas. Acabamos con un hilo de aceite de albahaca y unos cristales de sal Maldon.

TACO DE BACALAO TRATADO COMO UNA ENSALADA,
ESPUMA DE ARBEQUINA, TEJAS DE PAN Y SUAVE SOFRITO EN DOS COCCIONES

4 lomos de bacalao desalado de 80-100 g | 2,5 dl de aceite de oliva picual | 15 g de crema de ajos asada *Véase anexo* | 1 hojita de laurel | 1 c/s de manteca de cacao crionizada | sal y pimienta blanca | una pizca mínima de orégano seco

PARA EL BACALAO AL VACÍO Espolvoreamos los lomos de bacalao con la manteca de cacao. Asamos la piel del bacalao hasta que tenga un bonito tono tostado. Envasamos al vacío en bolsas retráctiles de 25 por 40 cm con el aceite emulsionado, la crema de ajos, condimentos y aromáticas. Damos 8,5 atmósferas de presión y escaldamos durante 3 segundos las bolsas en agua hirviendo. Las enfriamos en agua muy fría. En el momento de servir cocemos en agua a 50 °C no más de 10 minutos.

100 g de masa panaria fresca | agua para pincelar | 1 yema de huevo | piñones ligeramente tostados | láminas de pasas de corinto

PARA LAS TEJAS DE MASA PANARIA CON CROCANTE DE PIÑÓN Y PASAS Estiramos la masa panaria lo más fina posible. La pincelamos suavemente con agua y le damos 1 pliegue simple, volvemos a estirar en bandeja y dejamos secar. Cortamos en trozos adecuados al diseño que pretendamos dar al plato, teniendo en cuenta que debe ser lo más fina posible y grande, sin poner mucha cantidad en el plato. Freímos en aceite muy caliente hasta que empiece a tomar un bonito color dorado. Secamos en papel absorbente y trazamos con un pincel una línea de huevo en un extremo. Colocamos los piñones y las pasas, y tostamos 1 minuto en el horno precalentado a 180 °C.

100 g de crema de ajos asada *Véase anexo* | 2,5 dl de aceite de oliva picual | 1 yema de huevo muy fresco | perejil | sal y pimienta

PARA LA CREMA COCINADA DE AJOS, YEMA Y PEREJIL Rehogamos a fuego fuerte el perejil finalmente picado en el aceite. Cuando esté cocido, lo enfriamos con la crema de ajos fría para no perder el color. Cuando esté a menos de 35 °C, mezclamos con la yema. Disponemos en un biberón hasta el momento del emplatado.

2,55 dl de aceite virgen de oliva arbequina o royal | 2,4 dl de nata fresca 35 % M.G. | 1,5 hoja de gelatina (3 g) | 80 ml de agua mineral | 2 g de agar | 6 g de sal

PARA LA ESPUMA DE ARBEQUINA Colocamos la nata en un bol y atemperamos a 25 °C. Atemperamos el aceite a 20 °C en una jarrita. Hacemos cocer el agar-agar en el agua 5 minutos a fuego suave, hasta conseguir unos 50 g. Remojamos la gelatina y la añadimos al agar templado. Agregamos los gelificantes a la nata y con el batidor emulsionamos el aceite a hilo. Rectificamos con la sal y cargamos el sifón (½ litro y 1 carga). Reservamos un mínimo de 2 horas.

Para 40 g, un 80 % de sofrito natural y un 20 % de tomate confitado

PARA EL SUAVE TOMATE EN 2 COCCIONES

100 g de tomate de Montserrat en daditos (sin piel ni pepitas) | 1 dl de aceite de oliva picual | 1 ajo laminado fino | cebollino picado | 50 ml de aceite de arbequina | sal y pimienta blanca

PARA EL SOFRITO NATURAL En el aceite picual muy caliente asamos los ajos sin que cojan color. A los pocos segundos añadimos los daditos de tomate y el cebollino, soasamos un minuto, rectificamos de sal y pimienta, colamos y enfriamos en el aceite de arbequina, donde dejamos macerando hasta el momento del emplatado.

100 g de tomate de Montserrat en daditos | 1 c/s de aceite de oliva picual | 1 ajo picado fino | sal y pimienta blanca

PARA EL TOMATE CONFITADO Ponemos todos los ingredientes mezclados con cuidado en un molde antiadherente para pasteles y confitamos en el horno precalentado a 110 °C durante 4 horas, removiendo suavemente de vez en cuando.

flor de sal | escarola rizada remojada 3 veces | berro y canónigos jóvenes | vinagreta simple *Véase anexo* | 4 yemas de tomate de Montserrat

MONTAJE En el plato trazamos 2 líneas de crema de ajos, colocamos el tomate en 2 cocciones en el centro; encima, la teja de pan y un lomo de bacalao que calentamos en la salamandra unos segundos. Colocamos las lechugas ligeramente aliñadas y la espuma de arbequina en el lado contrario a las líneas de crema de ajos. Servimos de inmediato.

VIEIRAS TRATADAS COMO UNA ENSALADA
CON CALABAZA, MAÍZ A LA TRUFA Y TEJAS DE PAN A LA NARANJA

8 vieiras de buen tamaño | 1 c/s de manteca de cacao crionizada | aceite de avellana | sal y pimienta blanca

PARA LAS VIEIRAS Limpiamos las vieiras dejando la nuez limpia. Las dejamos fuera de la cámara, aliñadas con aceite de oliva, para que estén a temperatura ambiente. En el momento de servir, las secamos y espolvoreamos con la manteca. Asamos en una sartén rápidamente, lo justo para que adquieran un ligero color tostado. Aliñamos con aceite de avellana y dejamos en un lugar cálido a 50 °C un par de minutos. En el momento de servir, ponemos unos segundos en la salamandra para recuperar temperatura. Servimos rápidamente.

150 g de calabaza | 80 ml de consomé de verduras | 50 g de mantequilla | 20 ml de nata fresca | sal

PARA LA CREMA DE CALABAZA Cortamos la calabaza en dados de un centímetro y cocemos al horno con la mantequilla. Cuando esté hecha y tome un poco de color, acabamos la cocción en una sartén con el resto de ingredientes durante 3 o 4 minutos, trituramos muy fino, colamos y reservamos.

100 g de maíz precocido | 2 cebolletas | 40 ml de aceite de trufa *Tuber melanosporum Véase anexo*

PARA EL MAÍZ A LA TRUFA Cocemos el maíz en agua salada hasta que esté tierno. En una sartén, rehogamos las cebolletas picadas con un poco de mantequilla. Cuando la cebolleta esté hecha, añadimos el maíz y el aceite de trufa. Salteamos y rectificamos de sal.

300 g de masa de pan fresca

PARA LAS TEJAS DE PAN Estiramos la masa de pan en una superficie lisa, pincelada con aceite. Cuando esté lo máximo de fina, dejamos secar hasta que quede completamente seca. Rompemos en trozos regulares y guardamos en un recipiente hermético. En el momento de servir, freímos una teja por ración en aceite de cacahuete hasta que tome un bonito color tostado.

brotes de lollo *rosso* y verde | hojas de roble *rosso* y verde | escarola rizada, acelga roja, canónigos, perifollo | 30 g de piel de naranja | 50 ml de vinagreta simple V*éase anexo*

PARA LAS HOJAS DE ENSALADA ALIÑADAS Pelamos la naranja sin nada de blanco, cortamos la piel en juliana muy fina y escaldamos en 3 aguas diferentes para quitar un poco de potencia a su sabor. Aliñamos las hojas desinfectadas y remojadas con la vinagreta y la juliana de naranja.

la piel de 1 naranja | 1 dl de aceite de 0,4° | cebollino picado

PARA EL ACEITE DE NARANJA Pelamos la naranja y dejamos la piel sin nada de blanco. Envasamos con el aceite y cocemos al baño maría a 55 °C durante 45 minutos. Trituramos el contenido de la bolsa con el cebollino. Trabajamos con el túrmix hasta que la naranja quede picada fina.

MONTAJE En el centro del plato dibujamos unos trazos de crema de calabaza y colocamos las vieiras asadas, la teja de pan encima y las lechugas aliñadas. Acabamos con un hilo de aceite de naranja y escamas de sal. Servimos de inmediato.

HACIENDO REFERENCIA
a los platos de antaño

Siempre me he preguntado en qué momento nace la cocina tradicional. Si la cocina que realizan mis padres puede entenderse así o, si tengo suerte, cuántos años tendrán que pasar para que alguna de mis recetas o algún trabajo de los grandes cocineros actuales se llamen «plato tradicional». Creo que la cocina tradicional está compuesta de elaboraciones tan fantásticas que se han mantenido y se mantendrán en el tiempo sin perder su esencia. En este sentido, somos los cocineros los que tenemos gran parte del trabajo... y también la culpa si estas recetas se pierden o se transforman en algo que no corresponde a la calidad de la receta tradicional.

Pocos platos de la cocina medieval han llegado a nuestros días. Seguramente la revolución empezó a finales del siglo XIX con el nacimiento del restaurante y la aparición de los primeros cocineros profesionales, que se independizaron de las cocinas burguesas y crearon sus propios negocios para regocijo de todas las clases sociales que se lo pudieran permitir. Fue la época de Béchameil y de otros cocineros que pusieron sus propios nombres a las grandes salsas clásicas.

Desde esa época hasta la revolución de la *nouvelle cuisine*, cocineros y gente con ímpetu por crear cosas nuevas, han hecho posible la cocina de hoy, construyendo una gran base para que nosotros podamos comprender nuestro propio trabajo.

Cada día más, va desapareciendo el hábito de cocinar en casa y eso nos hace pensar que nosotros, los profesionales de la cocina, somos los encargados de hacer evolucionar el recetario tradicional con gran respeto, dejando un poco de lado esta nueva cocina vertiginosa que, a veces, progresa sin tener en cuenta la lógica de las cosas.

Las recetas antiguas deben prepararse con un conocimiento exacto de su técnica. Controlar su elaboración nos permite reinterpretarlas para mejorar —y no al contrario— sin que pierdan su esencia y su sabor básico. Este conocimiento será el puente entre pasado y presente, que nos ayude a aplicar con medida las nuevas técnicas y conceptos para que la cocina tradicional salga rejuvenecida, igual, pero en plena forma.

Por lógica, tenemos que cocinar estos platos de antaño para poder rehacerlos o interpretarlos. Podemos cambiar su textura, suavizarlos, redefinirlos, dibujarlos con pinceles nuevos que adapten estas grandes obras al modo de entender contemporáneo, pero respetando al límite su sabor y su esencia. En el inicio de nuestras interpretaciones de la cocina tradicional, intentamos no llamar a nuestros trabajos como el plato original. De esta forma de pensar nace el concepto «haciendo referencia a», pues modificar los platos clásicos es un compromiso demasiado grande; cambiamos su forma respetando su presencia y entendemos que nuestros platos solo pueden hacer referencia a estas recetas perfeccionadas a través de largas décadas de laborioso trabajo.

Los tres platos siguientes son interpretaciones de algunas obras de la cocina tradicional catalana, pero un gran ejemplo de esta reinterpretación es también la receta de la página 142. Se trata de una versión quizás acertada del fricandó, un plato de ternera básico en nuestra cocina que, en su versión más antigua, venía marcado por el uso de zanahorias y cebollas. En su elaboración, es muy importante el corte de las fibras que dan una textura siempre reconocida por los conocedores de este magnífico guiso.

Intentamos mejorar la presentación de esta receta utilizando otra parte de la ternera, que proporcione un aspecto más atractivo al plato y que permita emplatar siempre de la misma manera; añadimos una cocción nueva para conseguir la máxima ternura y respeto por la carne utilizada; y, para el acabado, zanahorias y cebollas bien presentes. Aunque no sea evidente en apariencia, posee un definido sabor a fricandó, quizás un poco más sabroso y remarcado, pero es en esencia una clara referencia a este gran plato del recetario tradicional.

RAVIOLIS DE BACALAO CON EL SABOR DE LA ESQUEIXADA,
JUGO DE VEGETACIÓN GELATINIZADO, YEMAS DE TOMATE Y HOJAS DE ESCAROLA JOVEN LIGERAMENTE ALIÑADAS

2 lomos de bacalao desalado

TRABAJO CON EL BACALAO Retiramos las pieles a los lomos procurando no dejar nada de carne. Reservamos las pieles para el crujiente. Realizamos 2 carpaccios sin perder la forma natural de los lomos. Uno servirá para el relleno, el otro para el ravioli.

—

2 pimientos rojos | 2 pimientos verdes | 1 cebolleta | 2 dientes de ajo | 80 ml de aceite de vinagreta | 6 tomates maduros | 10 aceitunas negras | 30 ml de jugo de aceitunas negras | 60 g de miga de pan del día anterior | láminas de bacalao | hojas secas de orégano | sal y pimienta blanca

PARA EL RELLENO CON SABOR A ESQUEIXADA Cortamos los pimientos y licuamos la mitad del rojo y del verde. Pasamos los tomates por un pasapurés y colamos el resultado. Mezclamos el jugo de tomate, el jugo de los pimientos, el jugo de aceituna y el aceite de vinagreta. Para realizar el aceite de vinagreta, hacemos 400 g de vinagreta simple y dejamos reposar hasta que el aceite y el vinagre se separen de nuevo. Picamos la carne de los pimientos restantes, la cebolleta y las aceitunas. En un recipiente, colocamos una capa de carpaccio de bacalao, y encima vamos alternando capas de bacalao con las verduritas picadas. Cuando tengamos 3 o 4 capas, cubrimos con la marinada de pimientos y un poco de aceite de oliva virgen. Dejamos macerar unas 12 horas.

—

2 kg de tomates maduros | 2,5 hojas de gelatina neutra | sal

PARA EL JUGO DE TOMATE GELATINIZADO Trituramos los tomates y colamos por un chino. Dejamos que el tomate se filtre por su propio peso dentro de una estameña muy limpia de lino tupido. Dejamos filtrar esta agua de vegetación dentro de la cámara. Remojamos la gelatina y añadimos 5 g por cada 4 dl de agua de tomates. Disolvemos la gelatina en un poco de agua de tomates caliente y rectificamos de sal. Dejamos cuajar en la nevera unas 3 horas.

—

las pieles de bacalao | crema de ajo asado *Véase anexo* | aceite de oliva picual

PARA LA TEJA DE PIEL DE BACALAO Cortamos triángulos de piel sin nada de carne y colocamos entre 2 láminas de silicona pinceladas con aceite. Ponemos las láminas entre dos fuentes de horno y cocemos a 160 ºC hasta que la piel quede crujiente pero no muy tostada. Guardamos en un recipiente hermético hasta el momento de servir. En el momento de montar el plato, colocamos 1 gota de crema de ajo en la parte posterior de la teja.

—

brotes de escarola rizada | hojas de berro joven | cebollino picado fino | sal Maldon | vinagreta simple *Véase anexo*

MONTAJE Cortamos por el lateral del carpaccio de bacalao para sacar láminas de 2,5 cm de ancho por 7 de largo y 2 o 3 mm de grosor. Colocamos estas láminas encima de láminas iguales realizadas con papel sulfurizado. En el centro de cada lámina, colocamos un poco de relleno con sabor a esqueixada. Enrollamos los raviolis dando forma casi cilíndrica. Realizamos 3 por ración. En el plato colocamos los 3 raviolis, añadimos un par de cucharadas de gelatina de tomates y, encima de los raviolis, las hojas de lechuga aliñadas. Colocamos un crujiente de bacalao y acabamos el plato con un poco de aceite de oliva, escamas de sal y una vuelta de molinillo de pimienta encima de la gelatina de tomate.

CABALLA DEL MEDITERRÁNEO TRATADA COMO UNA ENSALADA
HACIENDO REFERENCIA A UN ESCABECHE DE CONSERVA

2 caballas del Mediterráneo de buen tamaño | aceite de oliva picual | sal y pimienta blanca

TRABAJO CON LA CABALLA Retiramos los lomos de la caballa y los desespinamos. Cortamos las puntas dando una longitud a los lomos de 7 cm. Salpimentamos la caballa y la colocamos en una bandeja con papel de aluminio, sal y aceite de oliva. Cocemos a 65 °C durante 5 minutos al horno. Acabamos poniendo en la salamandra para poder retirar la piel. Colocamos rápidamente encima de la coca.

—

5 dl de aceite de oliva picual | 80 ml de vinagre de sidra | 40 ml de vino blanco | 6 granos de pimienta blanca | hojitas de tomillo, romero y laurel | 2 tomates secos cortados en juliana | 1 zanahoria cortada en torneados pequeños | 80 g de brotes de coliflor | 4 fondos de alcachofas en cuartos | 80 g de cebollitas mini | 4 tirabeques jóvenes | 4 ajos tiernos | sal | 80 g de sombreros de hongos pequeños

PARA EL JUGO Y ESCABECHE DE VERDURAS Escaldamos las verduras por separado en agua salada. Salteamos las cebolletas picadas y los ajos, sofreímos en aceite y añadimos el tomate, las hierbas y especias. En otro recipiente, hervimos el aceite con el vinagre y el vino. Añadimos el sofrito y cocemos a fuego mínimo durante 20 minutos. Transcurrido este tiempo, añadimos las verduras escaldadas y cocemos 8 minutos más. Reservamos 2,5 ml de jugo para la espuma, y el resto lo dejamos con las verduras.

—

2,5 dl de jugo de escabeche | 100 g de clara de huevo | 1½ hoja de gelatina (3 g) | 2 g de agar-agar | sal

PARA LA ESPUMA DE ESCABECHE Trabajamos las claras lo justo para romperlas, añadimos el jugo a 65 °C y cuando la mezcla esté a 35 °C agregamos la gelatina y el agar previamente cocido en 60 ml de agua. Rectificamos de sal y cargamos el sifón de ½ litro con una carga. Dejamos cuajar en la nevera un mínimo de 2 horas.

—

100 g de harina de fuerza | 50 ml de agua mineral | 20 ml de aceite de oliva picual | 2 g de sal | 3 g de levadura de panadería

PARA LA MASA DE COCA Pasamos la harina por un colador fino y la introducimos en un bol. Calentamos 10 ml de agua a 45 °C. Diluimos la levadura, la añadimos a la harina con el resto de ingredientes y trabajamos la masa unos 5 minutos. Cubrimos la masa con un paño húmedo y la metemos en una estufa a 60 °C durante 20-30 minutos hasta que fermente doblando su volumen. Reservamos en la nevera. Para hacer la coca, estiramos la masa encima de una hoja antiadherente dando 2/3 mm de espesor. Precocemos a 160 °C durante 4-5 minutos. Sacamos del horno y cortamos rectángulos de 8 cm de largo por 4 cm de ancho. Reservamos protegido de la humedad hasta el momento de terminar el plato.

—

100 g de pan en daditos de 0,5 cm | 40 g de nueces | 40 g de jamón ibérico | 60 g de mantequilla | sal y pimienta

PARA LAS MIGAS DE IBÉRICO CON NUECES En una sartén muy limpia, salteamos los dados de pan, a media cocción añadimos el resto de ingredientes y salteamos hasta conseguir un tostado homogéneo. Secamos en papel absorbente y reservamos en un lugar seco y hermético.

—

80 g de guisante pelado | 1 cebolleta | 10 g de grasa de ibérico a dados | 1 hongo mediano *Boletus edulis* | 20 g de mantequilla | sal y pimienta

PARA EL GUISO DE GUISANTES Picamos y rehogamos la cebolleta y el hongo. Añadimos el guisante y el ibérico. Fuera del fuego, agregamos la mantequilla. Dejamos a 90 °C durante 10 minutos.

—

vinagreta simple *Véase anexo* | hojas de cogollos jóvenes | escamas de sal Maldon | gotas de vinagre balsámico

MONTAJE Cocemos la masa de coca 2-3 minutos a 180 °C hasta que los bordes tomen color. Colocamos en cada coca una buena cucharada de guiso de guisantes. Salteamos las verduras en escabeche en una sartén bien caliente para que tomen color y se calienten. En el centro del plato colocamos la coca de guisantes, y encima de esta la caballa y las verduras salteadas. Añadimos las hojas de cogollo ligeramente aliñadas, el aceite, las escamas de sal y las gotas de balsámico.

CALÇOTS ASADOS Y CONFITADOS
CON PAN DE HUMO Y ROMESCO HELADO

8 calçots o puerros jóvenes | 1 c/s de aceite de oliva | sal y pimienta

PARA LOS CALÇOTS Asamos los calçots directamente en la llama de un fuego de sarmiento de vid o en una madera similar. Una vez quemados por fuera, los apartamos, los envolvemos en papel de periódico y los dejamos enfriar. Una vez fríos, los pelamos, los envasamos al vacío con sal, pimienta y el aceite, y los cocemos a 85 °C durante 25 minutos. Podemos realizar esta cocción sin vacío, pero, tanto por la textura que se obtiene como para la conservación antes de utilizarlos, es mejor hacerla como se describe. Finalmente los cortamos en trozos de unos 4 cm.

El calçot no tiene una temporada muy larga y no siempre es fácil de conseguir. Podemos preparar esta receta también con puerro joven y obtener un resultado fantástico.

160 g de harina | 4 g de levadura | 15 ml de aceite | 75 ml de agua | 4 g de sal | 3 g de colorante vegetal negro

PARA EL PAN NEGRO En un cazo, calentamos un poco el agua hasta que esté tibia y le añadimos la levadura. Mezclamos todos los ingredientes y los amasamos hasta conseguir una masa homogénea. Dejamos fermentar la masa hasta que crezca y casi doble su volumen. Después, la dividimos en porciones, formamos bolas con ellas y las ponemos en la bandeja donde finalmente coceremos el pan. Lo dejamos hasta que termine la fermentación y haya vuelto a crecer, y lo horneamos durante 20 minutos a 180 °C.

Dejamos enfriar el pan y seguidamente lo introducimos en un deshidratador y lo secamos. Esta operación puede realizarse en el horno a temperatura mínima, hasta que el pan esté seco y crujiente. Lo protegemos de la humedad en un recipiente hermético.

65 g de avellanas | 65 g de almendras | 725 g de tomates | cebolla | 25 g de ajo | 25 g de ñoras | 50 g de mezcla para helados o estabilizante clásico | 10 ml de vinagre de Jerez | mantequilla | aceite | azúcar | pimienta | aceite de avellana tostada | vinagre de Módena

PARA EL HELADO DE ROMESCO Remojamos la ñora con un poco de agua. Asamos en el horno a 180 °C, es decir, *escalibamos*, todas las verduras hasta que estén totalmente cocidas. Los tomates los asamos tal cual; las cebollas, envueltas en papel de aluminio con sal, aceite y azúcar; los ajos, igual que las cebollas pero con mantequilla en vez de aceite y pelados. Una vez cocidas todas las verduras, las pelamos si es necesario y las pasamos por un robot de cocina hasta formar una pasta fina. Por otro lado, tostamos los frutos secos y hacemos un praliné. Dejamos enfriar el puré de verduras y el praliné, y luego lo trituramos todo junto con el túrmix hasta que quede bien fino, y lo emulsionamos con aceite de oliva hasta conseguir la textura deseada. Rectificamos el punto de sal y pimienta, y añadimos aceite de avellana tostada y vinagre de Jerez y de Módena al gusto.
Incorporamos la mezcla para helados o estabilizante y, una vez reposado, si es necesario, pasamos la preparación por la heladera.

Otra opción es no hacer el helado y servir el romesco cremoso directamente; también resulta delicioso así.

vinagre balsámico reducido | aceite de oliva de buena calidad | escamas de sal

MONTAJE Colocamos 4 o 6 trozos de calçot en el plato, uno al lado del otro formando un rectángulo. Añadimos trozos y polvo de pan negro, como si de carbón se tratara. Acabamos poniendo en el centro una cantidad suficiente de helado de romesco, un hilo de vinagreta compuesta de balsámico reducido y aceite y unas escamas de sal. Si podemos, servimos el plato en una campana de cristal, donde habremos introducido humo con la ayuda de una pipa de ahumar con virutas de madera sin resina.

LA COCINA DE CONCEPTO

basada en la técnica

Con este término bautizamos una manera de entender nuestra propia evolución. Todos los platos que elaboramos no nacen del mismo método creativo. Elaborar un plato adaptado es sencillo, pero lo que convierte nuestro trabajo en algo especial es encontrar un concepto nuevo o una técnica que dé personalidad concreta a nuestra cocina.

De una técnica concreta o de un concepto, pueden nacer infinidad de platos diferentes entre ellos con un factor común, ya sea basado en la técnica o en el concepto básico del plato. Esta cocina está creada especialmente para el menú degustación. En una misma mesa, podemos presentar platos parecidos o diferentes, pero todos con una línea común.

En los siguientes platos que nos servirán de ejemplo observamos algunos recursos:

• La técnica del encamisado es común a todas las recetas y tiene como objetivo incorporar una materia prima en crudo a un arroz.
• Se desarrolla una técnica que permite tener los arroces preparados en la cocina, y así no tener que esperar mucho rato para servir un arroz. Para este punto, la variedad de arroz es muy importante.
• Es evidente una fusión de dos formas de cocción: la paella y el risotto. Las dos maneras de trabajar se unen para elaborar nuevas recetas.

A simple vista los platos son muy parecidos, pero son únicamente las técnicas y los conceptos que acabamos de mencionar los que son comunes a todos los platos.

En un mismo pase del menú, los comensales se dan cuenta de lo que representa este método creativo. Degustar platos iguales en concepto pero distintos en idea y sabor resulta un juego interesante.

En la cocina, este método es óptimo para extraer el máximo jugo a nuestras propias técnicas y conceptos, sin limitarnos a una gran idea de un solo plato. En cierta manera, es un método acertado para despertar nuestra mente y nuestra creatividad. Crear técnicas es muy complejo, pero también es el máximo logro profesional al que tenemos que aspirar. Quizás con esta manera de trabajar no descubramos siempre técnicas nuevas, pero sí seguiremos caminos abiertos que nos acercarán a ideas novedosas e interesantes.

RISOTTO DE HONGOS
CON PICADA, RÚCULA Y VIRUTAS DE IBÉRICO

240 g de arroz Carnaroli o Arborio | 1 dl de jugo de hongos *Véase pág. 32* | aprox. 1 litro de caldo de gallina *Véase anexo* | 80 g de cebolleta picada | 80 g de hongo fresco picado *Boletus edulis* | 20 g de queso parmesano rallado | 1 diente de ajo picado | 60 ml de vino blanco | sal y pimienta

PARA EL ARROZ Rehogamos el ajo y la cebolleta en un poco de aceite hasta que estén tiernos. Añadimos los hongos hasta que tomen color y reducimos en la misma sartén el vino blanco. Agregamos el arroz y lo salteamos con el conjunto 1 minuto. Mojamos con parte del caldo de gallina y el de hongos. Incorporamos el queso y vamos mojando con el caldo de gallina poco a poco amalgamando constantemente. La cocción tiene que durar 8 minutos exactos y el arroz debe estar lo máximo de seco posible. Reservamos en una bandeja Gastronorm colocada previamente en el congelador, y dejamos 5 minutos en el congelador para cortar la cocción. Reservamos el resto de jugos para acabar el plato y el arroz precocido en un recipiente hermético.

—

2 pies de hongo grandes *Boletus edulis* | mezcla a partes iguales de aceite 0,4º y aceite de oliva picual | 2 dientes de ajo | 1 hoja de laurel | sal y 3 granos de pimienta blanca

PARA LA CAMISA DE HONGOS Limpiamos bien los pies de hongo y confitamos 20 minutos con el resto de ingredientes a fuego alto hasta conseguir pequeños borbotones y luego a fuego mínimo hasta terminar la cocción. La cantidad de aceite será la necesaria para cubrir las setas. Dejamos 1 día la mezcla en la nevera y, pasado este tiempo, escurrimos los pies del aceite y los congelamos.

—

300 g de hojas de rúcula selvática | 40 g de raíz mandioca texturizada (Micri) | 80 ml de agua de cocción | 33 dl de aceite de oliva picual | 40 g de grasa de jamón ibérico

PARA EL ACEITE IBÉRICO CON RÚCULA Confitamos un día el aceite con la grasa de jamón en un sitio cálido a 40 °C. Escaldamos en 1 litro de agua las hojas de rúcula durante 3 segundos. Reservamos el agua de cocción y enfriamos las hojas con agua y cubitos de hielo. Pasamos las hojas 2 veces por la licuadora y reservamos el jugo. Texturizamos el agua de cocción con el Micri y un poco de sal. En una sartén, reducimos el jugo de rúcula y la mezcla de Micri. La cocción tiene que ser rápida. Cuando tenga una textura densa, añadimos al aceite frío de jamón.

—

20 g de crema de ajos asados *Véase anexo* | 20 g de crema de perejil | 20 g de praliné salado de almendras

PARA LA PICADA Proceder según el montaje.

—

100 g de hojas de perejil muy limpias | 2 dl de agua | 20 g de Micri | sal

PARA LA CREMA DE PEREJIL Escaldamos las hojas de perejil en los 2 dl de agua. Enfriamos las hojas de perejil en agua fría y las licuamos 2 veces. En 1 dl de agua de cocción, texturizamos el Micri. Calentamos una sartén antiadherente y reducimos el agua de Micri hasta que tenga una textura densa, añadimos el jugo de perejil y concentramos hasta que adquiera una textura untuosa. Rectificamos y enfriamos lo más rápidamente posible.

—

150 g de almendras peladas | 10 ml de aceite de oliva picual | sal

PARA EL PRALINÉ SALADO DE ALMENDRAS En una sartén, salteamos las almendras con el aceite hasta que adquieran un bonito color tostado, las pasamos a la Thermomix y trabajamos a media potencia con unas gotas de aceite nuevo hasta que adquiera una consistencia de crema untuosa.

—

MONTAJE Cortamos los hongos lo más finos posible en la máquina cortafiambres y disponemos sobre film transparente formando rectángulos de 4 x 7 cm. Colocamos los carpaccios en un molde que podamos rellenar con el arroz y cerrar después formando un cilindro. En un lado del plato, colocamos 3 lágrimas de diferente tamaño, la más larga de praliné, la segunda de perejil y la tercera de crema de ajos. En el lado opuesto del plato, disponemos el cilindro de arroz. Aliñamos el conjunto con esencia de rúcula cortada con aceite de hongos. Acabamos el plato con hojitas de rúcula y alguna viruta de jamón ibérico.

«RISOTTO VENERE» CON CAMISA DE BOGAVANTE,
GORGONZOLA, JUGO DE CORALES Y CRUJIENTES FRUTOS SECOS

300 g de arroz venere | 1 litro de agua mineral | 1 hoja de laurel | 1 diente de ajo | gotas de aceite de oliva picual | sal

PARA LA PRECOCCIÓN DEL ARROZ Juntamos todos los ingredientes y cocemos 45 minutos a fuego suave. Añadimos más agua si fuera necesario teniendo en cuenta que, finalizada la cocción, necesitamos obtener ½ litro del caldo de cocción. Escurrimos el arroz y lo enfriamos rápidamente. Reservamos el caldo filtrado.

el arroz precocido | 1 cebolleta | 50 g de blanco de puerro | 1 escalonia | 4 colas de langostinos | 1 hongo mediano | 60 ml de vino blanco | 40 g de queso gorgonzola | agua de cocción del arroz | sal

PARA ACABAR EL RISOTTO Rehogamos las verduras y añadimos el hongo picado. Cuando el conjunto tome color, añadimos los langostinos cortados en daditos. Vertemos el vino y reducimos, y agregamos el arroz y el queso. Mojamos con el caldo y cocemos hasta que tome textura de risotto.

cabezas de marisco (gamba, cigala, bogavante) | 1,5 litro de agua mineral | 1 zanahoria | 2 dientes de ajo | 1 ramita de apio | 1 blanco de puerro | 1 cebolla | 1 dl de coñac o brandi | mantequilla

PARA EL JUGO DE CORALES Asamos las cabezas en una sartén. Cuando tomen color, reducimos el coñac. En otra sartén, rehogamos las verduras. Colocamos las verduras y las cabezas en una cazuela y mojamos con el agua. Cocemos hasta obtener 2 dl de jugo. Filtramos apretando bien las cabezas. Damos textura al jugo resultante con 1 nuez de mantequilla y reservamos.

—

2 bogavantes (500 g unidad)

PARA LA CAMISA DE BOGAVANTE Escaldamos los bogavantes durante 20 segundos en agua hirviendo. Sacamos los caparazones de las colas y las juntamos por la parte interior. Enrollamos con film transparente formando un cilindro bien apretado. Congelamos. Reservamos los caparazones para el jugo de marisco. Cuando el bogavante esté bien congelado, cortamos un carpaccio de 5 x 7 cm lo más fino posible con la máquina cortafiambres. Colocamos el carpaccio encima de film transparente pincelado con aceite para poder manipularlo después.

100 g de claras de huevo | 45 g de harina | 150 g de mantequilla fundida | 2 almendras tiernas | 3 avellanas tostadas | 1 tomate seco | 1 ñora | polvo de tomate seco | sal

PARA LA TEJA DE ROMESCO SECO Fundimos la mantequilla y añadimos la harina tamizada. Rápidamente incorporamos las claras batidas y trabajamos con un batidor hasta conseguir una mezcla homogénea. Reservamos 1 hora en la nevera para poder trabajarla. Estiramos trazos de masa bien fina sobre una superficie antiadherente. Cocemos a 160 °C durante 3 minutos. Añadimos el resto de ingredientes finamente rallados en proporción lógica al sabor de un romesco. Damos un par de minutos más de cocción hasta que la teja quede bien crujiente.

agua mineral | hebras de azafrán | 4 cigalas | sal

PARA LA CIGALA AL AZAFRÁN Pelamos las colas de cigala y reservamos los caparazones para el jugo de marisco. Marcamos las colas ligeramente y las introducimos dentro de un colador de malla. En un cazo en el que encaje bien el colador, introducimos 1 cm de agua, sal y las hebras de azafrán. Cocemos las cigalas al vapor de azafrán durante 15 o 20 segundos.

—

MONTAJE Colocamos el *carpaccio* dentro de un molde que nos permita rellenarlo de arroz y cerrarlo después. Hacemos unos trazos en el plato con el jugo de corales. Rellenamos el carpaccio con el *risotto* venere y emplatamos. Colocamos 1 nuez de gorgonzola, la teja de romesco y, al lado, la cigala al azafrán. Acabamos con un trazo de jugo de marisco, y unas hojitas de perifollo y azafrán.

HACIENDO REFERENCIA A LA PAELLA VALENCIANA
ARROZ DE BOGAVANTE Y CAMISA DE GAMBA CON CREMA DE GANXET, ALCACHOFAS Y ACEITE IBÉRICO

—

1 kg de pescados de roca | 5 o 6 cabezas y caparazones de marisco | 1 litro de fumet de pescado | 6 tomates | 1 dl de coñac o brandi | 1 ramita de apio | 2 cebollas | 1 puerro | 4 dientes de ajo | 1 pimiento rojo y 1 verde | 1 ñora | perejil | hebras de azafrán | 100 g de tomate natural concentrado | 4 tomates secos | sal

PARA EL CALDO DE PAELLA Asamos el pescado de roca al horno. Salteamos el marisco y, cuando tome color, reducimos el brandi. Pelamos las cebollas, puerros, ajos. Rehogamos esta verdura hasta que tome color. Cortamos el resto de verduras en *mirepoix*. Por último, asamos los tomates aliñados con un poco de aceite en el horno. Ponemos todas estas elaboraciones y los demás ingredientes a cocer con el fumet. Dejamos cocer de 1 a 2 horas a fuego moderado. Transcurrido ese tiempo, dejamos enfriar y pasamos por un colador fino. Tiene que quedar un total de 1,2 litros de caldo de paella.

—

300 g de arroz carnaroli o vialone nano | 2 dientes de ajo | 2 cebolletas | 50 g de pimiento rojo | 40 g de pimiento verde | 2,5 dl de caldo de paella | 50 ml de vino blanco | sal y pimienta blanca

PARA EL ARROZ Hacemos un sofrito con todas las verduras picadas finas, rehogando primero el ajo y las cebolletas. Cuando el salteado esté cocido, reducimos el vino blanco y añadimos el arroz. Salteamos el conjunto y rectificamos. Añadimos el caldo de paella y cocemos como si de un *risotto* se tratara. Necesita un total aproximado de 16 minutos de cocción.

—

2 bogavantes (500 g unidad)

PARA LA CAMISA DE BOGAVANTE Escaldamos los bogavantes durante 20 segundos en agua hirviendo. Sacamos los caparazones de las colas y las juntamos por la parte interior. Enrollamos con film transparente formando un cilindro bien apretado. Congelamos. Reservamos los caparazones para el jugo de marisco. Cuando el bogavante esté bien congelado, cortamos un carpaccio de 5 x 7 cm lo más fino posible con la máquina cortafiambres. Colocamos el carpaccio encima de film transparente pincelado con aceite para poder manipularlo después.

—

150 g de judías del ganxet cocidas | 80 ml de caldo de porrusalda *Véase anexo* | 1 cebolleta | 1 diente de ajo | aceite de oliva royal o picual | sal y pimienta

PARA LA CREMA DE JUDÍAS DEL *GANXET* Rehogamos las verduras picadas finas con un poco de aceite. Añadimos las judías y mojamos con el caldo. Cocemos 5 minutos y rectificamos. Trituramos muy fino con un hilo de aceite.

—

1 alcachofa | aceite de cacahuete y sal

PARA LOS CHIPS DE ALCACHOFAS Pulimos el fondo de alcachofa y cortamos muy fino en la máquina cortafiambres. Freímos rápidamente en aceite de cacahuete bien caliente. Cuando los chips estén crujientes, los ponemos encima de papel absorbente y los rectificamos de sal.

—

20 g de jamón ibérico | 25 g de grasa de jamón ibérico | 60 ml de aceite de 0,4º | perejil picado fino

PARA EL ACEITE IBÉRICO Envasamos la grasa con el aceite y lo mantenemos a 55 °C durante 1 hora. Lo dejamos 1 día dentro de la bolsa. Abrimos la bolsa y filtramos el aceite. Añadimos el jamón picado muy fino y el perejil.

—

MONTAJE Rellenamos el carpaccio con el arroz y lo colocamos en el plato. Al lado, hacemos un trazo con la crema de judías. En el extremo más estrecho del trazo, colocamos los chips de alcachofa. Acabamos con el aceite de ibérico, unas escamas de sal y unos brotes jóvenes de perejil. Además, en este caso, hemos añadido una cola de langostino asada y un fondo de alcachofas salteado, pero no son imprescindibles en esta receta.

RISOTTO DE CONEJO EN DOS COCCIONES
CON MARIDAJE DE PUERRO, QUESO DE CABRA Y DOS TRUFAS

—

1 conejo | 500 g de huesos de conejo | 1 zanahoria
| 1 ramita de apio | 2 cebolletas | 1 cebolla | 1 blanco
de puerro y hojas de tomillo | 2 dl de vino de Oporto

PARA EL CARPACCIO Y CALDO DE CONEJO Deshuesamos
bien el conejo. Procuramos que la carne de los dos lomos
quede unida pero sin ningún resto de hueso. Costillas,
piernas y espaldas servirán para confitar. Los lomos se
usarán para el carpaccio. Los huesos restantes y restos de
carne se utilizarán para el jugo. Formamos un cilindro
perfecto con los dos lomos, hacemos el carpaccio con ayuda
de film transparente bien apretado y ponemos a congelar.
Una vez congelado, cortamos y tratamos como los carpaccios
de las recetas anteriores. Para el jugo, asamos los huesos
de conejo. Cuando estén tostados, añadimos todas las
verduras y aromáticos cortados pequeños. Reducimos el
oporto y mojamos con ¾ de litro de agua. Cocemos unas
2 horas y reducimos hasta obtener 4 dl de jugo.

—

300 g de arroz carnaroli, arborio o vialone nano | 8 dl de
caldo de gallina *Véase anexo* | 100 g de carne de calabaza |
2 escalonias | 1 cebolleta | 1 diente de ajo | 3 c/s de crema
de queso Comté | sal y pimienta blanca

PARA EL ARROZ Hacemos un sofrito con ajos y cebollas.
Añadimos la calabaza cortada muy pequeña. Cuando todo el
conjunto tome color, agregamos el arroz y mojamos con el
caldo. Tratamos este arroz como un risotto, amalgamando
continuamente con la cuchara. A los 13 minutos de cocción,
añadimos el Comté. Pasados 3 minutos más, dejamos
reposar hasta el emplatado.

—

costillas de conejo, piernas y espaldas | 5 dl de aceite de
oliva suave | 4 dientes de ajo | romero y tomillo |
1 cebolleta | 1 zanahoria | 50 ml de vino de Oporto |
50 ml de jugo de conejo | sal y granos de pimienta

PARA EL CONFITADO DE CONEJO Dejamos las espaldas
enteras, deshacemos las piernas en pequeñas nueces de
carne y cortamos las costillas de 3 en 3. Colocamos todo el
conejo en una cazuela donde quepa justo. Añadimos el resto
de ingredientes. Ponemos al fuego y, cuando empiece a
hervir, cocemos 10 minutos. Bajamos el fuego al mínimo, lo
justo para ver unos pequeños borbotones. Prolongamos la
cocción durante 50 minutos más.

—

—

1 blanco de puerro | aceite de cacahuete | sal

PARA LA NUBE DE PUERRO ASADO Limpiamos bien el
puerro y retiramos la primera capa. Cortamos en juliana muy
fina, freímos estos hilos de puerro en aceite de cacahuete y
retiramos el exceso de aceite en papel absorbente. Dejamos
a punto de sal.

—

150 g de calabaza | 80 ml de consomé de verduras |
50 g de mantequilla | 20 ml de nata fresca | sal

PARA LA CREMA DE CALABAZA Cortamos la calabaza en
dados de 1 cm y la cocemos al horno con la mantequilla.
Cuando esté cocida y tome un poco de color, acabamos la
cocción en una sartén con el resto de ingredientes durante
3 o 4 minutos, trituramos muy fino, colamos y reservamos.

—

120 g de queso Comté | 1 dl de leche entera de vaca |
1 dl de nata fresca | sal

PARA LA CREMA DE QUESO COMTÉ Hervimos la leche y la
nata. Añadimos el queso y trabajamos con el túrmix.
Rectificamos la sal y pasamos por un colador fino.

—

—

aceite de trufa blanca *Tuber magnatum* | aceite de trufa
negra *Tuber melanosporum, Véase anexo*

MONTAJE Acabamos la cocción del arroz y pasamos por el
horno el conejo confitado con un poco de jugo. Rellenamos
el carpaccio con el arroz y lo colocamos a un lado del plato.
Hacemos un trazo con la crema de queso y la de calabaza.
Al lado del arroz colocamos 2 costillares de conejo, 2 nueces
de conejo y 1 espalda. Salseamos con el jugo de conejo.
Entre el conejo y el arroz, colocamos la nube de puerro.
Aliñamos con el aceite de trufa blanca. Dibujamos un hilo
alrededor de todo el conjunto con aceite de trufa negra.
Acabamos con unas escamas de sal Maldon y unas flores
de romero.

ARROZ DE PICHÓN CON FOIE Y HONGOS
DOS TEXTURAS DE MANCHEGO Y ESENCIA DE HIERBAS DE MONTAÑA

1 pichón fresco de calidad | aceite de oliva picual | sal y pimienta

TRABAJO CON EL PICHÓN Deshacemos el pichón, procurando dejar la pechuga junto con la piel. Reservamos todo el resto de pichón para hacer la salsa. Asamos la piel del pichón y rectificamos de sal y pimienta. Hacemos un carpaccio con la ayuda de film transparente.

recortes de pichón | 200 g de huesos de caza menor | 2 l de agua mineral | 1 zanahoria | 2 cebollas tiernas | 1 blanco de puerro | hierbas frescas: romero, tomillo | 1 dl de coñac | 1 dl de vino de Oporto | mantequilla

PARA LA SALSA DE PICHÓN Asamos la carne y los huesos de caza. Añadimos las verduras troceadas y damos color. Reducimos los licores y mojamos con agua. Cocemos como mínimo 2 horas y colamos 2 dl. Damos textura en el fuego con un poco de mantequilla.

2 dl de caldo de hongos *Véase pág. 32* | 4 dl de caldo de gallina *Véase anexo* | 100 g de arroz carnaroli | 80 g de hongos frescos *Boletus edulis* | cebolletas | 100 g de foie fresco | sal y pimienta

PARA EL ARROZ DE FOIE Y HONGOS Salteamos la cebolla y los hongos en dados. Marcamos el risotto con el arroz, el salteado y los caldos a la manera tradicional. En otra sartén, asamos el foie y 2 minutos antes de finalizar la cocción del arroz, lo incorporamos a la sartén. Dejamos reposar 5 minutos.

200 g de manchego | 2 dl de agua mineral | 2 dl de leche | 2 g de lecitina de soja | sal

PARA EL AIRE Y SERRÍN DE MANCHEGO Para el aire: mezclamos la ralladura de manchego en la leche atemperada y dejamos infusionar unos 5 minutos, agregamos entonces el agua y el resto de ingredientes. Incorporamos aire en la superficie con la ayuda de un túrmix. Dejamos estabilizar 1 minuto.

50 g de manchego

PARA EL SERRÍN DE MANCHEGO Rallamos el queso manchego con un rallador Microplane.

100 g de hierbas frescas: romero, cebollino, perifollo, etc. | 1, 5 dl de agua mineral | 15 g de Micri | 1 dl de aceite de oliva royal | sal

PARA LA ESENCIA DE HIERBAS FRESCAS Escaldamos y licuamos las hojas. Guardamos el agua de escaldar. Damos textura al Micri en 80 ml del agua de cocción y reducimos junto con el licuado de las hojas. Salamos y enfriamos. Desleímos esta esencia con el aceite y reservamos.

MONTAJE Cortamos el carpaccio de pichón y lo colocamos encima de un film transparente untado con aceite. Hacemos rectángulos de 12 x 6 cm. Cortamos los bordes del film y colocamos en un molde metálico rectangular. Disponemos unas gotas de esencia de hierbas en el plato. Colocamos montoncitos de serrín a los lados del arroz y, encima de estos, el aire de queso. Llenamos el molde con el arroz de hongos y el foie reposado y calentamos. Cerramos el carpaccio y desmoldamos en el lado opuesto a donde hemos colocado el manchego. Esta operación tiene que ser rápida, porque el *carpaccio* tendrá una cocción suave con la temperatura del arroz. Acabamos con un hilo de salsa, hojas frescas y sal Maldon.

LA COCINA DE CONCEPTO
basada en el producto

La cocina es un mundo lleno de caminos, por lo que es importante recorrer cuantos sean posibles para acumular experiencia, entender nuestra propia evolución y determinar hasta dónde queremos llegar.

Un buen cocinero debe ser curioso. La búsqueda del conocimiento es más que una virtud, es una cualidad indispensable que nos empuja a comprender y a seguir aprendiendo para evolucionar de forma precisa, lógica y continuada.

Cuando encontramos el sendero de los conceptos, vimos un camino lleno de evolución, una ruta entre muchas, pero que dio sentido por primera vez a unos métodos de trabajo iniciados en nuestro restaurante doce años atrás. Nos aferramos a ella porque nació de un paso a paso.

Crear cuadros de estacionalidad, de maridajes o combinaciones está siendo en muchas cocinas una manera ordenada de trabajar día a día y de desarrollar tareas con más rapidez y coherencia. Nos gusta trabajar ordenados, y la cocina de conceptos, en todas las facetas que hemos desarrollado, nos sirve, entre otras muchas cosas, de cuadro lógico de trabajo.

Los conceptos basados en la técnica fueron un pequeño apartado en nuestro menú degustación, donde servíamos a la mesa completa y en el mismo pase un producto elaborado con una misma técnica y un mismo concepto. Lo divertido era que el sabor y el mensaje del plato eran totalmente diferentes el uno del otro. Es decir, si teníamos una mesa de dos comensales, en el momento de servir el pescado, a uno le servíamos el rape al romesco seco y, al otro, el rape con camisa de olivas. En el capítulo «Técnicas de vanguardia aplicadas con lógica a grandes banquetes» (*Véanse págs. 186-195*), encontraremos un buen ejemplo. Un mismo pescado, el rape, elaborado con las mismas técnicas y con los mismos conceptos: iguales y a la vez muy distintos.

Esta manera de trabajar nació para divertir al comensal; después pensamos en los beneficios creativos y en muchas otras virtudes que nos hicieron reflexionar y expandir la cocina de conceptos.

Poco a poco desarrollamos esta idea y fuimos separando el producto de la técnica. Podíamos utilizar las mismas técnicas sin que el producto principal fuera necesariamente el denominador común, pues ese hilo conductor ya lo cubría perfectamente la técnica en sí.

DESARROLLO DE LA TÉCNICA

CONCEPTO COMÚN		CAMINO SEGUIDO «EVOLUCIÓN»		RESULTADO OBTENIDO
Mismo producto base	→	Aplicación de diversas técnicas	→	Diversidad de recetario y potenciación de la creatividad
Empleo de la misma técnica	→	Mismo producto base o diferentes partes de este	→	Cocina de concepto basada en el producto

→ **EVOLUCIÓN DEL CONCEPTO**

En el recetario clásico podemos encontrar buenos ejemplos de este método creativo. Si pasamos las hojas de un libro de recetas tradicional, veremos una merluza en salsa verde y, en muchos casos, la siguiente receta serán unas cocochas de merluza en salsa verde: las mismas técnicas y conceptos pero utilizando diferentes partes de un mismo pescado. La cocina de conceptos basada en el producto ahora nos parece un subproducto de ese método primigenio que utilizamos para diversificar nuestro menú degustación. Lo utilizamos solo cuando el producto base de dos elaboraciones perfectas es el factor común y las servimos en un mismo pase dentro de nuestras cartas o menús degustación.

En las siguientes recetas, encontramos la parte más alejada de esta lógica. Se trata de platos que nada tienen en común; lo único que los une es la materia prima, un producto genérico muy utilizado en nuestra cultura gastronómica: el cerdo.

Es posible que desarrollar la cocina de concepto nos sirva únicamente para entender nuestro trabajo. Nos gusta que cada paso tenga su lógica, que nada quede al azar. Quizás ya hemos cerrado una página en nuestra evolución y, aunque no utilicemos este método creativo en el futuro, caminar por este sendero nos ha enseñado a poner orden en nuestro trabajo, a razonar con más lógica y a comprender que crear conceptos es la parte más gratificante e imperecedera de nuestro trabajo, porque inventar o versionar recetas es relativamente fácil, lo que valoramos es el trabajo de cocineros y cocineras que crearon conceptos básicos de donde nacieron grandes platos de nuestro recetario tradicional y moderno.

COCHINILLO IBÉRICO CON TRES TEXTURAS DE ALMENDRAS,
EL GRANO DEL CUSCÚS CON TOQUE DE AVELLANA, RAS EL HANOUT
Y PEQUEÑAS HOJAS DE SISHO MORADAS

1 cochinillo Ibérico | 1 dl de aceite de oliva royal o picual |
sal y pimienta blanca

PARA EL COCHINILLO Este tipo de animales de raza
acostumbran a venir congelados, pues su matanza no es tan
regular como el cochinillo normal. Vienen limpios y
eviscerados pero conviene revisar si tienen restos de pelaje,
que es de color negro y resalta mucho encima de su piel
blanquecina. Cortamos la pieza por la mitad siguiendo su
columna y luego las bandas en 3-4 raciones: una de pierna,
otra de espalda y el costillar que representa 1 ración pero
que partiremos en 2. Envasamos un total de 6 raciones con
un poco de aceite, sal y pimienta recién molida.
Retractilamos las bolsas en agua hirviendo 1 minuto y
colocamos en el baño maría a 70 °C durante 12 horas.
Enfriamos rápidamente y reservamos.

recortes asados del cochinillo | 80 g de cuscús precocido
| 2 puerros mini | 1 cebolleta | 1 diente de ajo | 50 g de
hongos limpios *Boletus edulis* | 4 dl de jugo de cerdo asado
Véase anexo | 1 c/c de especias ras el hanout |
30 ml de coñac o brandi

PARA EL CUSCÚS Picamos ajos y cebolla. Los rehogamos
con un poco de aceite hasta que estén tiernos. Escaldamos
los puerros jóvenes unos segundos y los enfriamos en agua
helada. En una sartén, rehogamos los hongos. Cuando
tomen un poco de color, añadimos la verdura y la carne
asada picada. Salteamos ligeramente, rectificamos y
añadimos el ras el hanout. Reducimos el brandi y añadimos
el cuscús. Salteamos y mojamos con el jugo de cerdo.
Hacemos hervir y dejamos reposar unos 5 minutos.
En el momento de servir, mojamos con un poco más de jugo,
añadimos el puerro en dados y terminamos la cocción a
fuego mínimo un par de minutos más.

2 patatas del bufet (160 g aprox.) | 1 dl de nata fresca |
2 dl de leche | 50 g de mantequilla en flor | 3 gotas de
esencia de almendra amarga | sal y pimienta blanca

PARA LA CREMA DE PATATA Y ALMENDRA AMARGA
Limpiamos las patatas, las aliñamos con sal, aceite y
pimienta. Las cubrimos con papel de aluminio y las
cocinamos en el horno a 160 °C hasta que estén hechas.
Les retiramos el papel y las pelamos. Cocemos la carne de
las patatas con la leche y la nata, rectificamos y trituramos
junto con la mantequilla. Colamos la crema y la dejamos
enfriar. Añadimos las gotas de esencia y reservamos.

150 g de almendras peladas | 10 ml de aceite de oliva suave
| sal

PARA EL PRALINÉ SALADO DE ALMENDRAS En una sartén
salteamos las almendras con el aceite hasta que tengan un
bonito color tostado, las pasamos por la Thermomix y
trituramos a media potencia con unas gotas de aceite nuevo
hasta que adquiera una consistencia de crema untuosa.

1 dl de aceite de almendra | 20 g de almendra pelada
de calidad | perejil | sal

PARA EL ACEITE DE ALMENDRAS Tostamos las almendras
en una sartén con un poco de aceite, las pasamos a un papel
absorbente y las dejamos enfriar. Las picamos finamente y
también picamos el perejil. Añadimos el aceite de almendra
y ponemos una pizca de sal.

hojitas de sisho morado | escamas de sal Maldon

MONTAJE Calentamos 4 bolsas de cochinillo al vacío al baño
maría a 65 °C durante 10 minutos. Abrimos las bolsas y
colamos el jugo de su interior. Este jugo lo concentramos
con mantequilla y 1 dl de jugo de cerdo asado. Deshuesamos
las piezas de carne y las asamos en 2 sartenes con un poco
de aceite. Recortamos las piezas asadas para dejarlas
iguales y bonitas. Estos recortes se utilizarán para el cuscús.
Acabamos la cocción del cochinillo al horno y gratinamos
para que la piel quede bien crujiente, sin superar los
70 °C en el corazón del producto. En el plato, dibujamos una
lágrima de crema de almendra amarga y unos puntos de
praliné salado de almendra. Colocamos una cucharada de
cuscús y, encima, el cochinillo asado. Salseamos
ligeramente. Alrededor del conjunto, colocamos unas
mitades de almendra tierna, las hojas de sisho y un hilo de
aceite de almendras.

PIES DE CERDO ASADOS,
CREMA INFUSIONADA DE GARBANZOS A LA VAINILLA Y CANGREJOS DE RÍO AL VAPOR DE AZAFRÁN

4 pies de cerdo deshuesados entero | 1 ramita de apio blanco | 1 zanahoria grande | 1,5 blanco de puerro | 10 dientes de ajo sin pelar | 1 ramita de tomillo fresco | 1 ramita de romero fresco | 8 tomates secos | 5 tomates sin piel ni pepitas | 1,2 dl de coñac o brandi | 60 g de grasa cerdo Ibérico | 60 g de mantequilla | 12 granos de pimienta negra | 5 semillas de cardamomo | 3 litros de caldo de ave y carne *Véase anexo* | 2 dl de salsa demi-glace | 75 ml de vino de Oporto | sal

PARA LOS PIES DE CERDO Ponemos los tomates secos en remojo 1 hora. Cortamos todas las verduras en dados pequeños y regulares. Doramos los ajos con la mantequilla a fuego suave. Introducimos el romero, el tomillo, la pimienta, la grasa de ibérico, el cardamomo y las verduras, menos el tomate, y las rehogamos a fuego suave ½ hora. Añadimos el tomate en dados, rehogamos un poco más y flameamos con el brandi. Cambiamos el conjunto a otro recipiente untado con aceite y con los pies colocados en el fondo, mojamos con el consomé de ave y cocemos. En el primer recipiente reducimos el oporto y la salsa de carne. Añadimos al guiso y cocemos por espacio de 2 horas aproximadamente. Sacamos los pies del guiso y los extendemos entre láminas de silicona y los introducimos en la nevera hasta que tomen una consistencia dura. Recortamos los bordes dejando forma de rectángulo. En el centro de los pies ponemos un ajo tierno escaldado en agua y enfriado en hielo, enrollamos con film transparente bien apretado formando un cilindro y dejamos cuajar en la cámara. Colamos el guiso con ayuda de un colador fino. Reducimos el jugo resultante con una nuez de mantequilla hasta que adquiera una textura muy untuosa.

100 g de garbanzos de calidad | 1 zanahoria | 5 cebolletas | 2 dientes de ajo | 1 vaina de vainilla | 40 ml de jugo de guiso (de la propia cocción) | 50 ml de vino blanco | una nuez de mantequilla | sal y pimienta blanca

PARA LA CREMA DE GARBANZOS A LA VAINILLA Cortamos la zanahoria, una cebolleta y un ajo. Colocamos junto con los garbanzos en una cazuela con 1,8 litros de agua. Dejamos reposar una noche. Cocemos los garbanzos a fuego suave hasta que estén tiernos. Reservamos 1 dl de caldo de cocción para cocer los cangrejos y el resto para acabar la crema. Rehogamos las cebolletas y el ajo restantes con un poco de aceite. Reducimos el vino blanco y añadimos la vaina raspada. Salteamos ligeramente e introducimos los garbanzos y 4 dl de jugo de cocción. Cocemos 5 minutos más, retiramos la vainilla y trituramos hasta conseguir una crema de textura delicada. Rectificamos si fuera necesario.

16 cangrejos de río | hebras de azafrán | agua de cocer los garbanzos | sal y pimienta blanca

PARA LOS CANGREJOS DE RÍO Pulimos y limpiamos los cangrejos dejando las colas sin ninguna cáscara o intestino. Realizamos un baño maría en un cazo con 80 ml de jugo de cocción de los garbanzos y las hebras de azafrán. En el cazo, colocamos un colador de malla que encaje bien y deje una distancia mínima de 4 cm entre la malla y el agua de cocción. En el momento de servir, aliñamos las colas y las cocemos al vapor de azafrán entre 15 y 30 segundos según el tamaño y el vapor de cocción.

aceite de trufa *Véase anexo* | escamas de sal

MONTAJE Retiramos el film transparente de los cilindros y cortamos las puntas. Cortamos cada tubo en 3 y los pasamos por manteca de cacao crionizada. Asamos los cilindros en la sartén hasta que estén dorados por todos los lados. En el plato, realizamos 3 lagrimitas de crema de garbanzos. Colocamos los cilindros de pies que habremos acabado al horno durante 10 minutos a 160 °C. Napamos con la salsa y colocamos de manera elegante los cangrejos al azafrán. Aliñamos con escamas de sal y un hilo de aceite de trufa (en la fotografía solo montamos un cilindro de manitas). Cada cilindro sirve para realizar 3 pequeñas porciones que forman la ración completa.

INTRODUCCIÓN LÓGICA DE TÉCNICAS

en el recetario tradicional

Puede considerarse que la cocina que recompone platos tradicionales utiliza un método creativo ya consolidado. Muchos factores se han unido en estos últimos años para que esta cocina de reconstrucción sea incluso necesaria. En poco tiempo han aparecido muchos cocineros con espíritu constructivo: es el llamado «boom» de la cocina creativa.

La globalización de los mercados nos acerca a productos que antes no se utilizaban y que ahora son fáciles de conseguir o incluso muy conocidos, y las nuevas tecnologías nos aportan maquinaria, materiales y utensilios innovadores. Todas estas mejoras que se han producido en pocos años van precedidas de décadas de cocina tradicional, grandes platos que han alcanzado la supremacía culinaria con el perfeccionamiento que otorga el tiempo y la actitud creativa de muchos cocineros y cocineras dentro y fuera de los restaurantes.

Los amantes del buen cocinar no contaban con muchos de los medios actuales; sin embargo, hoy en día, se pueden reconstruir gran variedad de recetas aplicando conceptos, técnicas, productos y cocciones más modernas.

En la reconstrucción de la cocina tradicional, es primordial tener un amplio conocimiento de los platos que vamos a realizar. No se trata solo de saber cómo se elaboran, de dónde nacen y los porqués de su elaboración o de los productos cocinados. Es imprescindible haber elaborado la receta básica un montón de veces para entender su sabor, textura, etc.

Cuando la interiorizamos, la receta queda en nuestro subconsciente. Seguiremos cocinando lo tradicional y ampliando nuestros conocimientos más vanguardistas, hasta que la lógica nos dicte en su justo momento qué técnica o producto podemos emplear para reinterpretar el plato sin modificarlo o desfigurarlo.

La necesidad de crear o mejorar nuestra carta en poco tiempo puede hacer estragos en grandes trabajos, ya que la aplicación irreflexiva o forzada creará un conjunto de productos y técnicas innecesarios que conformarán un plato sin sentido ni lógica.

Para mejorar la cocina de antaño, podemos utilizar no solo técnicas sino también muchos productos, conceptos y nuevas ideas que pueden relanzar la tradición.

Las siguientes recetas muestran propuestas sencillas para mejorar algunos platos tradicionales:

• La primera se basa en dos grandes maneras de entender la sopa de pescado: la versión típica, preparada en muchos restaurantes clásicos, que incorpora un fumet potente, aromatizado con unas gotitas de licor anisado, y la famosa bullabesa, clásico jugo de pescado de Marsella y toda la región de la Provenza, que está compuesta de un sustancioso caldo de pescado y marisco, perfumado con pieles de naranja y un toque de azafrán.

Hemos intentado unir estas dos maneras de ver las sopas, mejorando las cocciones de mariscos y pescados como base del plato y haciendo una referencia a la bullabesa apenas con unas hebras de azafrán y polvo de naranja deshidratada.

La dificultad radica en el toque anisado francés, pues resulta un buen maridaje que puede esconder otros sabores más sutiles. Lo adecuado sería separar en un mismo plato todos los sabores, para que el comensal fuera consciente de la mejora.

En este caso comprobamos la utilidad de la técnica «Bulli» de los aires. La espuma aérea nos permite añadir al plato el sabor de los anisados, de manera que el comensal puede saborear en primer lugar la sopa y más tarde el maridaje de la sopa y los anisados. En muchos casos, las sopas pueden resultar aburridas, pero, si tras unas cucharadas variamos el sabor y lo mejoramos, la experiencia será más divertida.

• En la siguiente receta no atendemos a la técnica. El plato a tratar es la tradicional vichyssoise, y lo único que hacemos es mejorarla con otros sabores añadidos. Conseguimos el maridaje añadiendo a la clásica crema un jugo de coco. En primera instancia, elaboramos un plato con coco y un toque de limón, pero el sabor de este que-

daba un poco fuera de lugar, así que optamos por añadir un toque con lima kaffir, de aroma más fragante, y decidimos que fuera el comensal el que evaluase la calidad de este maridaje colocando el sabor de la lima fuera de la crema, con la misma técnica utilizada en la primera receta, con la ayuda de los aires.

• La última reconstrucción es un homenaje al guiso de carne más tradicional de la cocina catalana: el fricandó. Una cocción lenta de carnes cortadas a contrafibra, con zanahorias y cebollas como verduras principales, y setas añadidas en la cocción en el transcurso de los años. En nuestra cocina no tiene cabida un plato de poca presencia, así que era necesario cambiar los cortes de carne por una pieza única, tierna y con todo el sabor del fricandó. Respetar ese sabor era esencial y, por este motivo, aplicamos las nuevas cocciones al vacío, no solo para mejorar la carne, sino también para perfeccionar la sutileza de la salsa, las setas y las verduras. Si leemos detenidamente la receta, nos damos cuenta de que la aplicación lógica de la cocina al vacío nos ayuda a poner al día todos los aspectos de *mise en place*, racionado y acabado del plato.

Por último, una buena presentación, en la que añadimos cebollitas a la trufa y un aceite concentrado de zanahorias para realzar esas verduras que antaño fueron la base de este guiso clásico.

Creemos que esta reconstrucción mejora muchos aspectos de la receta clásica. Sin embargo, en una ocasión, un cliente nos hizo ver que no reconocía en nuestro plato el fricandó clásico porque echaba de menos esa sensación de la carne cortada a contrafibra. Al evocar los guisos de casa, me invadió ese mismo sentimiento y entendí a la perfección que el corte de la carne también es parte importante de la propia tradición.

Mil detalles son importantes y, si no los tenemos todos en cuenta, podemos perder la esencia de la receta o crear un plato que mejore poco o nada a su antecesor. Si este es el resultado que conseguimos, lo mejor sería dejar esos clásicos tal cual están.

Será mucho mejor esperar el momento en que se encienda la bombilla. Entonces muchas ideas se juntarán en una, para vestir con lógica modernidad las tantas y tantas recetas de nuestro recetario tradicional sin perder un ápice de su esencia.

JUGO MARINO CON PESCADOS DE ROCA,
NARANJA, AZAFRÁN Y AIRE DE ANISADOS

4 litros de fumet de pescado *Véase anexo* | 1 kg de pescado de roca | 800 g de nécoras | 300 g de cangrejos | 200 g de cabezas de gamba o carabinero | 2 cabezas de bogavante | 200 g de pan tostado en láminas | 6 tomates canarios | 50 g de tomate reducido | 2 tomates secos | 2 dl de coñac | 2 dl de vino blanco | 2 cebollas | 1 puerro | 1 rama de apio | 2 zanahorias | 6 dientes de ajo | sal y pimienta blanca

PARA EL CALDO MARINERO Asamos los tomates al horno con un poco de aceite. Ponemos a hervir el fumet. Asamos en el horno el pescado de roca a 180 °C, y salteamos los cangrejos y la cabeza de bogavante. Cuando estén bien secos y dorados, reducimos el coñac. Salteamos las nécoras en cuartos, de la misma manera que los cangrejos pero reduciendo con el vino. Salteamos la verdura y la rehogamos bien. Añadimos todas estas elaboraciones y las hacemos cocer dentro del fumet durante 1 hora, rectificamos, trituramos ligeramente y filtramos.

1,5 litro de caldo marinero | 300 g de carne limpia de pescado de roca | 6 claras de huevo

PARA EL CLARIFICADO Una vez hecho el caldo de pescado, lo dejamos enfriar y lo trituramos junto con la carne hasta que quede una fina pasta, y mezclamos bien con las claras. Dejamos arrancar el hervor lentamente. Se formará una pasta en la superficie. Colamos por un chino apretando fuerte. Cuando vuelva a arrancar el hervor, colamos de nuevo por una estameña para retirar las partículas más pequeñas. Dejamos reposar unas 2 horas. Rectificamos. En el momento del emplatado, no debemos calentarlo a más de 90 °C.

1 sepia grande | 2 gambas | 4 almejas | 8 coquinas | 4 mejillones | 1 cebolleta | 1 ajo tierno | 8 hebras de azafrán

PARA LOS RAVIOLIS DE SEPIA Y MARISCO Cortamos la parte central de la sepia bien limpia y realizamos un rectángulo de 8 x 7 cm. Congelamos para cortar láminas muy finas. Hacemos un sofrito con el ajo y la cebolla, y lo dejamos enfriar. Abrimos todo el marisco con agua hirviendo, controlando el tiempo de cocción para cada uno de ellos. Cortamos las gambas en dados y las mezclamos como relleno junto con el sofrito y las carnes de los otros moluscos. Cortamos 2 láminas de sepia muy finas y cada lámina la cortamos en 4 tiras, quedando un total de 8. En cada una de ellas, ponemos un poco de relleno y la doblamos en forma de ravioli. Reservamos 2 raviolis por ración, coronados por unas escamas de sal Maldon y una hebra de azafrán. Los raviolis deben montarse en el plato a temperatura ambiente, ya que tienen suficiente con la temperatura del caldo cuando se sirven.

2 bulbos de hinojo | 4 dl de agua mineral | 3 ml de licor pastis | 20 g de anís estrellado | 10 g de semillas de hinojo | 10 g de semillas de anís verde | 5 g de hojas de hierba Luisa | 2 tiras de piel de limón | 5 g de hojas de naranjo | sal

PARA LOS AIRES DE ANISADOS Por cada 2 dl de infusión añadimos 1 g de lecitina de soja en polvo. Ponemos el agua a hervir. Licuamos los bulbos de hinojo y colamos. Calentamos el licuado a 50 °C en el microondas. Cuando el agua arranque el hervor, apartamos del fuego y añadimos los aromatizantes con el caldo de hinojo. Tapamos y dejamos infusionar hasta que enfríe totalmente. Filtramos fino. En el momento del emplatado, incorporamos la lecitina y con el túrmix damos aire a la superficie. Dejamos reposar 2 minutos antes de recoger el aire estabilizado de la superficie.

2 gambas por ración | hojas de perifollo | sal de naranja | teja de pan tostado

MONTAJE Asamos las gambas justo para que adquieran color. Con unas gotas de aceite las horneamos durante 1 minuto a 135 °C. Colocamos los raviolis con las hebras de azafrán, la sal de naranja, el resto de marisco, la teja de pan y una buena nube de aire de anisados. Servir el caldo a no más de 90 °C.

SOPA FRESCA DE PUERRO Y COCO
CON PEQUEÑA MARISCADA Y UNA PECTINA CÍTRICA DE HOJAS
PERFUMADAS Y AIRE DE LIMA KAFFIR

4 blancos de puerro | 3 patatas medianas | 3 cebolletas | 2 dientes de ajo | 2 c/s aceite de oliva picual | 3 litros de agua mineral

PARA EL CALDO BASE Limpiamos las verduras y las cortamos en juliana menos la patata, que cocemos cortada en *mirepoix*. Colocamos todos los ingredientes en una cazuela alta y los hervimos. Pasamos esta olla a un lado de la plancha y dejamos el caldo en infusión a una temperatura constante de 90 °C durante un par de horas. Pasamos por un colador fino y reservamos para la cocción de la crema. Para la crema necesitamos unos 2 litros; sobrará un poco que reservaremos por si tuviéramos que corregir el espesor de la crema.

1 kg de pulpa de coco (Sicoly) | 6 blancos de puerro | 200 g de patatas medianas | 100 g de mantequilla | 1 dl de vino blanco | 2 litros de caldo base | sal y pimienta blanca

PARA LA VICHYSSOISE DE COCO Y PUERRO Limpiamos los puerros y los cortamos en juliana fina, y los rehogamos con la mitad de la mantequilla. Unos 5 minutos después, añadimos las patatas peladas y cortadas en dados de 1 cm, agregamos el resto de mantequilla y cocemos hasta que las verduras estén hechas, procurando que no cojan color. Rectificamos de sal y pimienta. Reducimos el vino en las verduras y añadimos después el caldo base. Cocemos 10 minutos a fuego moderado y lo trituramos todo bien fino. Colamos la pulpa de coco y añadimos el jugo resultante a la crema de puerros y patata. Añadimos el necesario para que el coco esté presente, pero también encontremos fácilmente el sabor de la crema de puerros y patata. Rectificamos y reservamos. Podemos corregir el espesor si fuera necesario con el caldo base sobrante.

1,5 dl de agua mineral | 50 g de glucosa | 3,5 g de pectina Nh | 0,5 g de ácido cítrico | 15 hojas de hierba Luisa fresca | 10 ramitas de 3 cm de tomillo limonero | 2 tiras de piel de naranja sin blanco | 3 tiras de piel de limón sin blanco

PARA LA PECTINA CÍTRICA Juntamos todos los ingredientes, menos las aromáticas, en un cazo y las hacemos hervir. Trituramos un poco con el túrmix para que todo quede bien integrado y cocemos unos segundos más. Dejamos enfriar la pectina. Introducimos la pectina y el resto de ingredientes dentro de una bolsa de vacío. Cocemos dentro de un baño de agua caliente a 55 °C durante 45 minutos. Reservamos de 3 a 4 horas en la nevera y filtramos por un chino.

4 almejas de calidad | 4 langostinos | 8 berberechos | 2 percebes | 4 mejillones

PARA LA MARISCADA Escaldamos el marisco en agua salada, respetando los tiempos de cocción de cada uno. Sacamos de las conchas y reservamos cada pieza en una cuchara. Escaldamos también los langostinos totalmente pelados, procurando que no queden muy hechos. Cortamos cada langostino en 3 partes y reservamos.

puerro joven laminado fino y frito | hojas de perifollo | hojas de tomillo limonero

MONTAJE Colocamos dos cilindros de carne y el foie gras en el centro de cada plato llano y los glaseamos con la salsa de pintada bien caliente. Alrededor, repartimos 2 trozos de berenjena al yuzu, 2 cucharadas pequeñas de puré de berenjena asada y 2 o 3 pedazos pequeños de pan de ajo negro. Terminamos el plato con un poco de juliana muy fina de piel de kumquat y los brotes distribuidos de forma elegante.

NOTA: Esta crema puede degustarse fría o ligeramente tibia; podemos calentar un poco el marisco y servir el plato a una temperatura moderada.

NUESTRO FRICANDÓ A BAJA TEMPERATURA
CON INFUSIÓN DE SETAS, CEBOLLITAS TRUFADAS Y ACEITE DE ZANAHORIAS DULCES

PARA 12 RACIONES

—

2 morcillos de ternera | 500 g de bresa de verduras: puerro, cebollas, ajos, apio, zanahorias | 3 dl de vino de Oporto | 1 dl de coñac | 5 litros de agua mineral

PARA EL CALDO DE TERNERA Cortamos la carne en trozos pequeños y desangramos en agua fría. Asamos en el horno. Añadimos las verduras cortadas pequeñas y volvemos a hornear. Cuando tomen color, agregamos los licores y reducimos. Lo ponemos en los 5 litros de agua y cocemos unas 4 horas. Necesitamos aproximadamente 1,5 litros de salsa.

—

8 carrilleras de ternera limpias

PARA LAS CARRILLERAS DE TERNERA Pulimos las carrilleras de grasa, envasamos en una bolsa al vacío al 75 % a 8 atmósferas y cocemos al baño maría a 64 °C durante 24 horas. Enfriamos rápidamente.

—

5 dl de salsa de ternera | 3 cebolletas | 4 zanahorias | 1 cebolla | 1 cabeza de ajos | 1 tomate seco | 30 g de mantequilla | 50 ml de coñac | clavo | sal y pimienta negra en grano

PARA LA SALSA DE VERDURA A BAJA TEMPERATURA Cortamos todas las verduras, menos el tomate seco, en trozos de 1 cm. Las rehogamos. Cuando tomen color, añadimos el coñac y las especias. Reducimos. Dejamos enfriar y envasamos al vacío con la salsa de ternera al 75 % de presión. Cocemos 8 horas a 70 °C.

—

500 g de setas higróforo blancas y pequeñas (o setas de temporada) | 5 dl de salsa de ternera

PARA LA SALSA Y SETAS A BAJA TEMPERATURA Limpiamos bien las setas. Procedemos como para las verduras pero con las setas enteras, sin cortar.

—

200 g de cebollitas mini | 1 dl de aceite de trufas

PARA LAS CEBOLLITAS TRUFADAS Escaldamos las cebollitas y las pelamos. Volvemos a hervir 5 minutos más. Envasamos con el aceite de trufa, sal y pimienta. Cocemos al baño maría a 90 °C hasta que estén totalmente blandas.

—

las verduras a baja temperatura | 1 dl de agua | 80 g de Micri | sal | 1 dl de caldo de calabaza y gallina *Véase pág. 60*

PARA LA CREMA DE COCCIÓN Cocemos 5 minutos todos los ingredientes menos el caldo de gallina y calabaza. Trituramos muy fino en la Thermomix y damos textura con el caldo de gallina. Colamos y reservamos.

—

2 dl de jugo de zanahoria licuado | 30 g de mantequilla | sal | 1 dl de aceite de oliva suave

PARA EL ACEITE DE ZANAHORIA Reducimos a fuego vivo la mantequilla y el jugo de zanahoria hasta obtener una textura densa. Rectificamos de sal y añadimos el aceite. Enfriamos rápidamente.

—

4 patatas | 3 zanahorias | 1 cabeza de ajos | 2 cebollas secas | 50 ml de coñac | 50 ml de vino de Oporto | 1 dl de salsa de cerdo | hierbas de Provenza | tomillo | sal y pimienta | 1 litro de aceite de oliva suave

PARA LAS PATATAS GUISADAS Cortamos 24 discos de patata de 1 cm de grosor por 3 cm de diámetro. Salteamos las patatas en aceite bien caliente 3 o 4 minutos. Las ponemos en una fuente con el resto de ingredientes y cocemos en el horno unos 35 minutos hasta que estén guisadas.

—

MONTAJE Mezclamos el caldo de verduras filtrado con las setas en su caldo. Dividimos en raciones y reservamos. En el momento de servir, calentamos las carrilleras al baño maría. Abrimos la bolsa de vacío y colamos el caldo de las carrilleras. En una sartén, ponemos este caldo y una ración de salsa de setas con las verduras, 2 patatas guisadas y un poco de mantequilla. Cocemos 5 minutos y añadimos las carrilleras. Acabamos en el horno unos 8 minutos más, hasta que la salsa adquiera textura. En el plato hacemos dos lágrimas con la crema de cocción y colocamos las carrilleras encima de las patatas, las cebollitas a la trufa cortadas por la mitad y horneadas, un cordón de aceite de zanahorias y las setas. Es importante que la carrillera no se caliente más de 65 °C en su interior porque perderíamos las propiedades de la cocción a baja temperatura.

ARROZ DE POLLO DE CASERÍO ASADO
CON NUECES Y QUESO SAINT FÉLICIEN

trufa de buena calidad (opcional) | flores de rúcula | aceite de nueces con raspadura de trufa | 2 o 3 nueces rotas | sal en escamas

MONTAJE Colocamos un par de buenas cucharadas de arroz en platos soperos. Encima del arroz distribuimos trozos de nueces y una alita de pollo partida en dos. Aliñamos el conjunto con una cucharada de salsa de yema de huevo y unas flores de rúcula. Delante del comensal, agregamos también una buena cucharada de crema de queso Saint Félicien.

1 gallina | 2 cebollas | 1 zanahoria | 1 blanco de puerro
| 1 ramita de apio | 1 cabeza de ajos cortada por la mitad |
2 dl de vino blanco seco | 5 litros de agua mineral | tomillo |
pimienta en grano

PARA EL CALDO DE COCCIÓN DEL ARROZ Cortamos la
gallina en trozos pequeños y la doramos con un hilo
de aceite a fuego medio fuerte en una cazuela amplia.
Limpiamos y cortamos las verduras en trozos regulares de
1 cm aproximadamente y las añadimos a la cazuela cuando
las carnes de la gallina estén bien doradas. Rectificamos
de sal y pimienta y seguimos sofriendo hasta que todo el
conjunto tenga un bonito tono dorado. Lo mojamos con
el vino blanco, que dejamos reducir. Lo cubrimos todo con el
agua y, cuando el conjunto hierva, bajamos la intensidad del
fuego al mínimo y cocemos el caldo hasta que se reduzca y
tengamos unos 2 litros. Terminada la cocción, filtramos el
caldo y lo mantenemos tibio para la cocción del arroz,
o lo enfriamos por completo para usarlo más tarde.

1 queso Saint Félicien en su punto óptimo de maduración |
una pizca de sal

PARA LA CREMA DE SAINT FÉLICIEN Trabajamos todo el
queso con el túrmix y una minúscula pizca de sal. Colamos
la crema resultante y la reservamos hasta el momento de
usarla en diferentes veces envasada al vacío.

300 g de arroz vialone nano | 4 o 5 chalotas | 1 diente de ajo
mediano, pelado y sin germen | 1 dl de vino blanco seco |
8 dl de caldo de pollo de caserío | 2 c/s de mantequilla en
flor | 1 c/s de crema de Saint Félicien | 3 o 4 nueces

PARA EL ARROZ Hervimos en un cazo pequeño el vino
blanco para evaporar el alcohol. Picamos bien finas las 4
o 5 chalotas y el ajo. Lo pochamos todo con la mantequilla
hasta que adquiera un ligero tono tostado. Añadimos el
arroz y lo salteamos ligeramente para fijar el almidón en el
grano. Lo mojamos con el vino blanco y la mitad del caldo de
pollo. Cocemos el arroz durante 12 minutos. A partir de este
momento, vamos adicionando caldo a medida que el arroz lo
admita, trabajándolo con una cuchara para amalgamarlo. A
los 16 minutos de cocción, añadimos un poco de mantequilla,
la crema de queso Saint Félicien y las nueces. Trabajamos el
conjunto un poco más con la cuchara y lo dejamos reposar un
par de minutos antes de servirlo.

1 cabeza de ajos morados | Mantequilla | 6 yemas de huevo
de caserío | 1 c/s de aceite de oliva arbequina de muy
buena calidad | Unas gotas de agua mineral | Sal y una
pizca de pimienta negra

PARA LA CREMA DE YEMA, AJO ASADO Y ACEITE DE OLIVA
Cortamos la parte superior de la cabeza de ajos y la
colocamos en una fuente de asar con mantequilla y un poco
de sal. La asamos 15 minutos a 160 ºC y le damos la vuelta.
La dejamos asar 25 minutos más hasta que los ajos del
interior estén bien cocidos. Sacamos la cabeza de ajos del
horno y dejamos enfriar. Una vez fría, pelamos los dientes
de ajo con mucho cuidado y los reservamos. Para la salsa de
yema, pasamos las yemas sin nada de clara por un colador
fino. Las envasamos al vacío con un diente de ajo asado,
una pizca de sal y otra de pimienta negra recién molida.
Las cocemos en un baño de agua a una temperatura
controlada de 62 ºC durante 20 minutos, y 5 minutos
más a 64 ºC. Terminada la cocción, enfriamos la bolsa en
agua helada y la reservamos en frío hasta el momento de
servir. Para terminar la salsa, colamos de nuevo la yema
y la aliñamos con el aceite de oliva y las gotas de agua.
Utilizamos la salsa ligeramente atemperada.

4 alitas de pollo de caserío | aceite de oliva arbequina | sal
y pimienta negra | salsa de pollo de caserío

PARA LAS ALITAS DE POLLO DE CASERÍO Limpiamos las
alitas y retiramos las posibles plumas que hayan quedado.
Las cortamos por las articulaciones y desechamos
las puntas. Reservamos la primera falange para otras
elaboraciones o para preparar la salsa de pollo de caserío.
Pasamos una llama por la parte media de las alas (segunda
falange) sin cocinar la piel. Las sazonamos con una vuelta
de pimienta y las envasamos en una bolsa de cocción con
un hilo de aceite. Sellamos la bolsa, la escaldamos en agua
hirviendo y luego la enfriamos en agua helada con el fin de
retractilarla. Cocemos las alitas al vacío en un baño de agua
a una temperatura controlada de 64 ºC durante 24 horas.
Terminada la cocción, hacemos un corte con un cuchillo
muy afilado en las puntas de las alitas, las deshuesamos
con mucho cuidado de no romper la carne o la piel y las
reservamos de nuevo envasadas al vacío con un poco de
aceite. En el momento de servir el plato, salamos las alitas y
las asamos por un lado en una sartén bien caliente con una
gota de aceite. Les cortamos las puntas y las partimos por
la mitad, pincelamos la parte asada con el jugo de pollo de
caserío y le damos un golpe de gratinador hasta que la pieza
esté caliente. Servimos de inmediato.

CON FUSIÓN

Los cocineros creativos beben de muchas aguas y utilizan muchos métodos innovadores para enriquecer su cocina, como la revisión de la tradición, el desarrollo de técnicas o conceptos propios, la búsqueda de nuevos ingredientes singulares, recetas o simplemente nuevos puntos de vista. Es lógico que, llegado a cierto punto, también se analice qué se está cociendo en las cocinas de otros o en otros países. Como todo en la vida, se puede extraer cosas positivas o negativas. Muchos cocineros están al tanto de lo que se hace en otras cocinas para aprender y también para no repetir lo que hacen otros.

Las técnicas son herramientas que nos ayudan a materializar ideas y crear o hacer evolucionar las propias o ajenas, algo que nada tiene de negativo si se hace para aportar, con respeto a cada cual y con la intención de abrir nuevos caminos. Copiar es el mero hecho de realizar recetas idénticas de otros y llegar a pensar que son propias, pero eso no solo sucede en las cocinas de los grandes cocineros creativos, pues en todas las casas del mundo, todos «copian» platos de sus mayores, de recetarios o de tradiciones que, no por ser antiguas, dejan de tener un autor a quien plagiar.

Los puntos de vista son importantes y hay que tener cabeza y ciertos ideales. En lo que a productos se refiere, aquellos que defienden que los de proximidad son los mejores seguramente no se equivocan. Los ingredientes frescos recién recolectados y en su mejor momento, que no tienen que viajar mucho para llegar a nuestras manos, siempre serán mejores que otros encerrados en bodegas durante semanas o en neveras durante meses con puntos de maduración nada óptimos. Proximidad, estacionalidad... son conceptos que aportarán seriedad a nuestra cocina pero, como en todo, siempre habrá la excepción que confirme la regla. Por ejemplo, podemos comprar espárragos blancos de Navarra en marzo o a primeros de abril; estos serán de gran calidad ya que están recién recogidos, así que lo lógico es utilizarlos en su momento y no hacerlo fuera de temporada. O podemos comprar espárragos de otros países, que viajarán desde muy lejos para llegar a nuestros mercados; un viaje que contaminará aún más nuestro planeta, y, no solo eso, sino que esos espárragos seguramente no serán de la calidad o singularidad de los mejores espárragos de Navarra recogidos cerca y en su mejor momento. Con todo, está claro que la cocina también tiene que tener principios, lo cual no quiere decir que no podamos trabajar una lima de Tailandia o una vaina de vainilla de Madagascar, productos que pueden llegar a nuestra cocina en su mejor momento, con una calidad increíble y que pueden aportar sabores nuevos y singulares a nuestros platos.

La observación y la admiración de otras culturas y otras cocinas también pueden ser muy enriquecedoras, y está claro que en todo el mundo —en cualquier gran capital— podemos encontrar restaurantes de culturas diferentes que realizan un trabajo espectacular. Cada restaurante, cada cocinero tiene que buscar su discurso y debe lograr que este no llegue de forma confusa al comensal. Muchos cocineros han transformado su propia cocina y su cultura, fusionándola con la cultura de otros países y eso puede dar como resultado una cocina increíble o un discurso confuso y carente de sentido. La suma de conocimientos y la concentración de toda la información posible siempre aportarán nuevas herramientas y perspectiva, y sumarán en vez de restar; incluso pueden llegar a multiplicar.

Sin duda, la cocina no tiene límites, ni la creatividad, ni la singularidad que aporta cada cocinero, pero es este últi-mo el que se autolimita o el que marca dónde empiezan sus ideas, principios o motivaciones y hasta dónde puede llegar. En ocasiones, la autolimitación a la hora de utilizar ciertos productos, estilos o técnicas responde a una filosofía conceptual, donde cada cual marca dónde empieza y termina su cocina. Esa limitación no tiene por qué ser negativa, ya que refuerza un estilo y le da personalidad. Dicho de otro modo, la vanguardia o la novedad sin lógica y a cualquier precio pueden restar credibilidad a nuestro discurso. Hoy en día, disponemos de todas las herramientas, de gran cantidad de información increíble y de unas posibilidades que nunca antes habían sido tan numerosas. Una paleta con cientos de miles de colores no garantiza pintar una gran obra de arte. El tiempo, las ganas de superarse, la tenacidad, cierta paciencia y una gran dosis de vocación nos darán el criterio y las herramientas para hacer y deshacer con lucidez.

Nuestra cocina, casera o profesional, vanguardista o tradicional, étnica o regional tiene que tener sentido y lógica, pues esta será la que nos hará sentirnos realizados, nos hará disfrutar y, como consecuencia, hará disfrutar también a los demás.

BUN DE CERDO IBÉRICO Y GAMBA DE PALAMÓS
CON TOQUES EXÓTICOS

PARA 11 PEQUEÑAS RACIONES

PRIMERA PARTE: 280 g de harina | 100 g de almidón de trigo | 70 g de azúcar lustre | 30 g de manteca de cerdo | 30 g de pasta de curri rojo

SEGUNDA PARTE: 8 g de levadura fresca | 20 g de azúcar lustre| 1,6 dl de agua tibia

TERCERA PARTE: 10 g de impulsor | 10 ml de agua tibia

PARA LA MASA DEL BUN DE LÁGRIMA IBÉRICA Mezclamos todos los ingredientes de la primera parte. Seguidamente mezclamos los ingredientes de la segunda parte y los agregamos a la primera preparación. Lo amasamos todo junto durante unos minutos hasta conseguir una masa homogénea. Le añadimos el impulsor y el agua de la tercera parte y después trabajamos bien la masa hasta lograr que quede lisa. La dejamos reposar unas 12 horas.

40 g de jugo de cerdo asado V*éase anexo* | 200 g de lágrima ibérica | 30 g de sal | 10 g de azúcar | 5 g de pimentón

PARA EL BUN Y SU RELLENO DE LÁGRIMA IBÉRICA Mezclamos la sal, el azúcar y el pimentón y maceramos las lágrimas en la mezcla durante 5 horas. Una vez curada la carne, la sacamos y le pasamos agua para quitarle el exceso de sal, y luego la secamos bien. La envasamos al vacío y la cocemos a 64 °C durante 24 horas. Antes de cocerla, es necesario escaldar las bolsas y enfriarlas de inmediato en agua helada para retractilarlas; así no se deforman durante la cocción.

Sacamos las lágrimas de la bolsa y las marcamos bien en la brasa. Las dejamos enfriar. Una vez frías, las picamos a cuchillo y las mezclamos con la salsa de cerdo. Dejamos enfriar la carne en la nevera durante 6 horas. A continuación, formamos unas bolas de unos 10 g cada una con este relleno y las congelamos.

Con la masa de bun también formamos bolas, con las que recubrimos las bolas de relleno congeladas, intentando taparlas bien sin dejar huecos. Dejamos fermentar los buns en un lugar cálido hasta que doblen su volumen y los cocemos en una vaporera con agua al fuego, durante 6 minutos o hasta que la masa no se pegue en los dedos.

8 gambas de Palamós

PARA LA GAMBA Pelamos la cola de las gambas y les sacamos la tripa. Con un cuchillo, cortamos por debajo la cabeza para desprenderla de la cola. De esta manera evitaremos perder el jugo del interior de la cabeza cuando la marquemos. Por otro lado, sazonamos las colas con sal y aceite y las marcamos durante unos segundos en la plancha. Marcamos las cabezas ½ minuto por cada lado. Hasta el momento de emplatar, mantenemos las colas y las cabezas en un lugar cálido, a 50 ºC, aunque con cuidado de no excedernos del punto de cocción, pues las colas tienen que quedar semicrudas pero calientes, y las cabezas, bien calientes pero sin que se coagulen los jugos internos.

1 pepino | el zumo de 1 lima | aceite de oliva | sal

PARA LOS DADOS DE PEPINO Pelamos el pepino, lo abrimos por la mitad y retiramos las semillas con una cuchara pequeña. Cortamos el pepino en dados de 0,5 cm y lo envasamos al vacío con el zumo de lima, el aceite y la sal.

jugo de cerdo asado V*éase anexo* | mezcla de especias chinas | brotes de cilantro | 4 flores de pepino | 4 pepinos mini

MONTAJE Calentamos el jugo de cerdo asado para quede bien reducido, y lo sazonamos ligeramente con especias chinas un poco picantes. Cortamos la lágrima ibérica asada que hemos reservado en dados de 1 cm y los glaseamos con el jugo de cerdo asado. Damos un golpe de calor en el horno para recuperar temperatura. Ponemos los buns en el centro de los platos llanos, bien calientes, y los glaseamos con una buena cucharada de jugo de cerdo especiado. Alrededor, colocamos los dados de lágrima ibérica y una cabeza y una cola de gamba. Añadimos unos dados de pepino al aceite de oliva y terminamos el plato con unas flores de pepino frescas, los pepinos mini cortados por la mitad y unos brotes de cilantro.

NOTA Reservamos una parte de la carne, pues, en el momento de servir, colocaremos en los platos 4 o 5 dados de lágrima asada, de aproximadamente 1 cm de lado.

A MODO DE NIGUIRI DE CALAMAR ATEMPERADO
Y PIELES DE ATÚN COCIDAS

PARA 8 PEQUEÑOS NIGUIRIS

—

2 calamares de anzuelo de unos 300 g | 20 ml de mirin |
aceite de arbequina | sal

PARA LA BASE DE CALAMAR Limpiamos bien el calamar de
vísceras, alas, piel y tentáculos y nos quedamos únicamente
con las carnes limpias. Picamos el calamar crudo muy fino,
hasta obtener trocitos de un tamaño parecido al de un
grano de arroz, y lo aliñamos con el mirin, un hilo de aceite
de arbequina y sal. Atemperamos el calamar hasta que
haya perdido completamente el frío y, con dos cucharas,
formamos 8 piezas que simulen las bolas de arroz
de un niguiri.

—

200 g de piel de atún

PARA LA PIEL DE ATÚN Escamamos la piel de atún y la
envasamos al vacío. Escaldamos la bolsa en agua hirviendo
durante 3 segundos y la enfriamos de inmediato en agua
helada con el fin de retractilarla y evitar que pierda vacío
durante la cocción. Seguidamente la cocemos a 85 °C
5 horas. Cortamos la piel de atún en trozos del tamaño de
las piezas de calamar y las reservamos tapadas.

—

100 g de anguila fresca | las pieles y los tentáculos del
calamar | 1 dl de agua | 1 dl de salsa de soja fermentada |
50 g de azúcar

PARA LA SALSA DE ANGUILA Ponemos todos los
ingredientes en un cazo amplio y los hervimos suavemente.
Sacamos la grasa que desprende la anguila con la ayuda
de una cuchara. Reducimos el líquido lentamente hasta
que tenga la mitad del volumen inicial. Colamos la salsa y
la reducimos de nuevo hasta que adquiera la textura de un
almíbar ligero. La dejamos enfriar.

—

—

mostaza japonesa | brotes de mostaza picantes | wasabi
fresco

MONTAJE Colocamos las pieles de atún cocidas en una
fuente y, con un pincel, las pintamos con la salsa de anguila.
Pasamos la llama de un soplete por encima de la piel y la
salsa para soasar la pieza y a la vez reducir la salsa,
repitiendo la operación hasta que la pieza esté glaseada y
soasada. Colocamos las piezas de calamar en platos
pequeños y, encima de cada una, los trozos de piel de atún.
Acompañamos con un poco de wasabi fresco, un toque de
mostaza japonesa y unos brotes de mostaza picantes.

NOTA Es importante no darle mucho calor directamente al
calamar, porque a una temperatura demasiado elevada se
cocinaría y perdería la textura untuosa que intentamos
conseguir. Podemos atemperar el calamar envasándolo al
vacío y calentándolo durante 5 minutos en un baño de
agua a 45 °C.

LUBINA Y CIGALITAS DE COSTA A LA TAILANDESA

1 litro de agua mineral | 80 g de sal marina

PARA EL AGUA DE MAR Mezclamos el agua mineral y la sal marina en un bol para que la sal se disuelva por completo.

1 lubina del Mediterráneo de entre 2,3 kg y 3 kg | 6 dl de agua de mar | aceite de oliva | pimienta blanca

PARA LA LUBINA Limpiamos el pescado de vísceras y espinas y le sacamos los lomos. Reservamos las espinas para la salsa. Cuando falten 10 minutos para el momento de acabar el plato, cortamos 4 tajadas y las salamos en el agua de mar durante 5 minutos.

Secamos el pescado con papel, lo aliñamos con un poco de pimienta y lo asamos por la parte de la piel en una plancha o sartén antiadherente bien caliente untada con un hilo de aceite. Lo asamos hasta que la piel esté bien dorada. Le damos la vuelta al pescado y lo asamos entre 20 y 30 segundos por el lado de la carne. Dejamos reposar los trozos de pescado en un lugar que esté a 70 ºC unos 2 o 3 minutos más, mientras preparamos el resto de los ingredientes de la receta antes de servir el plato.

12 cigalitas medianas | 3 dl agua de mar | aceite de oliva

PARA LAS CIGALAS Sacamos la carne de la cola de las cigalitas y reservamos las cabezas para la salsa tai. Dejamos las colas en agua de mar un par de minutos y las secamos con un papel absorbente. Aliñamos las colas con un poco de aceite y las marcamos unos segundos en una sartén antiadherente bien caliente, lo justo para que adquieran un ligero tono dorado y queden poco hechas en el centro. Las servimos enseguida.

PARA SOFREÍR: 3 chalotas | 3 puerros (la parte blanca) | 3 cebollas tiernas | 2 dientes de ajo | las espinas de la lubina | las cabezas de las cigalitas

PARA INFUSIONAR: 3 puerros (la parte verde) | 1,5 litros de leche de coco | 5 g de jengibre | 2 tallos de citronela | 1 c/s de cilantro fresco picado | 5 g de pasta de curri verde | 4 hojas de lima kaffir | sal y pimienta

PARA LA SALSA TAI Cortamos menudas todas las verduras y las pochamos en una cazuela con un hilo de aceite hasta que estén cocidas. Añadimos las espinas del pescado y las cabezas de las cigalas, y las sofreímos unos 10 minutos.

Mientras tanto, en una olla mezclamos los ingredientes para la infusión: la leche de coco, la pasta de curri verde y el resto de las aromáticas cortados en juliana fina. Añadimos esta mezcla al sofrito de espinas y la cocemos a fuego lento entre 15 y 20 minutos. Dejamos enfriar el conjunto para que se macere durante 15 minutos como mínimo. A continuación, lo filtramos por un chino fino. Si queda muy denso, le añadimos una pequeña cantidad de agua. El resultado tiene que ser una crema ligeramente untuosa y muy sabrosa, con aromas exóticos y frescos, muy perfumada. Rectificamos el punto de sal si es necesario.

selección de hortalizas jóvenes: calabacines, puerros, zanahorias, tirabeques, espárragos, cebolletas... | agua mineral | sal

PARA LAS VERDURAS Cortamos las hortalizas en trozos pequeños, de 1 o 2 cm. Si son piezas muy menudas, intentamos dejarlas enteras o partirlas en 2 o 3 trozos. Llevamos a ebullición un cazo con agua mineral salada a razón de entre 20 y 40 g de sal por litro de agua. Llenamos un recipiente de agua fría y le añadimos unos cubitos de hielo para cortar la cocción.

Cocemos cada verdura por separado en el agua salada, intentando dejarlas cocidas pero con una textura ligeramente crujiente. Una vez cocida, enfriamos cada verdura en el baño de agua helada. Terminados todos los escaldados, escurrimos las verduras y las reservamos hasta terminar la receta.

flores de pensamiento secas | brotes de cilantro | hojas pequeñas de albahaca | aceite | sal en escamas

MONTAJE Pasamos la menestra de verduras un minuto por agua hirviendo ligeramente salada. Escurrimos las verduras y las repartimos en cuatro platos soperos. Encima de las verduras disponemos la lubina asada. Terminamos el montaje con 1 dl de salsa tai por ración, las colitas de cigala, un hilo de aceite, unas escamas de sal, algunas flores secas y unos brotes frescos.

COCCIONES BÁSICAS PARA PESCADOS

Los pescados son, en muchas cocinas, el producto más respetado, ya sea por la delicadeza de sus carnes, por la facilidad con que se estropean o por los altos precios que se llegan a pagar por las mejores piezas. Los productos derivados de la explotación marina ofrecen mil posibilidades y los mares que rodean la península ibérica otorgan una calidad excelente a todas las especies.

En la mayoría de las cocinas, hay un cocinero encargado de la manipulación de los pescados, pues la experiencia en esta labor es imprescindible. Estos cocineros conceden muchísima importancia a un buen escamado y pulido de las piezas, a una buena higiene y más aún a su conservación.

Hasta hace muy pocos años, por costumbre y motivos culturales, el tiempo de cocción del pescado era siempre desmesurado. Destacamos el matiz cultural porque, aunque asociemos tradición a cocciones excesivas, basta observar la cocina japonesa para comprobar que no se trata de una costumbre global, pues en Japón se consume pescado crudo desde tiempo inmemorial. Hace solo unas décadas, las cocinas no contaban con buenas cámaras frigoríficas y el pescado se estropeaba con facilidad. Esta puede ser la causa de las cocciones prolongadas del pescado y de las fuertes salsas que lo acompañaban, escondiendo posibles malos olores en productos mal conservados o ya en mal estado. Actualmente, la observación del género desde una mirada científica y racional facilita la aplicación de un punto de cocción determinado para cada pescado. Esta forma de pensar ha marcado nuestra manera de confeccionar los platos.

Los recetarios de cocina están llenos de platos de pescado, en los que se aplican todas las cocciones posibles. Nosotros entendemos que para cada tipo de pescado hay una o, como mucho, dos mejores maneras de cocinarlo, y, para decidir por cuál de ellas optamos, nos fijaremos en las cualidades, defectos o virtudes que tiene cada producto. Cada año, retomamos ese mismo pescado y analizamos de nuevo si esas «mejores cocciones» lo siguen siendo con todo lo aprendido en el transcurso de la nueva temporada. Cada día aprendemos más de los asados, de las cocciones al vapor, del pochado, etc. Hoy día, podemos juntar un asado y un pochado para conseguir un resultado mejor que en las cocciones por separado. El respeto por el producto hace que miremos las cocciones tradicionales de diferente manera y la lógica tiene que marcar cada cocción o cocciones que asignamos a un pescado. Un factor común que rige todas nuestras cocciones por igual es la utilización de la baja temperatura, no como técnica de vanguardia o cocina al vacío, sino porque entendemos que una temperatura superior a los 120 °C es agresiva para los pescados y, en todas las cocciones, intentamos no superarla.

El templado es muy importante, y muchas de nuestras recetas se basan en un primer atemperado de las carnes a temperaturas que oscilan entre los 55 °C y los 85 °C. Después de esta precocción o atemperado, acabamos la cocción a más temperatura, desde 65 °C hasta 120 °C.

Esta norma rige la mayoría de nuestras recetas, pero no todas. Por ejemplo, si realizamos un suquet de rape, primero hacemos un marcado para sellar y obtener un bonito asado. Luego cocemos en el jugo a temperaturas altas, para conseguir una temperatura en el corazón del producto de 65-70 °C. En este caso, utilizamos temperaturas de horno que oscilan entre 150 °C y 220 °C pero que son relativamente rápidas y exigen siempre que los pescados estén atemperados.

La cocción a baja temperatura no es nueva; venimos utilizándola desde hace tiempo, pero quizás de un modo no razonado. Por ejemplo, cuando nos preguntamos cuál es la mejor cocción para una dorada, todos pensamos en la dorada a la sal, ya que esta es seguramente la primera receta que utilizaba la cocción a baja temperatura, pues, dentro del armazón de sal, se cocinaba a una temperatura muy suave y el resultado conseguido era y es excelente.

Debemos respetar las grasas naturales de cada pescado, los tipos de carne y su sabor básico. Cada producto tiene que ser observado al detalle y, lo más importante, hay que entenderlo y conocer perfectamente los pasos a seguir para lograr siempre un resultado perfecto.

En las siguientes recetas encontraremos diversas cocciones, y en varias de ellas, dobles cocciones ejecutadas a partir de técnicas diferentes. Su combinación se basa en la búsqueda de esa «mejor cocción». Son conclusiones discutibles, pero, al menos en el momento en que fueron creadas, eran para nosotros las mejores cocciones aplicables a esos pescados.

Como marca nuestra filosofía, cada cocinero tiene que buscar su manera de cocinar, su forma de entender cada producto, con qué sabores lo mezclaría y qué tipo de cocciones asignaría a cada pescado. Puede parecer un planteamiento un poco arriesgado pero otorga personalidad a cada profesional. La diversidad es un pilar básico en la evolución de la cocina, y, fruto de esta experimentación, de cada criterio y de cada manera de entender la cocina, encontraremos, con el tiempo, el método de cocción óptimo para cada pescado, o quizás varios, pero, en todo caso, sabremos a ciencia cierta cuál es la mejor manera de potenciar estos productos a través de cocciones calculadas, precisas y siempre acertadas.

CARTA Y DEGUSTACIÓN

RAPE ATLÁNTICO GALLEGO (RAP/SAPO)
Lophius piscatorius. Estacionalidad: todo el año

Sistema de cocción	Precocción	Cocción para servicio
Marcado + horneado con 90 % de humedad (cortes de 200 g)	Marcado no más de 2'' a fuego alto	Horneado convección a 165 °C hasta obtener en centro 50-54 °C
Asado en sartén y reposado (cortes de 200 g)	Asado no más de 4' a fuego medio	Reposo en lugar cálido a 60 °C durante 6' con una humedad de 90 % Temperatura en centro de 54-56 °C

MERLUZA DE ANZUELO GALLEGA (LLUÇ/LEBATZA)
Merluccius merluccius. Estacionalidad: todo el año

Sistema de cocción	Precocción	Cocción para servicio
Cocción a baja temperatura (supremas de 160 a 180 g)	Aliñada y con grasa atmósfera cálida a 70 °C 10' con 80 % humedad	Golpe de salamandra durante 20'' temperatura en el centro 50 °C servicio sin piel
Asado y reposo a baja temperatura (cortes de 160 g)	Marcado en sartén con Micrio 2'' a fuego moderado/alto	Con aceite y aliño reposo a 60 °C de 6' 80 % + 10' salamandra

SARDINAS DEL MEDITERRÁNEO (SARDINA/TXARDINA)
Sardina pilchardus. Estacionalidad: de junio a noviembre

Sistema de cocción	Precocción	Cocción para servicio
Ligero ahumado + baja temperatura (filetes)	Ahumado en aceite de oliva 6'	35 °C durante 3' + golpe de salamandra 20'' no superar los 70 °C
Cocción a baja temperatura (filetes)	Atmósfera cálida 35 °C 3' 60 % humedad	Golpe de salamandra 20'' servicio sin piel no más de 70 °C

RAPE ATLÁNTICO GALLEGO (RAP/SAPO)
Lophius piscatorius. Estacionalidad: todo el año

Sistema de cocción	Precocción	Cocción para servicio
Cocción al vacío con aceite esencial para retirar la membrana + asado (corte de aleta de 180 g)	50 °C, 10' en baño caliente con aceite de oliva y brotes de tomillo limonero (alto peligro bacteriológico)	Tras retirar las vetas de carne, asado muy rápido a fuego alto no más de 1' servicio muy rápido temperatura de las carnes entre 65 -70 °C

LUBINA SALVAJE (LLOBARRO/LUPINIÁ)
Morone labrax. Estacionalidad: todo el año

Sistema de cocción	Precocción	Cocción para servicio
Cocción al vacío con aceite esencial + asado (2 cortes suprema de 90 g)	55 °C, durante 8' en baño de agua caliente + aceite de jengibre naranja y citronela	Marcado rápido por la piel a fuego medio alto con aceite nuevo 45 °C centro del pescado

Nota: «Micrio», manteca de cacao crionizada en polvo, utilizada como grasa para el marcado de las piezas.

PEZ DE SAN PEDRO CONFITADO EN ACEITE IBÉRICO,
CREMA DE PATATA RATTE, COCA CRUJIENTE CON TUÉTANOS
DE VERDURA TRATADOS COMO UN PISTO

2 peces de San Pedro de tamaño medio o 1 kg aproximadamente

PARA EL PEZ DE SAN PEDRO Con unas tijeras fuertes, recortamos la osamenta exterior de este pescado, pues es muy fácil hacerse daño y también que se infecten las heridas. Retiramos los lomos con mucho cuidado con la ayuda de un cuchillo afilado y los reservamos para el confitado. Reservamos las espinas para fumets o jugos de pescado, desechando ojos y agallas.

—

300 g de grasa de jamón ibérico (solo grasa rosada o blanca) | 4 dl de aceite de oliva royal

PARA EL ACEITE DE CONFITAR Cortamos la grasa en trozos pequeños y la colocamos junto al aceite dentro de un cazo. Calentamos el conjunto a 90 °C y lo dejamos enfriar a temperatura ambiente. Reservamos toda la noche en la cámara. Cuando calentemos de nuevo para realizar el primer confitado, podemos filtrar lo que quede de la grasa de jamón.

—

400 g de harina de fuerza | 2 dl de agua mineral | 80 ml de aceite de oliva picual | 8 g de sal | 12 g de levadura de panadería

PARA LA COCA CRUJIENTE Tamizamos la harina en un bol. Calentamos 40 ml de agua a 45 °C y diluimos en ella la levadura, la añadimos a la harina con el resto de ingredientes y trabajamos la masa unos 5 minutos. Cubrimos la masa con un paño húmedo y la metemos en una estufa a 60 °C durante 20-30 minutos hasta que fermente doblando su volumen. Reservamos en la nevera. Para hacer la coca, estiramos la masa encima de una hoja antiadherente dando 2-3 mm de espesor. Precocemos a 160 °C durante 4-5 min. Sacamos del horno y cortamos rectángulos de 8 x 4 cm. Reservamos protegido de la humedad hasta el momento de terminar el plato.

—

2 ajos tiernos | 2 tomates maduros | 2 calabacines jóvenes sin flor | 1 cebolleta | 1 berenjena pequeña | ½ pimiento rojo | ½ pimiento verde | 1 dl de vino blanco | sal y pimienta blanca

PARA EL PISTO Escaldamos los tomates 10 segundos y los enfriamos en agua con hielo, y pelamos y cortamos en cuartos cada pieza. Utilizamos solo la carne exterior de los tomates, obteniendo 8 hojas de tomate. Aliñamos las hojas con una pizca de sal, azúcar y gotas de aceite, y cocemos a 110 °C durante 45 minutos. Cortamos el resto de verduras en trozos de 7 mm. En una sartén con un poco de aceite, rehogamos primero la cebolleta, y a los 2 minutos de cocción añadimos pimientos y berenjenas. Cocemos 3 minutos más y agregamos los ajos tiernos, las hojas de tomate cortadas a 7 mm y el calabacín. Cocemos 1 minuto, rectificamos y añadimos el vino blanco. Reducimos durante un par de minutos y enfriamos el pisto rápidamente.

—

350 g de patatas ratte enteras sin pelar | 80 ml de aceite de oliva picual | 1 dl de leche entera | 1 dl de nata fresca | sal y pimienta blanca

PARA LA CREMA DE PATATA Limpiamos las patatas con la piel hasta que no queden restos de tierra. Las colocamos en un papel de aluminio y las aliñamos con sal, pimienta y 20 ml de aceite. Envolvemos las patatas con papel de aluminio y cocemos a 160 °C hasta que estén hechas. Retiramos el papel y pelamos las patatas, y reservamos 280 g de su pulpa. La hacemos hervir con los lácteos y los 60 ml de aceite restante. Trituramos el conjunto con un túrmix y rectificamos de sal y pimienta. Podemos realizar una crema espumosa de patata, para hacerlo, colamos y llenamos con el jugo un sifón de ½ litro. Mantenemos el sifón a 60 °C hasta su utilización.

—

MONTAJE Calentamos el aceite de ibérico a 65 °C, cortamos cada lomo de San Pedro en dos partes y los introducimos en la grasa de ibérico de 8 a 10 minutos según el tamaño de las piezas. Cubrimos cada lámina de coca con el pisto de verduras y cocemos a 150 a 160 °C unos 10 minutos. Los bordes de la coca tienen que quedar ligeramente dorados, y las verduras, asadas pero jugosas. En el plato, hacemos unos trazos con la crema de patata, colocamos la coca en medio y encima los lomos de San Pedro escurridos de grasa. Acabamos el plato con una loncha de jamón ibérico y unas escamas de sal.

LOMO DE BACALAO CON JUGO DE ESPÁRRAGOS BLANCOS,
HUEVO DE CODORNIZ A LA TRUFA, ESPUMA DE YEMA AL ACEITE DE
ARBEQUINA Y ACEITE DE OLIVA CON BELUGA

— 4 tacos de bacalao desalado de 80 o 100 g | manteca de cacao crionizada Micrio | aceite de oliva royal o picual

TRABAJO CON EL BACALAO Lo mejor para esta receta es un buen lomo de bacalao desalado por nosotros mismos. De todas formas, un bacalao comprado a un elaborador de confianza que esté al punto de desalado nos puede servir. Si realizamos el plato con lomos de bacalao «inyectado», mantendremos los lomos 1 hora en leche para eliminar el sabor de la salmuera o conservante utilizado en la elaboración. Podemos aromatizar los ajos y realizar un confitado a baja temperatura. (Muchos cocineros trabajan la piel de este pescado sin asar por su gelatinosidad. En nuestra cocina, nos gusta realizar un asado rápido e intenso gracias a la manteca de cacao, pero entendemos que los bacalaos confitados se realizan sin esta operación de asado previa). Espolvoreamos los lomos de bacalao con la manteca en polvo. Asamos unos segundos en una sartén antiadherente. Envasamos cada lomo con el aceite de oliva y damos 8,5 atmósferas de presión. El aceite de oliva se puede aromatizar con ajos, laurel, etc., pero solo el sabor del aceite es muy bueno para acompañar los espárragos blancos. unos 8 minutos antes de servir el plato, colocamos las bolsas en un baño de agua caliente a 55 °C. Justo antes de servir, abrimos las bolsas y disponemos el pescado en una fuente. Gratinamos de 15 a 20 segundos y emplatamos rápidamente. También podemos confitar el bacalao a 65-70 °C durante 8 a 10 minutos o calentar en horno a 220-240 °C y hacer un asado de 3-4 minutos teniendo en cuenta que el bacalao tendría que estar a temperatura ambiente.

— 3 blancos de puerros | las bases de los espárragos para la crema, peladas | 4 ajos | 2 cebolletas | 1 patata | 1 clavo de especia | 4 escalonias | 1 ramita de perejil | 5 l de agua | sal

PARA EL CALDO BASE PARA CREMA DE ESPÁRRAGOS Pelamos todas las verduras y las cortamos pequeñas. Cubrimos todos los ingredientes y los hacemos hervir y apartamos a un lado de la plancha para que la cocción sea muy lenta, más parecida a una infusión a 90 °C que a un hervido convencional. Cocemos unas 2 horas y colamos bien fino con la ayuda de un colador de malla.

— 600 g de espárragos muy frescos | 2 escalonias | 1 cebolleta | 1 ajo | 1 blanco de puerro | 80 ml de vino blanco | 60 ml de nata fresca | 100 g de mantequilla | sal y pimienta blanca | caldo base

PARA LA CREMA DE ESPÁRRAGOS Pelamos los espárragos y cortamos la base dejando unos 4 cm de longitud. Las bases servirán para el primer caldo. Cortamos los espárragos en dados de 1 cm. Picamos el ajo y lo ponemos en aceite frío. Cuando el ajo tome un poco de color, añadimos el resto de verduras picadas y las cocemos a fuego muy suave. A media cocción, agregamos los espárragos picados y 50 g de mantequilla. Rehogamos a fuego moderado 5 minutos y mojamos con el vino blanco, reducimos y añadimos la nata. Rectificamos y mojamos con el caldo. Cocemos 10 minutos más y trituramos bien fino con la Thermomix añadiendo en este momento el resto de mantequilla. Colamos y reservamos. La cantidad de caldo base a utilizar depende de cómo nos guste el espesor de la crema. Empezamos con 2 dl y vamos añadiendo al gusto.

— 2,4 dl de aceite de oliva arbequina | 220 g de yemas de huevo de caserío muy frescas | 1,2 dl de nata fresca | 1,5 g de gelatina neutra remojada | 80 ml de agua mineral | 2,5 g de agar-agar en polvo | 6 g de sal

PARA LA ESPUMA DE YEMA AL ACEITE DE ARBEQUINA Cocemos el agar en el agua con la sal durante 3 minutos a fuego suave. Fundimos la gelatina remojada en el jugo de agar a 40 °C. Ponemos la nata y las yemas en una sopera. Las trabajamos con una varilla y añadimos el aceite a hilo. Cuando acepte todo el aceite, cargamos el sifón con esta emulsión y dejamos cuajar un mínimo de 2 horas.

— 8 huevos de codorniz | 5 dl de agua mineral | 10 g de sal | 10 ml de vinagre | 1 dl de aceite de trufa negra *Véase anexo*

PARA LOS HUEVOS POCHÉ DE CODORNIZ A LA TRUFA Hacemos un baño con el agua, el vinagre y la sal. Colocamos al lado un recipiente con agua fría y una araña o colador de malla pequeño. Mantenemos el baño a 95 °C. Hacemos un remolino con una varilla y añadimos un huevo de codorniz cascado con un cuchillo fino. Con la araña, quitamos los hilos de clara que se desprenden, a los 30 segundos sacamos el huevo y lo pasamos por agua fría. Repetimos la operación con todos los huevos y los conservamos en el aceite de trufa. En el momento de servir, calentamos el aceite con los huevos a 61 °C durante 3 o 4 minutos.

—

— 4 c/c de aceite de trufa (de macerar los huevos) | 1 c/c de caviar de calidad | hojas de perejil asadas

MONTAJE En el centro de un plato sopero disponemos el lomo de bacalao sacado de la salamandra y escurrido en papel absorbente. Colocamos los 2 huevos de codorniz y el jugo de espárragos blancos a 90 °C. Colocamos una porción de espuma de yema, las hojas de perejil y un hilo de aceite de trufas.

FILETES DE DORADA DEL MEDITERRÁNEO
SOBRE UN ARROZ DE HONGOS Y LA PICADA TEXTURIZADA NATURAL Y CREMOSA

2 doradas del Mediterráneo de 450-500 g | aceite de oliva picual | sal y pimienta blanca | 80 ml de fumet de pescado (elaborado con las espinas de la dorada)

PARA LAS DORADAS Limpiamos las doradas y retiramos los cuatro lomos. Forramos una fuente con papel de aluminio y la aliñamos con aceite de oliva. Desespinamos las doradas y cortamos cada lomo por la mitad. Aliñamos con sal, pimienta y aceite. Colocamos los lomos en la fuente y mojamos con unas gotas de fumet. En el momento de servir, metemos el pescado en el horno a 65 °C y cocemos unos 5-6 minutos. Sacamos del horno y damos un golpe de salamandra para poder retirar la piel. Aliñamos con unas escamas de sal y servimos de inmediato.

—

jugo de perejil | praliné salado de almendras | crema de ajo asada

PARA LA PICADA LÍQUIDA

—

200 g de perejil | 20 ml de agua de cocción | 20 g de Micri | sal

PARA EL JUGO DE PEREJIL Colocamos un cazo con agua salada y lo ponemos a hervir. Escaldamos el perejil 5 segundos y lo enfriamos en agua helada. Trituramos las hojas con un poco de agua de cocción y el Micri. Pasamos por un colador fino e introducimos la crema resultante en un biberón.

—

100 g de almendras peladas | 1 c/s de aceite de cacahuete | 1 c/s de aceite de almendras | sal

PARA EL PRALINÉ SALADO DE ALMENDRAS Colocamos las almendras en una sartén con el aceite de cacahuete. Freímos las almendras hasta que tomen color. Las pasamos por papel absorbente para retirar el aceite. Colocamos las almendras calientes con el aceite de almendras y la sal en la Thermomix y trabajamos a potencia fuerte hasta obtener una crema fina pero densa.

—

12 cabezas de ajos | 150 g de mantequilla | 1 dl de consomé de ave | sal y pimienta blanca

PARA LA CREMA DE AJOS ASADOS Hacemos un corte en la parte superior de las cabezas de ajos. En una sartén donde queden justas, las colocamos con el corte hacia arriba. Ponemos la mantequilla y cocemos 20 minutos a 160 °C. Damos la vuelta a las cabezas y cocemos hasta que los ajos estén bien tiernos. Presionamos las cabezas aún calientes para sacar el máximo de ajo asado. Colocamos la pulpa de los ajos con el consomé en un túrmix y trabajamos hasta obtener una crema fina.

—

3 escalonias | 1 cebolleta | 1 ajo | 120 g de arroz carnaroli o vialone nano | 30 g de parmesano | 40 ml de vino blanco seco | 100 g de hongos frescos *Boletus edulis* | 1 dl de jugo de hongos *Véase pág. 32* | 3 dl de consomé de ave *Véase anexo* | 1 nuez de mantequilla | 2 c/s de aceite de oliva picual | sal y pimienta blanca

PARA EL RISOTTO DE HONGOS Picamos todas las verduras finas. Rehogamos el ajo con un poco de aceite y añadimos el resto de verduras. Cuando la verdura esté hecha, añadimos los hongos picados pequeños. Salteamos hasta que todo tome color y reducimos el vino blanco. Salteamos en la misma sartén el arroz y mojamos con el consomé de ave y la crema de hongos. Cocemos como un arroz normal, unos 15 minutos removiendo continuamente. Vamos rectificando la sal y mojando con un poco de agua mineral si fuera necesario. Mantecamos.

—

MONTAJE En el plato, colocamos los componentes de la picada, unas quenelles de risotto y encima los dos cortes de dorada y acabamos con unas almendras tiernas peladas y partidas y unos brotes jóvenes de perejil.

FRITURA DE SALMONETES Y ESCAMAS
CON TOMATES DESECADOS, JUGO DE ESPINAS Y ALIOLI DE CITRONELA

—

puntas de ramallo de mar y salicornia | sal en escamas

MONTAJE Colocamos una buena cucharada de salsa de salmonete en el centro de los platos llanos. Encima de la salsa, pero procurando que las espinas crujientes no la toquen, ponemos una porción de salmonete frito. Acompañamos con dos tomates desecados calientes, una cucharadita de alioli de citronela y dos capas de cebolleta encurtida y salteada. Para terminar el plato, lo espolvoreamos con un poco de polvo de ramallo, añadimos de forma elegante unas puntas de ramallo y salicornia fresca y unas escamas de sal.

2 salmonetes de roca del Mediterráneo muy frescos y con todas sus escamas | 1 litro de agua de mar | 80 g de sal | transglutaminasa activa | Aceite de girasol

PARA EL SALMONETE Mezclamos el agua y la sal hasta que esté bien disuelta. Separamos los lomos del pescado con la ayuda de un cuchillo muy afilado y procurando no perder ni una escama. Reservamos los higadillos y las espinas para la salsa. Colocamos los lomos en el agua salada durante 3 minutos y los secamos. Espolvoreamos una capa muy fina de transglutaminasa en 2 lomos. Disponemos la pareja de lomos pero colocando la parte gruesa de uno junto a la parte fina de otro. Los envolvemos con film transparente ejerciendo una ligera presión, como si quisiéramos formar un cilindro. Los dejamos reposar 1 hora como mínimo. En el momento de terminar el plato, sacamos el pescado del plástico y separamos un poco las espinas con la yema de los dedos, en sentido contrario a su disposición natural, para que el aceite de la fritura penetre por entre las escamas más fácilmente. Debemos llevar a cabo este proceso con mucho cuidado para que las escamas no se desprendan. Calentamos una buena cantidad de aceite a 180 ºC y freímos los lomos hasta que la parte externa esté dorada, y las escamas, muy crujientes. Cortamos los pescados fritos por la mitad con un cuchillo afilado y los servimos de inmediato.

—

250 g de espinas de salmonete y pescado de roca | 2 cebollas | 1 diente de ajo | 1 zanahoria | 2 tomates maduros | 1 dl de vino blanco | ⅓ de blanco de puerro | ¼ de hinojo fresco | 50 g de mantequilla

PARA LA SALSA DE SALMONETE Y PESCADO DE ROCA Limpiamos y desangramos las espinas de pescado. Las doramos bien en una cazuela y las retiramos. En la misma cazuela ponemos el ajo, la cebolla, la zanahoria y el tomate cortados. Cuando las verduras estén bien pochadas y un poco doradas, añadimos el vino blanco para desglasar. A continuación incorporamos el puerro y el hinojo, y volvemos a poner las espinas de salmonete, cubrimos el conjunto con agua fría y lo hacemos hervir. Bajamos el fuego y dejamos cocer el jugo durante 20 o 30 minutos a fuego suave. Lo colamos, le añadimos la mantequilla y lo reducimos hasta que tenga la textura de una salsa densa, untuosa y brillante.

—

8 tomates mini de buen tamaño | sal y azúcar al gusto | aceite de oliva arbequina

PARA LOS TOMATES CONFITADOS Y DESECADOS Escaldamos los tomates unos segundos y los enfriamos en agua helada. Los pelamos y los colocamos en un bol amplio. Los aliñamos con sal, azúcar y un poco de aceite y los pasamos a una fuente llana untada con aceite. Los desecamos en el horno a 125 ºC durante 50 minutos. A media cocción, es bueno darles la vuelta. Los reservamos en un recipiente hermético, aliñados con más aceite de oliva arbequina. En el momento de servir, los calentamos en el horno a 80 ºC.

—

2 dl de aceite de girasol | 2 ramas de citronela

PARA EL ACEITE DE CITRONELA Ponemos los ingredientes en un cazo y los calentamos hasta que el aceite rompa el hervor. Los dejamos infusionar bien tapados en la nevera durante 1 o 2 días. Se obtienen mejores resultados si realizamos la infusión al vacío con una cocción de 10 horas a 70 ºC y la dejamos reposar durante varios días.

—

½ diente de ajo picado | 1 yema de huevo | aceite de citronela | sal

PARA EL ALIOLI DE CITRONELA Pelamos el diente de ajo y lo blanqueamos, es decir, lo cocemos en agua hirviendo 10 segundos. Le retiramos el germen del interior y lo machacamos muy bien en un mortero. Vertemos el aceite de citronela en forma de hilo muy fino en el mortero, mientras removemos sin parar para evitar que se corte el alioli. Si vemos que el alioli no se cuaja bien, añadimos la yema de huevo sin dejar de remover. Estará hecho cuando se despegue con facilidad de las paredes del mortero.

—

200 g de alga ramallo de mar

PARA EL POLVO DE RAMALLO Escaldamos unos segundos el alga y la enfriamos en agua helada. La secamos bien con papel de cocina y la colocamos en un deshidratador a 50 ºC hasta que esté completamente seca. La pasamos por un robot de cocina para convertirla en un polvo. Lo reservamos en un recipiente hermético.

—

8 cebollas del platillo encurtidas en vinagre de vino blanco | salsa de salmonete | aceite de oliva

PARA LAS CEBOLLITAS ENCURTIDAS Cortamos las cebollitas por la mitad y separamos con mucho cuidado las capas. Las enjuagamos bajo un chorro de agua fría y las secamos con papel de cocina. Antes de servir el plato, las salteamos muy rápidamente en una sartén caliente con unas gotas de aceite y, justo antes de sacarlas de la sartén, les añadimos una cucharada de salsa de salmonete.

—

CORVINA ASADA
CON TEXTURAS DE ALCACHOFAS Y ACEITUNAS NEGRAS

—

brotes de mostaza | brotes de perifollo | aceite de oliva | sal en escamas

MONTAJE Colocamos una buena cucharada de salsa de pescado en el centro del plato; encima, ponemos la porción de pescado, una quenelle de puré de alcachofas y los corazones de alcachofa salteados. Añadimos unas chips de alcachofa procurando que no toquen los componentes más húmedos del plato y terminamos la preparación con un poco de polvo de aceituna negra, los brotes, unas escamas de sal y un hilo de aceite.

1 kg de cabezas y espinas de pescado | 2 litros de agua |
½ cabeza de ajos | 3 cebollas | 2 zanahorias | ½ puerro |
2 tomates | 2 dl de vino blanco

PARA LA SALSA DE PESCADO En primer lugar, tostamos las
cabezas y espinas en el horno hasta que estén bien doradas.
En una olla de base ancha sofreímos el ajo con la cebolla y
la zanahoria, cortadas menudas y regulares, hasta que esté
todo bien caramelizado. Seguidamente añadimos los tomates
rallados y dejamos cocer hasta que pierda el agua. Una vez
el tomate se haya transformado en una compota,
añadimos el vino blanco y lo reducimos. Agregamos el
puerro cortado y, después de rehogarlo durante 2 minutos,
incorporamos el agua fría y la dejamos hervir 30 minutos.
Una vez transcurrido este tiempo, pasamos el caldo por un
colador muy fino y lo reducimos hasta que nos quede una
salsa espesa y con consistencia.

10 alcachofas | 20 g de mantequilla | aceite de oliva
arbequina de la mejor calidad | sal

PARA EL PURÉ DE ALCACHOFAS Limpiamos bien las
alcachofas retirando todas las hojas duras y vaciando el
interior; dejamos únicamente el corazón.
Envasamos las alcachofas al vacío con aceite y sal,
escaldamos las bolsas en agua hirviendo y las retractilamos
de inmediato sumergiéndolas en agua helada. Cocemos
las alcachofas envasadas a 9 °C durante 35 minutos. Con
la ayuda de un robot de cocina, trituramos las alcachofas
cocidas hasta obtener un puré fino, y le añadimos la
mantequilla y el aceite para que quede bien emulsionado.
La cantidad de aceite siempre influirá en la textura:
necesitamos un puré denso con la mayor cantidad de
aceite posible y un mínimo de 40 a 50 gramos. Finalmente
pasamos el puré por un colador fino y lo reservamos en
caliente.

6 alcachofas | 20 g de mantequilla | sal

PARA LAS ALCACHOFAS SALTEADAS Torneamos las
alcachofas de manera que les dejamos solo el corazón
y les vaciamos el interior. Envasamos los corazones de
alcachofas, tal como hemos hecho en el paso anterior, y las
cocemos igual, a 90 °C, pero solamente durante 20 minutos.
Una vez cocidas, las cortamos y las salteamos con
mantequilla hasta que queden ligeramente doradas.

2 alcachofas | agua | perejil | aceite de girasol

PARA LOS CHIPS DE ALCACHOFA Limpiamos bien las
alcachofas, retirando las hojas duras y vaciando el interior.
Las reservamos en agua con unas hojas de perejil para que
no se oxiden. Con la ayuda de una mandolina las cortamos
en láminas lo más finas posibles. En un cazo con aceite,
freímos las láminas a 180 °C hasta que queden bien fritas,
doradas y crujientes. Las sazonamos con sal y las servimos
enseguida. Se pueden preparar con unos minutos de
antelación, pero ganan mucho fritas al momento.

1 lomo de corvina de buen tamaño, limpio de escamas y
espinas | 5 dl de agua mineral | 40 g de sal | aceite de oliva

PARA EL PESCADO Mezclamos el agua con la sal hasta que
esta esté bien disuelta. Cortamos el pescado en raciones
de unos 150 gramos y los salamos bañándolos en el agua
salada unos 5 minutos. A continuación, los escurrimos y los
secamos con papel de cocina.

En una plancha bien caliente con un poco de aceite,
colocamos el pescado con la piel hacia abajo y ejercemos un
poco de presión durante unos segundos con la finalidad de
tostar toda la piel por igual y de una manera regular. Dejamos
que la piel se dore perfectamente y, una vez tostada, bajamos
un poco el fuego para seguir cocinando el pescado y filtrar la
temperatura poco a poco. Finalmente le damos la vuelta y lo
dejamos unos segundos más en la plancha únicamente para
marcar un poco el otro lado. Podemos reservar el pescado
unos minutos en un lugar cálido para que se termine de filtrar
la temperatura, pero teniendo en cuenta que la cocción de
ese pescado nunca debe ser excesiva, ya que enseguida corre
el riesgo de quedar seco.

100 g de aceitunas negras griegas con hueso

PARA LAS ACEITUNAS NEGRAS SECAS Con un objeto
pesado, como un cazo o un cuchillo de medio golpe,
aplastamos las aceitunas y les retiramos el hueso. Podemos
utilizar aceitunas sin hueso, pero serán menos sabrosas
y de peor calidad. Con un cuchillo afilado, picamos las
aceitunas para que se sequen mejor. Colocamos el picadillo
en un deshidratador a 50 °C hasta que las aceitunas estén
bien secas. Las protegemos de la humedad en un recipiente
hermético.

EL TRABAJO CON EL FOIE

El foie gras es considerado desde hace centenares de años como uno de los productos supremos de la gastronomía. Últimamente se critica que muchos cocineros a menudo abusamos en nuestras cartas de este gran producto. Dedicar un capítulo solo al hígado hipertrofiado de estas aves palmípedas podría asociarse a cierta obsesión.

En muy poco tiempo, muchas cocinas han modificado los métodos de cocción en busca de la mejor manera de utilizar este producto y, a nuestro parecer, esta rapidísima evolución basada en la lógica es divertida, coherente y muy interesante. Antes de nada, profundicemos un poco más en la historia gastronómica de este símbolo de la cocina francesa.

En el Antiguo Egipto (siglo xxv a.C.) estos animales ya se cebaban, en Grecia siguieron haciéndolo, pero fue durante el Imperio romano cuando se especializó la elaboración del foie gras. Se cree que el cónsul romano Metellus Scipio fue el primero en hipertrofiar el hígado de ocas cebándolas en la oscuridad. El poeta Horacio también hace mención al hígado de oca alimentada con higos untuosos. No solo alimentaban a esas ocas con higos disecados, sino que luego les daban vino y miel en grandes cantidades para causarles una muerte rápida por coma etílico.

Francia, siglos más tarde, crió ocas y patos, los alimentó y acabó cebándolos en sus campiñas hasta convertirlos en el estandarte gastronómico de sus cocinas. En el suroeste francés y en Alsacia se elaboran los hígados más apreciados, pero también nuestro país produce foies de una excelente calidad en diferentes zonas como Navarra y Cataluña.

Es muy importante un atemperado a temperatura ambiente de mínimo 30 minutos para ambas elaboraciones.

Atemperado 55 °C

Asado a temperatura elevada

Corte y servicio inmediato a 35 °C en su interior

Preparación

Corte de una rodaja

Aliñado

Marcado y posterior asado en horno 135 °C

Servicio inmediato a 35 °C en su interior

El proceso de elaboración se basa en enclaustrar al animal de 2 a 3 semanas. Durante un período que puede ir de las 4 a las 12 semanas siguientes, el animal se alimenta por sí solo. Las últimas 12 a 14 semanas de vida, se le ceba de forma racionada para provocarle una cirrosis que aumentará el tamaño del hígado, pudiendo llegar a pesar hasta un kilo.

El foie se puede elaborar en terrinas con diferentes preparaciones que determinarán su tiempo de consumo y también la calidad. Las mejores terrinas son, para muchos, las de elaboración rápida a temperaturas de 80 °C. Se denominan *mi-cuit* y pueden conservarse hasta 3 meses. Las terrinas elaboradas a partir de 110 g retrasan en gran medida su fecha de caducidad y, contrariamente a lo que muchos piensan, incluso mejoran con el tiempo, al igual que los grandes vinos.

El hígado de oca tiene mayor tamaño y peso que el hígado de pato, de 600 g a 900 g en el primero y de 400 g a 700 g en el segundo. Ambos lóbulos del hígado de oca son de tamaño muy parecido; en cambio el pato presenta un lóbulo grande y otro de tamaño más reducido. Durante todo el año podemos encontrar hígados de calidad, pero los meses más apropiados van de octubre a febrero.

El punto clave de su elaboración quizás reside en la compra misma de las piezas, que deben estar enteras, sin golpes ni magulladuras. La cadena de frío no tiene que romperse jamás y hay que escoger aquellos hígados que presenten un color masilla, ya que los más amarillentos tienen tendencia a ser más granulosos. Muchos cocineros creemos que el foie no debería pasar por las máquinas de vacío.

En cuanto a su conservación a altas presiones, podemos realizar una doble cocción al vacío utilizando una presión determinada y una temperatura de 65 °C.

Cuando la pieza, que se cocina en lóbulos enteros haya alcanzado los 60 °C en el corazón del producto, se asa muy rápidamente y se sirve de inmediato.

El hecho de que algunos foies exuden más grasa de lo normal se asocia, a menudo, a la mala calidad de las piezas. Esa creencia es errónea, pues este exceso de pérdida de grasa en la elaboración puede ser debido a un mal uso o a la misma composición del hígado. Las moléculas grasas que lo componen son de diferentes tamaños en cada pieza. La temperatura de cocción produce una dilatación y las moléculas grasas de mayor tamaño tienen tendencia a romperse más.

Se han realizado estudios sobre la correcta temperatura de asado del corazón del producto en el momento de servir el plato. En cocciones a baja temperatura aplicaremos 65 °C, en cocciones en el horno, 135 °C. Los tiempos de cocción varían dependiendo del tamaño de las piezas y de si estas están previamente atemperadas. Las temperaturas de servicio en el corazón del producto oscilan, según la elaboración, de los 35 °C hasta los 60 °C.

Se han planteado muchos tipos de cocción para el hígado fresco. Antes los enharinaban para acentuar el asado, pero la harina se quema rápidamente y aporta un sabor a menudo desagradable. Algunos cocineros recomiendan asarlo con un poco de aceite; aunque el foie contiene mucha grasa, esta se quema antes que muchos aceites y proporciona un gusto a quemado que desmerece la calidad del plato. En los últimos tiempos, grandes chefs están cocinando los foies en auténticos baños de aceite, a modo de freidora, consiguiendo grandes resultados. A continuación, explicaré cómo lo preparamos nosotros:

• Adquirimos un foie de gran calidad. Media hora antes de elaborarlo, lo sacamos de la cámara para atemperarlo y facilitar su corte. Nos gustaría asarlo entero pero el servicio de carta y la demanda de raciones únicas lo dificulta.

• Cortamos tajadas de 3 a 4 centímetros y las aliñamos con sal y pimienta blanca. Podemos aderezarlas con aceites que aguanten bastante temperatura: cacahuete, oliva, girasol, o nuevas grasas que aceleran la reacción de Maillard y que tienen las mismas temperaturas de carbonización que los mejores aceites, como las mantecas de cacao crionizadas.

• Asamos en una sartén antiadherente y doramos por todas las caras. Esta elaboración se hace a fuego vivo y no tiene que superar el minuto de cocción. Cuando el foie está bien asado, se introduce en el horno precalentado a 135 °C. Lo retiramos cuando el centro alcanza de 35-55 °C.

HÍGADO DE PATO ASADO
CON NARANJA, MELOCOTÓN, VAINILLA Y MASCABADO

1 lóbulo grande de un foie de pato Moulard muy fresco
| 1 litro de leche | sal y pimienta blanca | aceite de oliva
picual

TRABAJO CON EL FOIE Rectificamos la leche con sal y
mantenemos el foie macerando un par de horas para
desangrarlo. Lo secamos con un papel y lo cortamos en
4 piezas. Aliñamos con sal, pimienta y aceite. Sellamos en
una sartén antiadherente procurando que queden todos
sus laterales asados sin que pase del minuto de cocción.
Acabamos la cocción dentro del horno a 135 °C hasta
conseguir los 55 °C de temperatura en el corazón.

2 melocotones de viña | 1,5 dl de agua mineral |
20 g de azúcar mascabado o moreno | 40 g de mantequilla
| 1 ramita de tomillo limonero | sal

TRABAJO CON EL MELOCOTÓN Pelamos los melocotones y
realizamos 4 torneados con la ayuda de un cuchillo
pequeño. Cocemos en el horno junto con el resto de
ingredientes a 160 °C durante 10 minutos. Reservamos para
su segunda cocción (tienen que quedar semicocidos) y
terminar la cocción con el almíbar de naranja.

3 dl de zumo de naranja | ½ vaina de vainilla de Tahití |
50 g de azúcar mascabado o moreno | 20 g de mantequilla
en flor | torneados de melocotón semicocidos

PARA LA REDUCCIÓN DE NARANJA, VAINILLA Y MASCABADO
En una sartén antiadherente caramelizamos el azúcar,
añadimos la vainilla raspada con un cuchillo, los
melocotones y la mantequilla. Damos un par de vueltas y
añadimos el zumo. Cocemos hasta conseguir la textura
deseada.

flores de salvia, romero, perifollo | rúcula selvática y tomillo
limonero | el zumo de 3 naranjas chinas licuadas | 1 c/s de
reducción de vinagre balsámico, cortado con aceite de
oliva | sal Maldon

MONTAJE Dibujamos unos hilos con la reducción de
naranja. Colocamos unas gotas del zumo de la naranja
china. En el medio del plato colocamos el trozo de foie.
Disponemos a su lado los melocotones torneados, las flores
y los brotes, acabando el plato con unos cristales de sal
Maldon, una cucharada de la reducción de naranja, el aceite
balsámico y las hojas de ensalada aliñadas con sal y aceite.

TACO DE MAÍZ Y FOIE GRAS
CON CAFÉ, CHILE, VAINILLA Y CILANTRO

50 g de miel | 1,5 dl de agua

PARA EL AGUA DE MIEL CARAMELIZADA Colocamos la miel en un cazo y la calentamos a fuego moderado hasta que se reduzca. Cuando se haya transformado en un caramelo dorado, le añadimos el agua. Esta operación conviene realizarla con mucho cuidado, ya que la miel puede quemarse con facilidad, pero, si no queda caramelizada, no lograremos un buen resultado. Dejamos cocer la mezcla el tiempo justo para que la miel se disuelva y obtengamos un agua de color miel y con un sabor potente a miel caramelizada.

1 hígado fresco de pato o de oca de entre 400 y 500 g | 1 dl de agua | 50 ml de licor Pedro Ximénez | 50 ml de agua de miel caramelizada | sal y pimienta

PARA LA CREMA DE FOIE GRAS Preparamos una salmuera con 30 g de sal por litro de agua. Introducimos el hígado dentro y lo dejamos unos 30 minutos.

Retiramos el hígado de la salmuera y lo dejamos sobre un papel de cocina para que este absorba el exceso de agua. Separamos los dos lóbulos del hígado, cortamos los extremos del lóbulo de mayor tamaño (una cantidad equivalente al 10% del lóbulo) y congelamos la parte central bien envuelta con film transparente para que no se oxide. Ponemos el licor y casi todo el agua de miel caramelizada (reservamos una poca) a hervir unos 30 segundos para evaporar el alcohol del vino.

Cortamos el lóbulo pequeño y las puntas del grande en tacos y los trituramos en un robot de cocina con un poco de agua de miel caramelizada, sal y pimienta hasta obtener una crema con una textura de mantequilla pomada. Para lograr la textura deseada, añadimos más o menos líquido. Pasamos la crema por un colador fino para retirar las venas y pedazos que no estén bien trabajados. Si la mantequilla de foie se corta, solo tendremos que calentarla o enfriarla ligeramente y trabajarla con unas varillas, como si montásemos nata. El foie se esteriliza con la temperatura del caldo obtenido de los líquidos hervidos, pero, si no nos apetece tomar foie fresco elaborado de este modo, podemos utilizar una terrina de un foie gras comercial de buena calidad

Discos de papel de arroz (obulato) | 200 g de azúcar Isomalt | 100 g de maíz frito de buena calidad | 10 g de colorante blanco en polvo (opcional)

PARA LAS OBLEAS DE MAÍZ Pasamos el maíz por un robot de cocina solo para romperlo un poco. En un cazo de buen

tamaño, calentamos el Isomalt hasta que alcance los 200 o 220 ºC y, fuera del fuego, le añadimos el maíz roto y el colorante blanco. Lo mezclamos todo con una espátula y colocamos rápidamente la preparación entre papeles antiadherentes. Pasamos un rodillo de cocina por encima para aplanar el crujiente todo lo que podamos antes de que se enfríe. Es preciso realizar esta operación con mucho cuidado, ya que trabajamos con azúcar a una temperatura muy alta. Cuando el caramelo se haya enfriado por completo, lo pasamos por un robot de cocina y lo trabajamos hasta obtener un polvo fino y suelto.

Engrasamos una plantilla de teflón o silicona pasándole un papel de cocina untado con unas gotas de aceite. Disponemos los discos de obulato sobre la plantilla y, con un colador, los espolvoreamos con el crujiente de maíz hasta formar una capa fina de 1 mm. Cocemos los discos en el horno a 180 ºC durante 3 minutos aproximadamente y, con un rodillo o instrumento similar, doblamos los discos en forma de taco antes de que se enfríen. Reservaremos los tacos en un recipiente hermético de buena calidad o, si es posible, los servimos inmediatamente.

100 g de sal en escamas | 1 vaina de vainilla | 4 g de café molido de buena calidad | una pizca de chile en polvo o pimienta de Espelette

PARA LA SAL DE VAINILLA, CAFÉ Y CHILE Abrimos las vainas de vainilla por la mitad y retiramos las semillas de la vainilla con la ayuda de un cuchillo. Colocamos las semillas y las vainas en un tarro de cristal y metemos dentro la sal en escamas, el café y el chile en polvo. Cerramos el tarro y le damos suavemente un par de vueltas completas. La sal no puede trabajarse porque se rompería, pero, de este modo, las semillas se irán incorporando y distribuyendo por la sal, que mejorará al pasar los días.

brotes de cilantro | flores blancas comestibles | mole chacoloteado comercial de buena calidad, a temperatura ambiente y dentro de una manga pastelera de 3 mm

MONTAJE Colocamos una pequeña cantidad de mole a lo largo de toda la parte interna del taco, en una tira de un grosor de 1 o 2 mm. Sacamos del congelado el medio lóbulo de foie gras y lo rallamos con un rallador tipo Microplane para parmesano. Rellenamos el taco con virutas de foie gras y lo espolvoreamos con un poco de sal de vainilla, café y chile. En el centro de los platos, colocamos una cucharada pequeña de crema de foie gras, y encima el taco. Decoramos el plato con unas flores blancas y un brote de cilantro.

PINTADA ASADA CON FOIE GRAS,
CARBÓN DE PAN NEGRO Y BERENJENAS AHUMADAS

1 ½ kg de huesos y recortes de carne de pintada |
2 cebollas | 1 zanahoria | 1 puerro | 1 ramita de apio |
5 dientes de ajo | 3 tomates | 1 ramita de tomillo | 1 ramita
de romero fresco | 1,5 dl de vino blanco seco | 1,5 dl de
brandi o coñac | 5 litros de agua mineral | pimienta en
grano | 100 g de mantequilla fresca

PARA LA SALSA DE PINTADA Doramos la carne y los huesos
de pintada con un hilo de aceite a fuego medio o fuerte
en una cazuela amplia. Limpiamos y cortamos todas las
verduras, menos la parte verde del puerro y los tomates, en
trozos regulares de 1 cm aproximadamente y los añadimos
a la cazuela cuando la carne esté bien dorada. Sazonamos
con sal y pimienta ligeramente, ya que la salsa se reducirá
mucho, y seguimos rehogando el conjunto hasta que todo
tenga un bonito tono dorado.

Añadimos el tomate en dados y continuamos la cocción
unos minutos más, hasta que la humedad del tomate
desaparezca. Mojamos el sofrito con el vino blanco y el
coñac y los dejamos reducir. Agregamos los 5 litros de agua
mineral. Cuando arranque el hervor, bajamos el fuego al
mínimo y lo dejamos cocer hasta que queden 1,5 litros de
caldo. Entonces filtramos el caldo y lo ponemos en un cazo
amplio para reducirlo de nuevo a fuego medio.
Cuando el jugo se haya reducido a la mitad, le añadimos la
mantequilla y lo seguimos reduciendo hasta obtener una
salsa sabrosa, brillante y untuosa.

—

4 muslos de pintada | 100 g de foie gras | sal y pimienta

PARA LA PINTADA RELLENA Y ASADA Deshuesamos los
muslos de pintada y los limpiamos de tendones y partes
fibrosas. Los salpimentamos y colocamos en el centro de
cada uno una pieza de foie alargada de 1 cm de grosor.
Formamos un rulo con el muslo y lo envolvemos presionando
bien con un trozo de film transparente. Envasamos los rulos
de carne al vacío; escaldamos las bolsas en agua hirviendo
y las pasamos a continuación por un baño de agua con hielo
para retractilarlas. Cocemos la carne envasada durante
2 horas en un baño de agua a una temperatura controlada
de 64 ºC. Reservamos la carne en la nevera hasta que sea el
momento de usarla.

Para asar las piezas, las sacamos de la nevera una media
hora antes. Pasado este tiempo, las marcamos bien en la
parrilla, las cortamos en 2 cilindros y las pintamos con
la salsa de pintada. Las metemos 1 minuto en la salamandra
o en el horno para que el jugo se fije a la carne y esta
termine de atemperarse en el centro. La servimos sin
demora.

—

640 g de harina | 20 g de levadura prensada | 25 g de azúcar | 60 g de aceite | 2,4 dl de agua | 50 g de colorante negro | 10 semillas de cardamomo | 20 g de sal

PARA EL CARBÓN DE PAN En el bol de un robot de cocina Kitchen Aid o en un robot amasador en marcha, colocamos la harina, la sal y el azúcar. Los mezclamos y agregamos el agua tibia, en la cual hemos diluido la levadura. Añadimos el colorante negro y el resto de los ingredientes. Tapamos el recipiente con film transparente y dejamos fermentar la masa una media hora.

Cuando la masa esté fermentada correctamente, formamos con ella pequeñas baguettes, que dejamos fermentar de nuevo hasta que doblen su volumen. Horneamos las barras a 170 ºC unos 20 minutos, o hasta que estén cocidas.

Dejamos atemperar las barras y las abrimos por la mitad. Las secamos en el deshidratador a 60 ºC hasta que la miga quede completamente seca. Las trituramos con un robot y añadimos al pan rallado, las semillas de cardamomo, previamente pulverizadas. Lo reservamos.

600 g de clara de huevo | 300 g de yema de huevo | 300 g de ajo negro | 180 g de azúcar Isomalt | 90 g de harina | 11 g de sal | 9 g de impulsor | 9 g de colorante negro

PARA EL BIZCOCHO DE AJO NEGRO Trituramos los ingredientes en un robot de cocina a velocidad máxima durante 4 minutos. Colamos la mezcla obtenida, la introducimos en un sifón y lo cargamos. Dejamos reposar el sifón en la nevera 2 horas como mínimo. Preparamos unos vasos de plástico, que usaremos de moldes, y les hacemos tres pequeños cortes en la base con unas tijeras para que el pan de ajo suba mejor. Llenamos los vasos de plástico con el sifón hasta una tercera parte de su capacidad y cocemos los bizcochos en el microondas a 600 W de potencia durante 60 segundos. Los sacamos del microondas y los guardamos boca abajo para evitar que pierdan la humedad.

4 tacos cuadrados de foie gras de 50 g | 1 litro de agua | 80 g de sal | pimienta

PARA EL FOIE GRAS Disolvemos bien la sal en el agua, que debe estar muy fría. Maceramos el foie un par de horas en el agua para desangrarlo y salarlo. Realizamos esta operación en la cámara frigorífica. A continuación, secamos los tacos de foie con un papel y los envasamos al vacío. El foie tiene que estar muy frío para que el envasado no dañe las piezas.

Lo cocemos durante 20 minutos en un baño de agua a una temperatura controlada de 60 ºC. Terminada la cocción, sacamos el foie de las bolsas, lo aliñamos con pimienta y lo sellamos en una sartén antiadherente a temperatura fuerte durante unos segundos, hasta obtener un dorado perfecto. Lo servimos enseguida.

3 berenjenas de buen tamaño | 1 litro de leche | sal | 1 c/s de tahina | 20 g de mantequilla | aceite de oliva arbequina

PARA EL PURÉ DE BERENJENA Cortamos las berenjenas por la mitad y les hacemos unas pequeñas incisiones. Las cubrimos con la leche y una pizca de sal; las tapamos con un paño de tela y las dejamos en la nevera durante 2 horas. Sacamos las berenjenas de la leche y las asamos en la parrilla con el lado de la piel hacia abajo, cubiertas con papel de aluminio para conseguir una cocción homogénea.

Transcurridos entre 15 y 20 minutos, comprobamos si la carne está blanda, pero sin que se haya tostado en exceso. Entonces, con la ayuda de una cuchara, vaciamos toda la carne y la colocamos en un robot de cocina. La trabajamos hasta obtener un puré emulsionándolo con un hilo de aceite de oliva. Le añadimos sal, la mantequilla y la tahina. Reservamos el puré caliente en un baño maría.

3 berenjenas chinas | 40 g de pasta de miso blanco | 10 g de zumo de yuzu | colorante negro en polvo | aceite de oliva

PARA LAS BERENJENAS DE CARBÓN AL MISO Pelamos las berenjenas chinas y las asamos en el horno a 100 ºC durante 6 minutos. Les hacemos una incisión que llegue hasta el centro y las rellenamos con la pasta de miso blanco mezclada con el zumo de yuzu. Las colocamos con la incisión hacia abajo y les secamos el exceso de humedad con un papel de cocina. Pintamos cada berenjena con un poco de colorante disuelto en unas gotas de agua para conseguir el efecto de un tronco. Las pincelamos con un poco de aceite para fijar el color. Las cocinamos a 120 ºC con un 10% de humedad durante 30 minutos hasta que la superficie se haya secado ligeramente. Las cortamos en diagonal, en trozos de 2 cm de largo.

piel de kumquat cortada en juliana | brotes frescos de mostaza y remolacha

MONTAJE Colocaremos los 2 cilindros de carne y el foie gras en el centro de platos llanos, y glasearemos con la salsa de pintada bien caliente. Alrededor, colocaremos 2 segmentos de berenjenas al Yuzu, 2 pequeñas cucharadas de puré de berenjena asada, 2 o 3 pedazos pequeños de pan de ajo negro y un par de cucharaditas de carbón de pan. Terminaremos con unas julianas muy finas de piel de kumquat y los brotes colocados de forma elegante.

COCCIONES BÁSICAS PARA CARNES

En la cocina encontramos gran variedad de carnes de un gran número de especies. Todas estas carnes y sus diferentes partes pueden elaborarse de infinidad de maneras.

Esta gran cantidad de usos y aplicaciones puede provocar cierto miedo y respeto a la hora de elaborarlas. El respeto siempre será positivo; sin embargo, necesitamos tener las ideas muy claras para poder eliminar ese miedo innecesario.

La mejor manera de afrontar las cocciones para carnes es simplificarlas al máximo y entender cuáles son las básicas para cada producto concreto. Primeramente se podrían dividir en asadas y guisadas. Estos factores podrían expresarse bajo el concepto temperatura/tiempo.
Para asados, las temperaturas deberían ser muy altas durante un espacio corto de tiempo; por el contrario, los guisos utilizarían temperaturas relativamente altas o muy bajas durante un espacio de tiempo más largo.

Estas dos cocciones básicas se mezclan en gran número de elaboraciones. De esta manera, intentamos aprovechar las virtudes de cada método a favor de las elaboraciones que queramos realizar. De los asados, podríamos aprovechar el sellado y caramelizado producido por la reacción de Maillard. En los guisos, aprovechamos la simplificación molecular provocada por la temperatura y el tiempo de cocción, obteniendo una carne tierna y jugosa.

En muchos guisos tradicionales, a menudo se asa la carne primero, en el mismo recipiente se rehogan unas verduras y luego se coloca la carne de nuevo, se cubre con un caldo y se cocina a ligeros borbotones por espacio de 2 a 3 horas. Este método se aplica a las carnes de mamíferos de buen tamaño. Las aves tienen un sistema de cocción parecido pero mucho más breve: 20 minutos para codornices, 30 para pichones, etc.

Esta cocción, que es de las más tradicionales, puede emplearse para la gran mayoría de carnes guisadas. Podemos realizar algunas modificaciones como macerados en vino si las carnes son de animales muy maduros, de caza, etc., modificaciones de tiempo y temperatura, como introducir la carne de un rabo vacuno al horno a 100 °C durante 8-9 horas, confitar un conejo durante 50 minutos en un aceite a 95-100 °C, etc. En esta técnica tradicional, se mezclan las dos cocciones básicas, la de asar y luego guisar. Todos los procesos mantienen una relación muy lógica que se basa en dos conceptos: tiempo y temperatura de cocción.

En todos los sistemas de cocción, estos dos factores se utilizan de diferente manera para obtener resultados diversos pero muy parecidos. Por ejemplo: podemos guisar o asar al horno una espalda de cabrito a altas temperaturas de 180 a 220 °C durante un tiempo aproximado de 120 minutos. Su cocción al vacío alcanzaría 63 °C durante 24 horas aproximadamente y acabaría con un asado y una regeneración de la temperatura que en el corazón del producto no excediera los 65 °C en ningún caso.

Observemos ahora estas cocciones detenidamente. La primera utiliza mucha temperatura durante poco tiempo, y la segunda, poca temperatura durante mucho tiempo. Se intercambian los valores para obtener el mismo resultado: carnes tiernas, jugosas y asadas.

La cocción al vacío nos da muy buenos resultados, ya que respeta la temperatura a la que el colágeno se transforma en gelatina y nunca alcanza temperaturas a las que esta gelatina resultante podría ser destruida.

La cocción tradicional no respeta tanto las gelatinas, pero la simplificación molecular provocada por las altas temperaturas es mayor y da como resultado carnes también tiernas.

Nuestro carnicero de confianza nos tiene que asesorar sobre la calidad de la materia prima y será él quien nos recomendará qué carnes son las apropiadas para guisos y asados. Para estos últimos, normalmente nos recomendará la que tenga abundante grasa. Esta debe infiltrarse en el interior formando una red de filamentos que serán una de las claves de la jugosidad y sabor de la pieza a asar. La información sobre la edad, la raza y la procedencia de las piezas, como también el tiempo de reposo en cámara, son datos imprescindibles para determinar la calidad del producto y para su asado. En esta cocción será importante la calidad del producto y también nuestra manipulación antes, durante y después del asado.

Primero, sacaremos el producto de la cámara para que esté a temperatura ambiente, por lo que será más fácil que adquiera la temperatura óptima en el corazón del producto. En el momento de asar, la temperatura tiene que ser adecuada; en parrillas es importante la altura e intensidad de las brasas; en la sartén, la potencia del fuego y la calidad de los utensilios utilizados.

Cada carne necesita una temperatura y unos tiempos de asado diferentes y, aunque sepamos muy bien cuáles son, debemos perfeccionar la técnica con la experiencia del día a día.

Normalmente, todas las carnes necesitan un tiempo preciso de horneado para adquirir una buena temperatura interior, así como un reposo para obtener un resultado tierno.

Las carnes deben sazonarse antes y después del asado; cada cocinero determinará el grado de sazón, teniendo en cuenta que la sal incorporada antes del proceso puede extraer los jugos interiores de la carne, que son los responsables de su jugosidad.

Estas son algunas de las premisas básicas en lo que a cocciones se refiere. Escribir sobre todas las elaboraciones, técnicas y tratos dados a la carne nos llevaría unas cuantas páginas más. Solo queda comentar algunos aspectos compartidos en todas las cocciones, guisos o asados. La ternura dependerá del tipo de carne y la composición

básica de su tejido conjuntivo. Este está formado por colágeno y su proporción varía en cada tipo de carne. Las piezas más musculosas y que ejercen funciones más elásticas son las más ricas en colágeno en todas sus proporciones (elastina y reticulina).

Como ya hemos comentado anteriormente, el tiempo de maduración y su correcto estado serán determinantes en lo que a ternura se refiere. La composición básica de las carnes la conforman tres grandes grupos: proteínas, lípidos e hidratos de carbono. El agua, lógicamente, también es un componente esencial.

Las proteínas están formadas por carbono, oxígeno, hidrógeno y nitrógeno. Estas se agrupan formando los aminoácidos, que se combinan y forman las cadenas moleculares, estructura esencial de todas las carnes que utilizamos. Al cocinar un producto, estas proteínas sufren lo que se conoce como desnaturalización, proceso en el cual la larga cadena de aminoácidos se descompone, facilitando su cocción y transformando el producto en algo tierno y apto para nuestro consumo.

Si aplicamos un tiempo y una temperatura correctos, las proteínas ricas en colágeno o elastina se irán transformando poco a poco, reteniendo el agua del producto y formando un gel. Este fenómeno, conocido como gelatinización, aporta textura y gelatinosidad al producto; por el contrario, si aplicamos unos valores de tiempo y temperatura incorrectos, estas moléculas quedarán separadas en su totalidad, ya no retendrán el agua y provocarán que nuestras carnes queden duras y secas.

Si conocemos bien los productos que utilizamos, aprendemos todas las cocciones posibles y las practicamos a menudo, llegaremos a descubrir cuáles son las más apropiadas para cada receta o trabajo que realicemos y, aunque les tengamos un gran respeto, jamás volveremos a sentir esa inseguridad antes de una elaboración y siempre obtendremos buenos resultados de nuestros platos.

Ejemplo con los diferentes métodos de cocción y la aplicación de tiempo y temperatura en las carnes: «cocción espalda de cabrito»

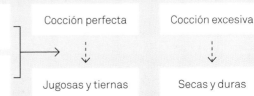

	180/200 °C (2 horas) Cocción y asado en horno clásico	Cocción perfecta	Cocción excesiva
63 °C (24 horas de cocción)	Regeneración y marcado en horno clásico	Jugosas y tiernas	Secas y duras

TRATADO COMO UN ROSBIF
LÁMINAS DE TERNERA ATEMPERADAS CON ACEITE DE TRUFAS, PAN DE AVELLANA, HONGOS, FOIE Y PATATAS TRATADAS

500 g de solomillo de ternera limpio | 300 g de hongos *Boletus edulis* | 3 dl de aceite de trufa negra *Véase anexo* | 1 dl de aceite de oliva | 10 cebolletas | 2 ajos | mantequilla para el asado | 1 lámina de tramezzini (o pan de molde sin corteza) | 150 g de hongos frescos | 6 ml de aceite de avellanas tostadas | sal y pimienta negra

ELABORACIÓN DE LA CARNE Sacamos la pieza de carne 3 horas antes del asado para templarla. Pulimos la pieza, retiramos el filete y limpiamos bien. Envasamos la pieza al vacío con un poco de aceite de oliva, aplicando 8,5 atmósferas de presión. Introducimos en un baño de agua caliente a 55 °C durante 15 minutos. Retiramos el filete de la bolsa, lo aliñamos con aceite nuevo y lo asamos en una sartén bien caliente. Bajamos la intensidad del fuego y pincelamos con mantequilla para que se dore bien. La cocción durará unos 2 o 3 minutos. Retiramos el filete antes, justo cuando tenga una temperatura interior de 25 °C. Dejamos enfriar las piezas.

Ponemos las cebolletas a cocer al horno, con papel de aluminio y aliñadas, hasta que estén tiernas. Las sacamos, pelamos y salteamos ligeramente con un poco de azúcar hasta que cojan color. Cortamos los hongos en láminas finas y las salteamos. Mezclamos las cebolletas con las setas. Cortamos rectángulos de pan de 7 x 4 cm, los pincelamos con el aceite de avellanas tostadas y lo soasamos en una sartén antiadherente hasta que coja color por todas sus caras. Cubrimos la tosta de pan con la mezcla de cebolletas y setas. Reservamos. Limpiamos con esmero los hongos, los laminamos a 4 mm, aliñamos y salteamos hasta que tomen un bonito color. Ponemos los hongos en una fuente de asar con perejil picado hasta el momento de servir. Una vez frías las carnes, cortamos láminas finas, aliñamos ligeramente y colocamos en una fuente en espera del confitado final antes de emplatar. Reservamos todas las elaboraciones hasta el momento de servir.

1,5 kg de recortes de carne no utilizados en la elaboración | 3 dl de vino de Oporto | 1 dl de vino reserva de calidad | 1 cebolla | 1 zanahoria | 1 ramita de apio | 4 ajos | 4 litros de agua mineral | 1 clavo de especia | 1 baya de enebro | sal, azúcar, pimienta negra y mantequilla

PARA LA SALSA Asamos todos los recortes y desglasamos con los vinos. Salteamos todas las verduras y cocemos con el agua a fuego moderado. Reducimos a un 15 % y mojamos con un poco más de agua. Reducimos de nuevo hasta el 15 % y filtramos. Damos textura con un poco de mantequilla y rectificamos.

7 patatas de buen tamaño | 2 dl de aceite de trufa | 10 ml de aceite de oliva picual | mantequilla clarificada | 10 g de crema de foie | 1 trufa negra pequeña

PARA LA ESFERA DE PATATA Y CRISTALES Con 6 patatas y un sacabolas grande, elaboramos 8 esferas de patata. Con uno pequeño, vaciamos las esferas, y dejamos un hueco perfecto en la parte superior de la esfera. Mezclamos los dos aceites y la trufa muy picada. Ponemos las esferas en infusión con el aceite a 80-90 °C hasta que estén tiernas. Con la patata restante, cortamos láminas de 2 mm y con un cortapastas redondo de 4 cm cortamos discos y los pincelamos con mantequilla clarificada. Cocemos los discos entre papel sulfurizado a 100 °C hasta que queden transparentes y crujientes. Para acabar la guarnición, llenamos las esferas de patata con crema de foie. Colocamos el cristal encima de la esfera y acabamos con unas escamas de sal. Servimos rápidamente.

40 g de crema de foie asado *Véase anexo* | aceite de trufa negra *Véase anexo* | escamas de sal Maldon

MONTAJE Cinco minutos antes de servir el plato, calentamos los aceites de oliva y trufas hasta los 60-65 °C. Metemos las láminas de carne en el aceite para que cojan una temperatura final de 55 °C. Calentamos las tostas de pan y cebolleta en el horno junto a la fuente de hongos. Sacamos las láminas de carne y escurrimos el aceite en papel absorbente. Encima de la tosta montamos láminas intercaladas de carne y hongos. Servimos el montaje de rosbif tibio y acompañado con la salsa bien caliente. Hacemos 2 lágrimas de crema de foie. En la parte ancha de las lágrimas colocamos las esferas de patata con los cristales. En el lado opuesto colocamos el montaje de carne. Aliñamos con el aceite de trufa y las escamas de sal. Servimos el jugo de carne aparte bien caliente.

PIEZA DE CABRITO A BAJA TEMPERATURA
CON MANZANA A LA SIDRA Y REBOZUELOS DE MARGEN

4 piezas de cabrito (espaldas o piernas) | 2 dl de jugo de cabrito *Véase anexo* | 4 ajos | 80 ml de aceite de oliva picual | 4 ramitas pequeñas de tomillo | 4 ramitas pequeñas de romero | sal y pimienta

PARA EL CABRITO Pulimos las piezas y las deshuesamos con cuidado. Es muy recomendable deshuesar la pieza después de la cocción, aunque para esta receta nos interesa la forma más esférica que toma la carne. Pelamos los ajos y los asamos en el aceite partiendo de frío. Cuando estén asados, los sacamos del aceite que reservamos para saltear las setas. Envasamos cada pieza de carne salpimentada, respetando la forma natural pero apretándola para que al cocerla quede lo máximo de compactada. Añadimos a cada bolsa de cocción 50 ml de jugo de cabrito, una hojita de romero y una de tomillo. Añadimos un ajo asado y envasamos las piezas a 9 atmósferas. Escaldamos cada bolsa en agua hirviendo durante 3 segundos con el fin de retractilar la bolsa. Enfriamos con agua fría. Colocamos las bolsas en un baño de agua a 63 °C. Mantenemos esa temperatura durante 24 horas; pasado este tiempo, cortamos la cocción con agua helada y reservamos las bolsas secas en la cámara.

1 manzana golden | 40 g de mantequilla | 10 g de azúcar | 2 dl de sidra natural

PARA LAS MANZANAS A LA SIDRA Cortamos la parte inferior y superior de la manzana, sacamos el corazón con un descorazonador y colocamos en un recipiente para horno. Llenamos el centro con la mantequilla y espolvoreamos con el azúcar. Mojamos con el agua y la sidra. Cocemos a 180 °C hasta que la manzana tome color y esté hecha. Si nos pasamos de cocción, se puede deshacer demasiado. Tiene que quedar hecha pero consistente. Reservamos en la cámara con el jugo reducido de la cocción. Una vez fría, quitamos la piel y cortamos 4 discos de 1 a 1,5 cm.

(cantidad mínima a elaborar)
3 manzanas golden | 2,5 dl de agua mineral | 1 dl de sidra natural | 1,2 ml de agar-agar | 80 ml de agua mineral | 1½ hojas de gelatina neutra (3 g) | sal

PARA EL ESPUMOSO DE MANZANA GOLDEN Preparamos las manzanas como en la elaboración de la manzana a la sidra. Mojamos con la sidra y el agua y cocemos unos minutos a 170 °C; tiene que quedar bastante jugo y las manzanas ligeramente crudas del centro. Retiramos las pieles en caliente y trituramos el jugo rectificado y la pulpa de las manzanas con la Thermomix. Mojamos el agar con los 80 ml de agua y cocemos 5 minutos a fuego moderado. Dejamos enfriar la mezcla hasta 40 °C y añadimos la gelatina remojada. Agregamos el jugo de agar y gelatina a la compota de manzana, llenamos un sifón de ½ litro, colocamos una carga y dejamos cuajar un mínimo de 2 horas.

100 g de setas frescas: perrechicos, mucosas, colmenillas, hongos (la variedad más fresca y buena que encontremos) | el resto de aceite de ajo sobrante de elaborar el cabrito

PARA LAS SETAS Pulimos las setas y las limpiamos con un cepillo o paño húmedo, utilizando el mínimo de agua posible. Salteamos brevemente (dependiendo de cada seta) con el aceite de ajos.

flores de salvia o romero | escamas de sal

MONTAJE Colocamos las bolsas en un baño maría a 63 °C durante 5 minutos. Las abrimos y pasamos el jugo por un colador fino. Marcamos las piezas en una sartén espolvoreadas con manteca de cacao crionizada o aceite de oliva. En un recipiente para horno colocamos las 4 piezas, las láminas de manzana, la seta, el jugo y una nuez de mantequilla. Cocemos a horno medio hasta que la pieza llegue a los 63 °C de temperatura en el corazón del producto. Si la salsa queda un poco clara, sacamos la pieza y la mantenemos en un lugar cálido. Reducimos la salsa a textura untuosa a fuego vivo. Si la temperatura interior de la pieza supera los 63 °C, podemos perder las virtudes de la cocción a baja temperatura. Disponemos una lámina de manzana en el plato y encima la pieza de cabrito. Colocamos las setas y salseamos el conjunto. Al lado del cabrito añadimos una porción de espumoso de manzana. Acabamos con las flores de aromáticas y unas escamas de sal. Si queremos, podemos dar un toque aromático con un aceite macerado.

PECHUGA DE PATO AZULÓN
CON PEQUEÑAS HOJAS DE ESPINACA, CREMA ESPUMOSA DE PATATA
Y DIVERSOS SABORES DE ALMENDRAS CRUDAS Y TOSTADAS

—

2 almendras crudas y 2 tostadas, ralladas con un
Microplane fino | escamas de sal Maldon

MONTAJE Colocamos una buena cucharada de salteado de
almendra y cebolleta en el centro del plato. Cortamos las
pechugas y las colocamos bien glaseadas encima del
salteado. Ponemos las hojas de espinacas aliñadas y
2 lágrimas de crema espumosa de almendras. Añadimos las
setas y las virutas de almendras. Salseamos con un poco de
jugo y un hilo de aceite macerado de almendras. Acabamos
el plato con unas escamas de sal Maldon, procurando que
todas las hojas de espinaca queden espolvoreadas con
algunas escamas.

4 pechugas de pato azulón | 4 c/s de aceite de oliva royal | sal y pimienta negra recién molida | jugo de pato azulón | 1 nuez de mantequilla (si fuera necesaria)

TRABAJO CON LAS PECHUGAS DE AZULÓN Aliñamos las pechugas con sal, pimienta y aceite, y las marcamos en una sartén caliente con el fin de sellar de manera homogénea las carnes. Primero asamos la piel durante 1 minuto y unos 30 segundos la carne. Colocamos las pechugas en una fuente y tostamos la piel durante 1 minuto en la salamandra. Reservamos en un lugar cálido a unos 45 °C de 5 a 6 minutos. Justo antes de servir, marcamos de nuevo la piel en una sartén para asegurar un bonito tono dorado y añadimos el jugo de pato. Glaseamos rápidamente durante 1 minuto añadiendo la mantequilla si el jugo no es lo suficientemente denso y servimos de inmediato.

—

1 kg de huesos o carcasas de pato azulón y aves de caza | 1 zanahoria | 2 cebolletas | 1 blanco de puerro | 1 ramita de apio | 1 diente de ajo | 1 dl de vino de Oporto | 1 dl de coñac o brandi | 3 litros de agua | 80 g de mantequilla

PARA EL JUGO DE PATO AZULÓN Asamos los huesos y carcasas al horno hasta que estén bien tostados. Cortamos las verduras bien limpias y pulidas en *mirepoix*. Cuando los huesos tomen un bonito color, añadimos los verduras y dejamos cocer hasta que todo el conjunto quede bien asado. Desglasamos en la misma fuente con los licores y lo ponemos todo en una cazuela. Mojamos con el agua y dejamos cocer a fuego moderado durante 3 o 4 horas. Pasamos por un colador fino y reducimos el jugo con la mantequilla hasta que tenga una textura untuosa.

—

2 ajos tiernos | 2 puerros jóvenes | 2 cebolletas medianas | 30 g de hongos picados | 40 g de almendras tiernas | 2 g de romero en polvo | 2 c/s de armañac de calidad | 1 nuez de mantequilla | unas gotas de aceite de almendras tostadas | sal

PARA EL SALTEADO DE ALMENDRA Y CEBOLLETA Picamos las verduras y las rehogamos con la mantequilla. Cuando estén tiernas y empiecen a tomar color, añadimos los hongos y las almendras picadas. Salteamos un par de minutos más y añadimos el romero y el armañac. Reducimos el licor, corregimos el punto de sal y aliñamos con el aceite de almendras.

—

160 g de patata del bufet | 50 ml de nata fresca | 100 g de almendras tiernas | 2 dl de leche | unas gotas de aceite de almendras tostadas | sal y pimienta blanca | 1 g de lecitina de soja en polvo

PARA LA CREMA DE PATATA Y ALMENDRA En la víspera de la elaboración del plato, trituramos con el túrmix la leche mezclada con las almendras. Dejamos macerar toda la noche. Cocinamos las patatas aliñadas al horno cubiertas con papel de aluminio hasta que estén hechas. Colamos la leche de almendras con un colador fino. Damos un hervor a las patatas con la leche de almendras y la nata fresca. Trituramos bien fina la crema de almendras y reservamos. En el momento de servir, entibiamos la crema y la trabajamos ligeramente con el túrmix y la lecitina.

—

8 hongos frescos pequeños | 8 rebozuelos pequeños | sal | aceite de oliva picual | unas gotas de aceite de almendras tostadas

PARA LOS HONGOS Y REBOZUELOS Limpiamos las setas, raspando los pies y limpiando con un paño húmedo los sombreros. En el momento de servir, los salteamos ligeramente, partidos por la mitad y aliñados con sal y el aceite de oliva. Cuando tomen color, horneamos un par de minutos a 130 °C, aliñados con el aceite de almendras.

—

hojas jóvenes de espinacas | gotas de vinagre balsámico | aceite de oliva picual | 1 c/c de jugo de pato azulón

PARA LAS HOJAS DE ESPINACAS Limpiamos las hojas de espinacas sumergiéndolas unos minutos en agua helada y unas gotas de lejía. Las escurrimos bien y enjuagamos de nuevo con agua fría para eliminar el desinfectante. Mezclamos el aceite, el jugo y las gotas de balsámico. En el momento de servir, aliñamos las hojas procurando que queden bien impregnadas pero no empapadas. No añadimos sal a la vinagreta porque ponemos escamas de sal en el momento de terminar el plato.

—

2 almendras crudas | 2 almendras tostadas | 40 ml de aceite de almendras tostadas | 20 ml de aceite de arbequina | sal | perejil picado

PARA EL ACEITE DE ALMENDRAS Picamos las almendras finamente con el cuchillo. Mezclamos con los aceites y el perejil picado. Salamos y reservamos de un día para otro.

—

FILETE DE JABALÍ CON FRUTOS Y FRUTAS SECAS,
CEBOLLITAS A LA VAINILLA Y UNA CREMA SUAVE DE ZANAHORIA CON COCO

800 g de filete de jabalí | aceite de oliva royal o picual | sal y pimienta

TRABAJO CON EL FILETE DE JABALÍ Pulimos perfectamente el filete y cortamos 8 trozos de 100 g. Salpimentamos y envasamos por raciones de 2 cortes con un poco de aceite de oliva. Unos 5 minutos antes de servir, introducimos las bolsas en un baño de agua caliente a 55 °C. Lo mantenemos unos 8 minutos con el fin de atemperar la carne. Justo en el momento de servir, abrimos las bolsas y secamos las carnes de los jugos y aceites de la precocción. Aliñamos con aceite nuevo y asamos en una sartén a fuego fuerte para conseguir un asado rápido de unos 20-30 segundos. Emplatamos rápidamente.

1 coco | 2 zanahorias grandes | 5 dl de agua | 100 g de mantequilla | sal y pimienta blanca

PARA LA CREMA DE ZANAHORIA CON COCO Pelamos las zanahorias y las cortamos en láminas muy finas. Las escaldamos en agua salada durante 3-4 min. Reservamos 80 ml del agua de cocción de las zanahorias. Abrimos el coco y reservamos el agua. Picamos unos 30 g de carne de coco (solo la parte blanca). Rehogamos la zanahoria escaldada con la mantequilla a fuego medio. A los 2 minutos añadimos el coco y cocemos 2 minutos más. Incorporamos el jugo de cocción y el agua de coco y prolongamos la cocción 2 minutos más. Rectificamos y trituramos con un túrmix hasta obtener un puré fino.

1 dl de aceite de oliva royal o picual | 50 g de higo seco en dados | 50 g de albaricoque seco en dados (podemos utilizar el de la cocción del jugo) | 80 g de mango fresco en dados de 0,5 cm | 80 g de manzana golden en dados de 0,5 cm | 20 g de nueces picadas | 20 g de almendra blanca picada | una pizca de canela picada | sal y pimienta blanca

PARA EL RAGÚ DE FRUTOS SECOS Juntamos todos los frutos picados y envasamos al vacío junto con aceite a 9 atmósferas de presión. Cocemos en un baño de agua caliente a 70 °C durante 45 min. Enfriamos con agua helada una vez terminada la cocción. Antes de servir, salteamos con un poco de mantequilla para terminar la cocción, procurando que el salteado quede jugoso.

4 dl de jugo de caza mayor | 1 litro de jugo de carne | 100 g de orejones de albaricoque | 60 g de escalonias | 20 g de azúcar moreno | 100 g de mantequilla | 1 g de vaina de vainilla (un trocito) | sal

PARA EL JUGO DE CEBOLLITAS CON VAINILLA Y OREJONES Picamos las escalonias finas y las rehogamos con la mitad de la mantequilla. Cuando estén tiernas y empiecen a tomar color, añadimos el azúcar y dejamos que se integre bien. Agregamos los orejones y la vainilla. Añadimos los jugos y cocemos un par de horas a fuego muy suave. Colamos el jugo y lo acabamos de reducir con la mantequilla hasta que la salsa esté bien untuosa.

MONTAJE Hacemos un trazo con la crema de zanahoria. Centramos 1 cucharada de ragú de frutas y encima ponemos el filete acabado de asar. Salseamos con el jugo de caza y orejones. Finalizamos el plato con unas escamas de sal Maldon.

TÉCNICAS DE VANGUARDIA
aplicadas con lógica a grandes banquetes

Los banquetes son, para muchos cocineros, un quebradero de cabeza. Realizar un menú sofisticado es complejo, y no es solo cuestión de buena voluntad. Ante todo debemos ser muy realistas y tener presente que la calidad de las cocciones, las temperaturas y la rapidez del servicio son primordiales. De bien poco sirve plantear un menú complejo y con productos de gran calidad si, al llegar a la mesa, los comensales lo encuentran pasado, frío o han esperado una eternidad para degustar los platos.

Solemos pensar que los banquetes son celebraciones no enfocadas directamente a la calidad del menú. Muchos creen que lo importante es la firma de un contrato o que el día de una boda no llueva, pero eso es tan solo una excusa para no esforzarse más o romperse un poco la cabeza pensando en qué podemos hacer que esté muy bien y sea factible.

En este tipo de celebraciones hay infinidad de puntos importantes a tener en cuenta. Casi todos son negativos, pues los comparamos al servicio de carta o degustación que, al ser a pequeña escala, ofrecen muchas más posibilidades.

Organizar el menú de un banquete se centra en solucionar problemas e intentar ofrecer lo mejor y más sofisticado, que a su vez sea factible y coherente.

En el restaurante, todos los platos servidos en banquetes han pasado por nuestra carta o menú degustación. Trabajarlos a pequeña escala sirve para coger práctica y evaluar si son adecuados para pequeños grupos o grandes fiestas.

El primer problema que se plantea al hacer un menú de este tipo es la escasa cantidad de productos que gustan a todo el mundo. Esto hace que nos centremos en cuatro carnes y pescados. Y es la razón de que el cabrito o el filete sean platos clásicos en banquetes y la sorpresa de los comensales normalmente sea nula, sea cual sea la elaboración de estos dos buenos productos.

Alargar un poco el menú puede disminuir el miedo a que los productos o elaboraciones no gusten a todos, pues es lógico que, si solo damos dos platos y uno no gusta, se genere una pequeña crisis. Al añadir una entrada, por ejemplo, podemos jugar con muchos conceptos y materias primas. Las carnes y pescados seguramente serán los mismos pero pueden mejorarse utilizando nuevas técnicas, conceptos y productos.

En el transcurrir de este libro, hemos abordado algunas técnicas de vanguardia que se han fusionado en nuestra cocina; seguir sus caminos permite aplicar nuevas soluciones a infinidad de problemas en los menús a gran escala.

Los aires, por ejemplo, son elaboraciones que en grandes cantidades mejoran su resultado, por lo que son ocasiones ideales para aplicar esta técnica.

La cocina al vacío es seguramente la técnica que más problemas soluciona y la más extendida en todas las cocinas, pues se puede realizar con antelación con grandes resultados. Facilita la *mise en place* y ofrece garantías en cocciones y calidad de sabor. Esta técnica aplicada a banquetes se aplica normalmente en carnes, pero en nuestro trabajo nos está ayudando enormemente con los pescados, salsas, aceites y guarniciones.

Nuevos productos, como la manteca de cacao crionizada, facilitan y mejoran la calidad de marcados en carnes, pescados y verduras, aportando mayor dorado en la superficie de los productos en un tiempo más corto y sellándolos para que no pierdan jugos. Gracias a ella, conseguimos un bonito tono dorado con el producto casi crudo y, al regenerarlo, la calidad en la cocción es mucho mayor.

En estos tres ejemplos encontramos primero la introducción de una técnica de vanguardia a los platos de banquetes, con el segundo, mejoras en la *mise en place*, cocción y elaboración de los productos y guarniciones, y con el tercero, la aplicación de nuevos productos que ofrecen mejores o nuevos resultados.

Cada cocinero tendría que plantearse cuáles de las nuevas técnicas, productos o maquinarias pueden «solucionarle problemas» en la confección de menús para grupos, o qué elaboraciones o conceptos vanguardistas puede aplicar a estos menús de manera factible. Las dos recetas siguientes nacieron de nuestra cocina de concepto en la carta. Tienen en común tanto el producto como la técnica y, al servirlas en banquetes, solucionan varios problemas básicos y aportan buena presentación, creatividad, sencillez y calidad de la cocción.

Los encamisados son una técnica sencilla que utilizamos en pescados más apreciados por su textura que por su potencia de sabor. Esta camisa nos ayuda a añadir un sabor al pescado y garantiza que el comensal encuentre ese sabor en cada bocado.

Esta reflexión nació de la carta, pero en banquetes tiene un peso mucho mayor. La lógica nos indica que las temperaturas superiores a 110-120 °C son agresivas para pescados y que la temperatura en el corazón del producto no debe superar los 65 °C. En banquetes, trabajar a estas temperaturas puede dar lugar a que el comensal encuentre el pescado frío, pues las distancias recorridas por los camareros y el tiempo de montaje de los platos son mayores que en el servicio a pequeña escala. La camisa nos ayuda a mantener estas temperaturas óptimas de cocción y nos garantiza que estos pescados estén calientes en el momento de degustarlos.

Otro punto positivo de estas camisas es que aportan una guarnición al plato y no necesitamos de mucho más para un buen acabado. Tendremos un plato más sencillo y rápido de emplatar con el que ganamos tiempo sin perder temperatura.

En la modernización de los menús para banquetes, lo más importante es un planteamiento óptimo y una organización perfecta para aplicar técnicas y conceptos que diversifiquen estos menús hasta ahora repetitivos y tener muy claro en cada ocasión qué podemos hacer con garantías de éxito.

LOMO DE RAPE CON CAMISA DE OLIVAS NEGRAS
Y MOSTAZA DE GRANO AL ACEITE DE OLIVA «VERSIÓN 2004»

300 g de aceitunas negras griegas de Kalamata | 60 g de semillas de mostaza | perejil picado

PARA LA CAMISA DE OLIVAS NEGRAS Laminamos finamente las aceitunas y las secamos en el horno a 70 °C de 8 a 10 horas. Una vez secas, las picamos muy finamente con la ayuda de un cuchillo afilado. Tostamos las semillas de mostaza en el horno a 180 °C y las picamos ligeramente en un molinillo de café. En una superficie plana, espolvoreamos las aceitunas negras, las semillas de mostaza y el perejil picado.

1 lomo de rape de 1 kg aproximadamente | 1 clara de huevo | 1 cucharada de crema de ajos | la camisa de aceitunas y mostaza | sal y pimienta blanca | 40 g de manteca de cacao crionizada

TRABAJO CON EL LOMO DE RAPE Limpiamos y pulimos perfectamente el lomo de rape. Lo espolvoreamos mediante un colador pequeño con la manteca de cacao. Asamos el lomo en una superficie antiadherente bien caliente por espacio de 1,5 a 2 minutos, el tiempo justo para que tome buen color sin cocerse demasiado. Ponemos el lomo en una tabla de corte y dejamos que se enfríe. Trabajamos la clara de huevo con un poco de sal, pimienta y la crema de ajo. Pincelamos el lomo con esta mezcla y lo pasamos por la camisa de aceitunas negras procurando que la camisa quede homogénea por toda la pieza. Colocamos el lomo en el horno precalentado a 120 °C y lo cocemos hasta que el centro del lomo alcance los 65 °C. Cortamos el lomo en 4 raciones y servimos de inmediato.

3 patatas medianas | 2 c/s de aceite de oliva picual | sal y pimienta blanca | perejil picado

PARA LA PATATA AL ACEITE DE OLIVA Limpiamos bien las patatas con agua y un cepillo. Las colocamos encima de una lámina de papel de aluminio. Las aliñamos con sal, pimienta y aceite y cerramos el papel formando un encerrado. Cocemos al horno a 180 °C hasta que las patatas estén tiernas, las pelamos y reservamos 80-90 g para la crema. Colocamos el resto de patatas en un plato sopero y las aliñamos junto los demás ingredientes. Trabajamos con un tenedor. Calentamos en la salamandra y colocamos en el plato con ayuda de un aro de acero de 2,5 cm.

80-90 g de patata cocida | 1,2 dl de leche entera | 30 g de mantequilla | sal y pimienta blanca

PARA LA CREMA DE PATATA HORNEADA Hervimos la leche y añadimos el resto de ingredientes. Trabajamos con la ayuda de un túrmix hasta obtener una crema fina. Rectificamos el punto de sal.

150 g de hojas de perejil | 2 dl de agua mineral | 30 g de raíz de mandioca (Micri) | sal

PARA LA CREMA DE PEREJIL Ponemos a cocer el agua con la sal. Escaldamos las hojas de perejil limpias, las enfriamos en agua helada y reservamos 1 dl de agua de su cocción. Licuamos las hojas 2 veces. Trabajamos el agua de cocción con la raíz de mandioca. Reducimos el jugo de cocción en una sartén antiadherente. Cuando tome consistencia, añadimos el licuado y reducimos muy rápido. Pasamos la crema por un colador fino y la introducimos en el congelador para que no pierda color.

40 ml de aceite de oliva royal | 60 ml de aceite de almendras tostadas | 10 avellanas tostadas | perejil picado, sal

PARA EL ACEITE DE FRUTOS SECOS Mezclamos los aceites y les añadimos las avellanas y el perejil bien picado. Aliñamos con sal y reservamos.

gotas de crema de ajos asados *Véase anexo* | gotas de praliné salado de almendras *Véase anexo*

MONTAJE Hacemos unos trazos circulares con la crema de patata asada. En el centro del plato colocamos la patata al aceite con la ayuda del aro de acero. Encima de la patata, colocamos un taco de rape con camisa de olivas. Ponemos unas gotas de crema de ajos, de crema de perejil y de praliné de almendra, que nos darán el sabor de la picada. Acabamos el plato con un hilo de aceite de frutos secos.

RAPE EN CAMISA SECA DE ROMESCO
CON PICADA Y SOFRITO EN DOS COCCIONES «VERSIÓN 2004»

10 avellanas peladas | 6 almendras de calidad con piel | 20 g de láminas de pan de 1,5 mm de grosor | 1 c/c de vinagre balsámico | 1 tomate seco de calidad | una pizca de ñora en polvo | perejil picado fino

PARA LA CAMISA DE ROMESCO Mojamos las láminas de pan con el vinagre y las tostamos al horno hasta que todo quede bien seco. Cortamos los frutos y tomates secos bien pequeños con la ayuda de un cuchillo. Una vez frío el pan, lo picamos también bien fino. Juntamos todos los ingredientes en un bol y los reservamos.

—

1 lomo de rape de 1 kg | la camisa de romesco | 1 clara de huevo | 1 c/c de crema de ajos asados *Véase anexo* | sal y pimienta blanca

TRABAJO CON EL RAPE Marcamos el lomo de rape en una sartén bien caliente hasta que tome color. Esta operación tiene que ser rápida para no cocer el interior del pescado (unos 2 minutos). Colocamos el pescado en una tabla de corte y dejamos que temple. Trabajamos la clara de huevo con la crema de ajos y, con un pincel, damos una suave capa encima del rape. Aliñamos el pescado y espolvoreamos con la camisa de romesco. Untamos una fuente de horno con unas gotas de aceite y colocamos el pescado. Cocemos en el horno precalentado a 120 °C hasta que el centro del pescado alcance los 65 °C. Sacamos del horno y cortamos el lomo en 4 raciones. Servimos de inmediato.

—

50 g por ración (80 % de sofrito natural y 20 % de tomate confitado)

PARA EL SOFRITO EN 2 COCCIONES

—

100 g de tomate de Monserrat en daditos (sin piel ni semillas) | 1 dl de aceite picual | 1 diente de ajo laminado fino | cebollino picado | 50 ml de aceite de arbequina | sal y pimienta blanca

PARA EL SOFRITO NATURAL En el aceite picual muy caliente asamos los ajos sin que cojan color. A los pocos segundos, añadimos los daditos de tomate y el cebollino, soasamos 1 minuto, rectificamos de sal y pimienta, colamos y enfriamos en el aceite de arbequina, donde quedará macerando hasta el emplatado.

—

100 g de tomate de Montserrat a daditos | 1 c/s de aceite picual | 1 diente de ajo picado fino | sal y pimienta blanca

PARA EL TOMATE CONFITADO Ponemos todos los ingredientes mezclados con cuidado en un molde antiadherente para pasteles y confitamos en el horno precalentado a 110 °C durante 4 horas, removiendo suavemente de vez en cuando.

—

3 avellanas peladas y tostadas | 2 almendras peladas y tostadas | 15 ml de aceite de oliva royal | 10 ml de aceite de almendras tostadas | 5 ml de aceite de avellanas tostadas | perejil picado finamente

PARA EL ACEITE DE FRUTOS SECOS Picamos los frutos finamente con un cuchillo y los mezclamos en un bol con el resto de ingredientes.

—

—

4 c/c de crema de ajos asados *Véase anexo* | 4 avellanas tostadas y peladas | 4 almendras con piel | brotes de perifollo

MONTAJE Colocamos el sofrito en el centro del plato; alrededor realizamos unos pequeños trazos con la crema de ajo. Ponemos los frutos secos partidos y los brotes de perifollo. Disponemos la pieza de rape encima del sofrito y acabamos con unas escamas de sal y un hilo de aceite de frutos secos.

PLÁTANO AL CACAO

PARA 11 RACIONES

—

85 g de harina de almendra | 75 g de clara de huevo pasteurizada | 80 g de yema de huevo pasteurizada | 85 g de azúcar | 40 g de pasta de regaliz | 30 g de harina

PARA EL BIZCOCHO DE REGALIZ Introducimos todos los ingredientes en un robot de cocina y los trituramos hasta que queden finos y bien integrados. Pasamos la mezcla por un colador y la vertemos en un sifón. Incorporamos 2 cargas de gas y agitamos bien. Seguidamente, hacemos 3 cortes pequeños en la parte inferior de unos vasos de plástico de buena calidad y los llenamos con la mezcla hasta la mitad más o menos. Finalmente cocemos los bizcochos en el microondas a 600 W durante 45 segundos.

NOTA: Debemos dejar que se enfríe bien el bizcocho para poder cortarlo. Una vez frío, con un cuchillo y con los dedos, sin aplicar mucha presión, partimos el bizcocho en trozos irregulares intentando que se asemejen a una esponja.

—

180 g de clara de huevo pasteurizada | 50 g de azúcar | 85 g de mantequilla pomada | 180 g de cobertura de chocolate | 180 g de yema de huevo pasteurizada | 180 g de grué de cacao

PARA EL BROWNIE DE CHOCOLATE Batimos las claras con el azúcar hasta obtener un merengue. Mientras tanto, calentamos el chocolate a entre 28 y 32 ºC. Seguidamente, mezclamos la mantequilla pomada con las yemas y le incorporamos el chocolate con la ayuda de una espátula, realizando movimientos envolventes. Agregamos el merengue poco a poco a la mezcla de chocolate, intentando no perder aire para que el volumen de la mezcla no disminuya. Finalmente agregamos el grué de cacao, vertemos la masa en un molde antiadherente, formando una capa de 1 cm de altura, y horneamos el brownie a 170 ºC durante 15 minurtos.

NOTA: Al ser un bizcocho sin harina debe cortarse congelado; así podremos hacer un corte limpio sin que se desmigue.

—

30 ml de nata | 30 g de azúcar | 30 ml de yema de huevo pasteurizada | 2,25 dl de leche | 200 g de chocolate

PARA EL CREMOSO DE CHOCOLATE Calentamos la leche y la nata hasta que alcancen los 90 °C. Mientras tanto, mezclamos la yema y el azúcar. Una vez que la leche y la nata estén a 90 °C, vertemos una cuarta parte sobre la mezcla de yemas y removemos rápidamente para que coja temperatura poco a poco y no se nos cuaje la yema. Seguidamente incorporamos la mezcla de yemas a la leche restante y ponemos la preparación al fuego para llevarla a los 82 °C. Es importante remover con una espátula durante todo el proceso para evitar que la mezcla se pegue al fondo y se nos cuajen las yemas.

Agregamos la cobertura de chocolate en caliente y mezclamos hasta que quede todo bien integrado. Introducimos la crema obtenida en una manga pastelera y la dejamos enfriar en la nevera.

—

2,25 dl de leche | 30 ml de nata | 30 g de azúcar | 30 ml de yema de huevo | 4 plátanos | 100 g de azúcar | 30 g de procrema Sosa

PARA EL HELADO DE PLÁTANO CARAMELIZADO Primero preparamos la crema inglesa: calentamos la leche y la nata hasta que alcancen los 90 °C. Mientras tanto, mezclamos la yema y el azúcar. Una vez que la leche y la nata estén a 90 °C, vertemos una cuarta parte en la mezcla de yema, removiendo rápidamente para que la yema empiece a coger temperatura poco a poco sin que cuaje. Seguidamente agregamos la yema a la leche con la nata restante y ponemos la crema obtenida al fuego para calentarla a 82 °C. Es importante remover con una espátula sin parar para evitar que la crema se pegue al fondo y la yema se cuaje.

Una vez alcance los 82 °C, retiramos la crema del fuego y ponemos el cazo en un recipiente con agua y hielo para enfriarla lo más rápido posible.

Aparte, pelamos los plátanos y los abrimos por la mitad. En una fuente de horno, los espolvoreamos con los 100 g de azúcar y los horneamos a 180 °C el tiempo que sea necesario para que queden bien caramelizados. Esta operación también podemos hacerla en una sartén, caramelizando el azúcar y añadiendo una pizca de mantequilla y los plátanos cortados en rodajas. Con la ayuda de un robot de cocina, trituramos la crema inglesa y los plátanos caramelizados hasta que quede bien fino. Es importante que los ingredientes estén fríos. Una vez triturados, incorporamos la procrema y mantecamos la preparación en la heladera hasta conseguir la textura de helado.

—

50 g de harina de almendra | 50 g de harina | 50 g de mantequilla pomada | 50 g de azúcar moreno | 10 g de especias en polvo (clavo, cardamomo, canela, pimienta, anís estrellado)

PARA EL STREUSEL DE ESPECIAS Mezclamos la harina de almendra y la harina en un recipiente. A continuación mezclamos la mantequilla pomada con el azúcar y las especias. Una vez estén bien integradas, agregamos la mantequilla a la mezcla de harinas y amasamos hasta obtener una masa homogénea.

Estiramos la masa en una placa de horno hasta que tenga un grosor de 5 mm aproximadamente, y la metemos en el horno a 160 C° durante unos 15 minutos. Una vez horneado y frío, rompemos el streusel con las manos para darle una textura parecida a la de la tierra.

2 dl de almíbar (100 g de azúcar y 100 g de agua) | 1 dl de zumo de lima | 50 g de jengibre fresco picado | 4 hojas de gelatina

PARA LA GELATINA DE JENGIBRE En primer lugar, ponemos a hidratar las hojas de gelatina en agua fría. Seguidamente calentamos el almíbar, le incorporamos el jengibre y lo dejamos infusionar durante 1 hora. Pasado este tiempo, disolvemos las hojas de gelatina en la mezcla y, por último, agregamos el zumo de lima. Colamos el líquido y lo vertemos en un recipiente. Lo dejamos reposar en la nevera sin moverlo durante 3 horas. Finalmente cortamos la gelatina en dados no muy grandes.

MONTAJE Colocamos en el fondo de platos hondos 2 pequeñas cucharadas de cremoso de chocolate y 1 cucharada de streusel de especias. Encima, ponemos 3 pedazos regulares de bizcocho de regaliz y de brownie de chocolate. Terminamos el plato con una buena porción de helado de plátano caramelizado y unos dados de gelatina de jengibre.

APLICACIÓN DE LA BAJA TEMPERATURA EN LA *MISE EN PLACE*

Fideos de patata y hongos

Hinojo fresco

Es evidente que el buen funcionamiento del servicio en un restaurante depende en gran medida de las elaboraciones previas y de una correcta *mise en place*. Elegir qué preparaciones deben elaborarse en el momento y cuáles pueden realizarse con un poco de antelación es una tarea a veces difícil de llevar a cabo. Muchas elaboraciones se preparan de un día para otro y algunas se utilizan durante tres o cuatro jornadas consecutivas.

El vacío nos permite conservar estos productos en atmósferas protegidas dando un grado de seguridad e higiene que antes era muy difícil de conseguir. El vacío no tiene que entenderse como un sistema para alargar la corta vida de estas preparaciones, sino que debe considerarse como una mejora en la calidad de su conservación. En el tipo de cocina actual, las guarniciones clásicas se han sustituido por salsas, cremas e infinidad de elaboraciones simples o complejas que pueden ser conservadas y racionadas en una atmósfera de vacío, ya sea en bolsas, tarros o cualquier recipiente adecuado para este uso. La cocina al vacío no es tan solo una técnica, es todo un mundo que aporta higiene, precisión y orden al arte culinario.

Hasta ahora, la técnica del vacío era para muchos un simple método de conservación que algunos cocineros utilizaban para guisar determinadas carnes y pescados. Con el tiempo, comprobaremos que la cocina al vacío supone un antes y un después en la gastronomía.

Este camino nos ofrece una gran diversidad de rutas a seguir. Uno de los puntos más lógicos que impulsa esta cocina es la sutileza de su resultado. Podemos conseguir platos en los que el producto sufre una agresión mínima y, si a esta premisa le sumamos un gran producto base y una técnica precisa, el resultado son elaboraciones de sabor complejo pero delicado, aromas naturales y sutiles que pueden transmitir un mensaje más elegante.

Muchos cocineros intentan transmitir esa sutileza en sus creaciones y los resultados conseguidos pueden ajustarse perfectamente a ese estilo delicado y complejo de cocina.

Aún queda mucho por descubrir de este nuevo método que nos ofrece una gran variedad de sistemas y técnicas para lograr un amplio abanico de resultados.

Como en todas las disciplinas que podemos aplicar en cocina, tenemos que basarnos en nuestra propia práctica y tener muy claro qué resultados podemos obtener. El conocimiento debe ser amplio, pues cada producto o elaboración, dependiendo del efecto que queramos obtener, necesitará no solo información al respecto, sino también una comprensión profunda del porqué, según las cocciones, las temperaturas y el tiempo, nos dan un resultado u otro.

Nos gusta remarcar que no hay que abusar de ninguna técnica o concepto. La del vacío es una opción más; utilizarla o no depende de si nuestro trabajo mejora con ella. Podemos hacer un rabo de buey tradicional, con su cocción prolongada, su macerado en vino, sus verduras rehogadas y su jugo de carne, y también lo podemos realizar al vacío con grandes resultados. La teoría muestra que el vacío respeta más las gelatinas y no agrede tanto el producto. Pero lo realmente importante es que cada cocinero sepa hacer el rabo de buey tradicional y el cocinado al vacío. De esta experiencia nacerá la decisión de utilizar una técnica u otra, pues lo más importante es la búsqueda del mejor resultado final.

En este libro podemos encontrar una buena cantidad de pequeñas elaboraciones al vacío; todas se pueden realizar de un modo tradicional y, lógicamente, otras tradicionales se podrían cocinar al vacío. Pero cada elaboración está pensada y razonada, la utilización que hacemos del vacío no es jamás irreflexiva o arbitraria. Aceites aromatizados, vegetales precocidos en jugos perfumados, ragú de frutas aromatizado con aceites esenciales, cremas con olores muy sutiles y bien fijados, jugos o caldos donde apreciemos fragancias que antes era imposible resaltar, chocolates aromatizados, almíbares, infusiones... en todas las recetas de este libro encontramos una gran variedad de estas aplicaciones y los resultados serían casi inalcanzables sin la cocina al vacío.

Los factores temperatura y presión crean un efecto ósmosis que puede ayudar enormemente a introducir un sabor o aroma a un producto base y propicia una cocción más delicada en la que podemos cocer o semicocer un producto, mermando muy poco su textura y sabores naturales. Aparte de estas premisas básicas, hay muchas más a tener en cuenta, como el racionado justo, la conservación hermética, la preservación de productos sensibles a la humedad como tejas o crocantes y la posibilidad de extraer aromas que se desarrollan a temperaturas a partir de los 30 °C pero que se destruyen o modifican a más de 65-70 °C.

La cocina al vacío es toda una cultura por aprender y, lo más interesante, un camino aún por andar en muchos de sus tramos.

Apliquemos pues este conocimiento para mejorar o solucionar problemas, tengámoslo en cuenta dándole la misma importancia que otorgaríamos a otras técnicas enormemente útiles y jamás demos la espalda a una técnica que nos puede ayudar a cocinar en muchos casos de manera sutil, elegante y, sobre todo, mejor.

Caldo de pescado infusionado

Bacalao marinado

HUEVO DE CASERÍO A BAJA TEMPERATURA
CON CRUJIENTES DE IBÉRICO, YEMAS DE ESPÁRRAGOS, ESPUMOSO DE MANCHEGO Y HOJAS DE RÚCULA

4 huevos de caserío de 35 g

PARA EL HUEVO DE CASERÍO Limpiamos bien los huevos y los desinfectamos en un litro de agua con unas gotas de lejía. Cocemos al baño maría a 62,5 °C durante 45 minutos. Si son para consumir al momento, reservamos al baño maría a 55 °C.

200 g de pan tipo chapata | 60 g de jamón ibérico | 20 g de mantequilla

PARA EL CRUJIENTE IBÉRICO Cortamos el pan en dados de 2-3 mm y el jamón muy fino. En una sartén, salteamos el pan con mantequilla durante 1 minuto y añadimos el jamón. Cuando el jamón esté crujiente, acabamos de secarlo 5 minutos al horno a 100 °C. Reservamos en un recipiente hermético.

2 dl de leche | 200 g de queso manchego curado | sal

PARA LA CREMA DE MANCHEGO Calentamos la leche a 95 °C. Dejamos en infusión el queso fuera del fuego 10 minutos y trituramos con el túrmix hasta obtener una crema fina.

24 espárragos blancos muy frescos | 1 dl de aceite de oliva royal | 1 litro de agua mineral | sal

PARA LAS YEMAS DE ESPÁRRAGOS BLANCOS Pelamos los espárragos con un pelador 2 veces partiendo de la base de la yema. Cocemos en un litro de agua mineral con aceite y sal durante 15 minutos. Enfriamos los espárragos y los dejamos dentro del agua de cocción fría.

16 hojas pequeñas de rúcula salvaje | 1 dl de vinagreta simple *Véase anexo*

PARA LA ENSALADA DE RÚCULA Limpiamos las hojas de rúcula con agua y desinfectante de verduras. Aderezamos con la vinagreta en el momento de servir.

8 virutas finas de jamón ibérico | aceite de arbequina | aceite de trufa negra, *Tuber melanosporum Véase anexo* | sal Maldon

MONTAJE Calentamos los huevos a 55 °C. Los abrimos con cuidado y los reservamos en un sitio templado montados en cucharas. Cortamos los espárragos 1 cm por debajo de la yema. Reservamos los tallos para otros platos. Calentamos las yemas al baño maría con el agua de cocción. Con la crema de queso dibujamos una lágrima en el plato. Colocamos una cucharada de pan con ibérico y al lado las yemas. Disponemos el huevo encima del pan y acabamos con dos virutas de ibérico y cuatro hojas de rúcula por ración. Aliñamos con unas gotas de aceite de arbequina y de trufa y sal Maldon.

CANETÓN ASADO Y REPOSADO
CON TALLARINES DE OTOÑO A BAJA TEMPERATURA, PERFUMADOS CON PIMIENTA SERPIENTE

4 pechugas de canetón (pato joven) | 4 c/s de aceite de oliva picual | 1,5 dl de jugo de pato concentrado | sal y pimienta negra recién molida | para la cocción al vacío: 60 ml de aceite de trufa negra *Véase anexo*

TRABAJO CON EL CANETÓN Aliñamos las pechugas con sal, pimienta y aceite, y las marcamos en una sartén caliente con el fin de sellar de manera homogénea las carnes. Primero asamos la piel durante un minuto y luego unos 30 segundos las carnes. Reservamos en un lugar cálido a unos 45 °C durante 5 minutos. Justo antes de servir, marcamos de nuevo la piel en una sartén y añadimos el jugo de pato. Glaseamos rápidamente durante un par de minutos y servimos sin demora. Si en la cocción queremos añadir el aroma de la trufa a las carnes o simplemente mejorar la conservación y *mise en place* de las pechugas, podemos envasarlas al vacío con el aceite de trufa y cocinarlas dentro de un baño de agua caliente durante 6 minutos a 65 °C. Acabada la precocción, enfriamos las carnes en agua helada. En el momento de servir, dejamos las carnes a temperatura ambiente de 10 a 15 minutos y recuperamos la temperatura dentro de agua caliente a 55 °C durante 4 minutos. Marcamos de manera homogénea por todas sus caras asegurando que la carne no reciba un trato muy agresivo pero que la piel grasa quede bien tostada. Finalmente glaseamos con el jugo.

1 kg de huesos o carcasas de canetón y aves de caza | 1 zanahoria | 1 cebolla | 1 cebolleta | ½ blanco de puerro | 4 litros de agua mineral | 1 ramita de apio | 1 ajo | 1 dl de vino de Oporto | 80 g de mantequilla | 1 dl de vino reserva de calidad | 1 dl de aceite de oliva picual

PARA EL JUGO DE CANETÓN Asamos los huesos y carcasas en el horno bien caliente. Limpiamos y pelamos las verduras, y las cortamos en *mirepoix*. Cuando los huesos tomen un bonito color, añadimos las verduras y dejamos cocer hasta que todo el conjunto quede bien asado. Desglasamos en la misma fuente con los vinos y lo ponemos todo en una olla. Mojamos con el agua y dejamos cocer a fuego moderado durante 3 o 4 horas. Colamos por un colador fino y reducimos con la mantequilla hasta que tenga una textura untuosa.

1 patata grande monalisa | 80 g de hongos frescos | 1 trufa fresca de verano o de invierno de 40 g | 1 grano de pimienta serpiente | sal | 2 c/s de jugo de caneton | 80 ml de aceite de oliva royal o picual | 30 ml de aceite de trufa negra *Tuber melanosporum, Véase Anexo*

PARA LOS TALLARINES DE OTOÑO Pelamos la patata y la cortamos en láminas de 3 mm de espesor. Cortamos las láminas formando tallarines de 3 mm de espesor. Cortamos

también los hongos y la trufa en láminas finas. Juntamos las tiras de patata y hongos y las aliñamos con una pizca de pimienta serpiente rallada y con el resto de ingredientes. Envasamos el conjunto al vacío y lo cocemos dentro de un baño de agua caliente a 65 °C durante 3 horas. Antes de servir, colocamos los tallarines en una sartén y los salteamos ligeramente.

120 g de nabo negro del Berguedà | 100 g de tupinambos | 60 ml de nata fresca | 4 dl de agua mineral | 50 g de mantequilla en flor | sal y pimienta

PARA LA CREMA DE NABO Y TUPINAMBO Pelamos el tupinambo y lo cubrimos con papel de aluminio, aliñado con sal, pimienta y aceite. Lo cocemos en el horno a 170 °C hasta que esté hecho. Pelamos el nabo y lo cortamos en dados de 0,5 cm. Una vez cocido, lo juntamos con el resto de ingredientes, menos la mantequilla, en un cazo. Cocemos hasta que el nabo esté tierno y trituramos junto a la mantequilla en la Thermomix. Rectificamos el sazonamiento y el espesor si fuera necesario. Reservamos.

1 trufa pequeña fresca de verano o de invierno | 1 castaña | escamas de sal

PARA LA RALLADURA DE TRUFA Y CASTAÑAS En el momento de servir, con la ayuda de un rallador Microplane para parmesano, rallamos la castaña perfectamente pelada y la trufa con movimientos cortos y alternando los 2 frutos durante el proceso de rallado. Hacemos 4 montoncitos. Si rallamos una cantidad superior o lo hacemos con antelación, no quedará con la textura ni el volumen correctos.

aceite de trufa negra *Véase anexo* | hojitas de salvia joven

MONTAJE Colocamos una buena cucharada de crema de nabo y tupinambo formando una lágrima. En el lado fino de esta, colocamos un par de cucharadas de tallarines formando un montículo cilíndrico. Encima, colocamos la pechuga de canetón, salseando ligeramente. Acabamos el plato con las virutas de castaña y trufa, una hojita de salvia, sal Maldon y un hilo de aceite de trufa.

FILETES DE CIERVO CON RAGÚ DE FRUTAS AL TOMILLO Y FOIE ASADO,
CREMA DE MELOCOTÓN ASADO, JUGO DE GUISO, ACEITE CÍTRICO Y
HABA DE CACAO TORREFACTA

800 g de filete de ciervo | aceite de oliva suave | sal y pimienta

TRABAJO CON EL FILETE DE CIERVO Pulimos perfectamente el filete y cortamos 8 trozos de 100 g. Salpimentamos y envasamos por raciones de 2 cortes con un poco de aceite de oliva. Unos 5 minutos antes de servir, introducimos las bolsas en un baño de agua caliente a 55 °C. Lo mantenemos unos 8 minutos con el fin de atemperar la carne. Justo en el momento de servir, abrimos las bolsas y secamos las carnes de los jugos y aceites de la precocción. Aliñamos con aceite nuevo y asamos en una sartén a fuego fuerte para conseguir un asado rápido. El tiempo en sartén tiene que ser de unos 20-30 segundos. Emplatamos rápidamente.

—

3 melocotones asados | ramitas de tomillo limonero | 2 dl de agua mineral | 100 g de mantequilla en flor | sal

PARA LA CREMA DE MELOCOTÓN ASADO Juntamos todos los ingredientes, menos el tomillo, en un recipiente de horno donde queden justos. Horneamos a 180 °C hasta que los melocotones tomen color y estén bien tiernos. Añadimos el tomillo a media cocción con el fin de recoger su aroma y sabor sin que se queme. Cuando saquemos el asado de melocotones del horno, retiramos los huesos de las frutas y pasamos por la Thermomix hasta obtener una crema fina. Rectificamos y reservamos.

—

2 manzanas golden | hojas de tomillo limonero | 1 dl de aceite de oliva royal | sal y pimienta blanca

PARA LA MANZANA AL TOMILLO Pelamos la manzana y la cortamos en dados regulares de 0,5 cm. Los envasamos al vacío junto al resto de ingredientes. Introducimos la bolsa dentro de un baño de agua a 70 °C durante 45 minutos. Terminada la cocción, enfriamos en agua helada y reservamos.

—

20 g de tomillo limonero | 10 g de piel de naranja sin blanco | cebollino | 2 dl de aceite de oliva royal

PARA EL ACEITE DE TOMILLO LIMONERO Envasamos todos los ingredientes e introducimos en un baño de agua a 55 °C durante 45 minutos. Filtramos el aceite y trituramos junto a las pieles con un poco de cebollino picado.

—

3 dl de jugo caza mayor *Véase anexo* | 1 zanahoria | 2 cebolletas | 1 ajo | 1 blanco de puerro | 2 tomates maduros | una pizca de tomillo | laurel, romero, sal, 1 clavo de especia | 50 ml de coñac | 50 ml de vino de Oporto | 50 ml de aceite de oliva picual

PARA EL JUGO DE GUISO Picamos todas las verduras finas y las rehogamos en un poco de aceite empezando por el ajo. Cuando las verduras tomen color, añadimos las aromáticas. Reducimos en la misma sartén el coñac y el oporto. Dejamos enfriar y mojamos con el jugo de caza mayor. Envasamos todo y mantenemos en un baño caliente a 70 °C durante 8 horas. Es importante que el jugo de caza sea muy denso, pues, si al servir tenemos que reducir la salsa al fuego, podemos perder muchos aromas obtenidos a partir de la cocción a baja temperatura.

—

4 tacos de foie de 40-50 g | aceite de oliva picual | sal y pimienta blanca

PARA LOS TACOS DE FOIE Asamos el foie aliñado en una sartén a temperatura alta durante no más de 1 minuto. Colocamos los tacos de foie al horno a 130 °C hasta que el centro de las piezas alcance los 45 °C de temperatura. Emplatamos rápidamente.

—

3 habas de cacao torrefactas, peladas y picadas finamente | sal Maldon

MONTAJE En el plato, dibujamos un trazo de crema de melocotón. Colocamos el ragú de manzana que habremos salteado ligeramente. Encima colocamos los filetes de ciervo y al lado el taco de foie.
Espolvoreamos dos puntos con una pizca de cacao torrefacto, y aliñamos con el jugo reducido a buena textura. Acabamos con escamas de sal Maldon y unas gotas de aceite de tomillo.

COSTILLAS DE CORDERO LECHAL CON RAGÚ DE PATATA,
CREMA DE BERENJENAS ASADAS Y VERDURAS CON EL SABOR
DE LAS BRASAS

1 costillar de cordero | jugo de cordero | 1 nuez de mantequilla en flor | aceite de oliva picual | sal

PARA LAS COSTILLAS DE CORDERO Pulimos perfectamente la pieza retirando la membrana que cubre las costillas y la grasa sobrante. Aliñamos la pieza de manera homogénea. Colocamos en una brasa a una altura baja y soasamos por todas sus caras rápidamente. Cuando toda la pieza tome color, la introducimos en el horno precalentado a 150 °C de 8 a 9 minutos según el tamaño de las piezas. La temperatura en el corazón de las carnes tiene que estar entre los 55-60 °C. Antes de servir, dejamos reposar de 10 a 15 minutos en un lugar cálido a 45-50 °C. Mientras tanto, reducimos el jugo en una sartén con la mantequilla. En el momento de emplatar, colocamos la pieza en su jugo para ganar temperatura y para que quede bien glaseada. Cortamos la pieza en segmentos de 2 costillas, reservamos el jugo para emplatar y servimos sin demora.

—

1 kg de recortes de cordero | 1 zanahoria | 1 cebolla | 2 cebolletas | 1 ramita de apio | 3 ajos | 1 blanco de puerro | 2 dl de vino de Oporto | 10 ml de coñac | sal y pimienta negra recién molida | 5 litros de agua mineral

PARA EL JUGO CONCENTRADO Asamos los recortes de cordero al horno. Limpiamos y cortamos las verduras en *mirepoix*. Rehogamos las verduras en una sartén con un poco de aceite y dejamos que tomen un bonito color dorado. Cuando las carnes estén bien asadas, añadimos las verduras y reducimos en la misma fuente los licores. Pasamos el conjunto a una olla y mojamos con el agua. Cocemos a fuego moderado de 2 a 3 horas, añadiendo agua si fuera necesario. Pasamos por un colador fino y reservamos.

—

200 g de patata del bufet o de alta montaña, pelada | 30 g de zanahoria pelada | 40 g de cebolleta | 1 tomate maduro | 1 ajo | una pizca de hierbas provenzales | una pizca de tomillo y romero en polvo | 50 ml de coñac | 50 ml de jugo de cordero | 40 ml de aceite de oliva royal | 1 dl de caldo de gallina *Véase anexo*

PARA EL RAGÚ DE PATATA Escaldamos el tomate en agua hirviendo y retiramos la carne exterior. La picamos a daditos finos. Pelamos y limpiamos el resto de verduras, menos las patatas, y las picamos también bien finas. Las rehogamos en una sartén hasta que tomen color. Cortamos las patatas en daditos de 0,5 cm y las añadimos a las verduras y a las aromáticas. Reducimos a fuego fuerte los licores y mojamos con el caldo de gallina. Cocemos hasta secar este caldo y retiramos del fuego. Introducimos el ragú en una bolsa retráctil de cocción con el jugo de cordero. Envasamos a

9 atmósferas de presión y cocemos dentro de un baño de agua a 70 °C durante 1 hora. Acabada la cocción, enfriamos la bolsa en agua helada.

—

2 berenjenas medianas | 50 ml de aceite de oliva arbequina | leche entera | sal

PARA LA CREMA DE BERENJENAS Cortamos las berenjenas por la mitad y las cubrimos con la leche durante 20 minutos. Las secamos con papel absorbente y cubrimos el corte con una capa de sal homogénea de 3 mm. Colocamos en una brasa de encina a media altura y cocemos de 20 a 30 minutos. Toda la cocción se hace con la piel hacia abajo, ya que la sal, aparte de purgar las verduras, hará un efecto de campana y cocerá la superficie. La pulpa tiene que quedar hecha y la piel bien tostada. Retiramos la capa de sal con cuidado, sacamos la pulpa con una cuchara y la pasamos por el túrmix junto al aceite. Rectificamos, pasamos por un colador fino y reservamos.

—

8 cebolletas mini | 4 zanahorias mini | serrín de madera de olivo | aceite de oliva picual | sal

PARA LAS VERDURAS Pelamos las verduras y las cocemos ligeramente por separado en agua salada. Tienen que quedar hechas pero crujientes. Una vez escaldadas, las enfriamos en agua helada. Secamos las verduras y las ahumamos con 2 cucharadas de aceite de 8 a 10 minutos. Las sacamos del ahumador y las reservamos con 2-3 cucharadas de aceite de oliva.

—

2 zanahorias | 1 nuez de mantequilla | 1 dl de aceite de cacahuete | sal

PARA EL ACEITE DE ZANAHORIA Pelamos y licuamos las zanahorias. Concentramos el jugo en una sartén antiadherente bien caliente junto a la mantequilla. Cuando la reducción esté densa, la pasamos a un recipiente con el aceite bien frío para que la reducción se enfríe rápidamente. En el momento de servir, trabajamos un poco el aceite con una cuchara.

—

MONTAJE Colocamos el ragú en una sartén y lo mojamos con un poco de agua mineral. Cocemos hasta que las patatas estén tiernas pero crujientes y el jugo bien concentrado. Salteamos las verduras ahumadas con un poco de aceite hasta que tomen color. En el plato dibujamos un trazo con la crema de berenjenas, colocamos una buena cucharada de ragú en el centro y disponemos las costillas encima. Aliñamos con la salsa y el aceite de zanahorias dulces.

REVISIÓN ANUAL DE RECETAS

Rape olivas negras versión 2004

Rape olivas negras versión 2005

Rape romesco versión 2004

Rape romesco versión 2005

En nuestros días, realizar platos novedosos y creativos se está convirtiendo en una carrera contrarreloj. La necesidad constante de sorprender a nuestros comensales con nuevas recetas es seguramente el punto negativo de esta gran época de cambio y revolución gastronómica que nos ha tocado vivir.

En tiempos pasados, utilizar recetas de cartas o temporadas anteriores era visto por nosotros mismos como una falta de creatividad. Pensábamos que mirar hacia atrás se debía a que ya no sabíamos hacia dónde mirar para seguir adelante. La soberbia es, en mi opinión, una mala consejera. Muy a menudo evolucionamos sin entender del todo los conceptos que estamos trabajando. Podemos crear un gran plato, pero es posible que no tengamos los conocimientos necesarios para que ese gran plato sea perfecto.

No hace mucho tiempo que empezamos a observar nuestras recetas pasadas. Vimos que, en muchos casos, la idea, el maridaje o el concepto base del plato eran muy buenos, pero los métodos utilizados en su elaboración quizás no fueron los mejores, o sencillamente no conocíamos otra manera de perfeccionarlos.

Observar nuestro trabajo de épocas pasadas también puede servir para entender nuestra evolución. Es divertido ver que antes nuestras recetas estaban llenas de muchos productos, como cuadros rococó pintados con una necesidad impetuosa de demostrar nuestra valía. Poco a poco, desaparecieron las guarniciones inútiles. Entendimos el sabor básico de los platos trabajados y nos empeñamos en que estos sabores quedaran destacados. Ahora nuestra factura nos parece más sobria, más sencilla y a su vez más elegante. La elegancia, en muchos casos, se encuentra en las cosas sencillas y estas son, sin lugar a dudas, las más difíciles de crear. Disfrutamos al ver que nuestra cocina madura; hacemos platos más sencillos porque tenemos más claros los sabores, los aromas y las texturas que queremos trasladar al comensal.

La lógica hace que nos preguntemos por qué no podemos mirar hacia atrás en el tiempo para volver a plantearnos esas recetas que ya forman parte de nuestra propia historia y salpicarlas con los conocimientos actuales, con esa madurez que tanto nos ha costado adquirir.

Aunque en nuestros días contamos con mejoras agropecuarias y de transporte de las mercancías, la estacionalidad sigue siendo importantísima para una buena calidad y un precio adecuado en los productos que utilizamos. Aprovechamos esa estacionalidad que cada año nos trae productos de una manera ordenada, para replantearnos qué hacer con ellos y rememorar qué habíamos hecho con ellos en otras épocas.

Si bien en tiempos pasados no atesorábamos los conocimientos actuales, sí que teníamos una lógica que nos hacía buscar la mejor manera de tratar cada producto. Podíamos saber que la mejor salsa para un espárrago blanco era la yema de huevo, el aceite de oliva, etc., pero, al elaborar el plato, esas salsas resultaban tan líquidas que no quedaban fijadas en el producto. Con la llegada de la cocción a baja temperatura, comprobamos que la yema de huevo adquiría una consistencia untuosa y que ahora sí podíamos acompañar los espárragos blancos con una salsa perfecta, no solo de sabor, sino también de textura.

Cada año mejoramos y aprendemos. Adquirimos conocimientos que pueden enriquecer mucho nuestros platos antiguos. ¿Por qué versionar platos del recetario tradicional, si tenemos nuestras propias recetas tradicionales? No hace falta que esperemos una década para perfeccionar nuestra propia cocina y debemos entender que no rememorarla puede llevar nuestras propias recetas al olvido.

LOMO DE RAPE CON ROMESCO,
VERDURITAS CORALES Y GAMBAS DE COSTA «VERSIÓN 2005»

1 lomo de rape limpio | 2 c/s de aceite de oliva royal o picual | 1,5 dl de jugo de pescado base *Véase anexo* | 40 g de romesco tradicional *Véase anexo* | sal

TRABAJO CON EL RAPE Doramos el lomo de rape con el aceite en una sartén antiadherente. Cuando esté bien asado, lo pasamos a una tabla y realizamos 4 cortes. Juntamos el resto de ingredientes en una fuente de asado. Hervimos en el fuego e introducimos los lomos de rape aliñados y salpimentados. Cocemos en el horno precalentado a 120 °C hasta conseguir una temperatura en el centro de 55 °C.

—

8 gambas frescas medianas | 30 ml de aceite de oliva royal | manteca de cacao en polvo | sal

PARA EL TRABAJO CON LAS GAMBAS Separamos las colas de las cabezas. Apretamos las cabezas para extraer todos los jugos, los introducimos en un bol, añadimos el aceite y lo emulsionamos un poco con un tenedor. Reservamos el aceite de corales. Pelamos las colas de gambas y las espolvoreamos con un poco de sal y la manteca, las marcamos en una sartén antiadherente bien caliente de 4 a 5 segundos por cada lado. En el momento de servir, aliñamos con un poco de aceite y acabamos la cocción a 165 °C durante 45 segundos o 1 minuto como máximo.

—

8 almendras blancas con pieles | 10 avellanas peladas tostadas | 6 láminas de pan de 0,3 mm grosor y 4 cm de diámetro | 15 ml de vinagre balsámico | 0,5 g de tomate en polvo | 0,3 g de polvo de ñoras | sal y pimienta blanca

PARA LA CAMISA DE ROMESCO SECO Mojamos las láminas de pan con el vinagre y las introducimos en el horno a 160 °C hasta que estén bien secas y tostadas. Las dejamos enfriar y las picamos bien fino con un cuchillo. Pasamos los frutos secos por un rallador muy fino tipo Microplane y extendemos las finas virutas en una fuente de horno. Tostamos los frutos por separado a 160 °C hasta que tomen un poco de color y desprendan un buen aroma. Cuando todo este frío, mezclamos con cuidado todos los ingredientes y reservamos en un recipiente hermético.

—

30 g de zanahoria | 30 g de judías tiernas | 20 g de patata | 15 g de apionabo | 30 ml de fondo de alcachofa | 30 g de cebolleta | 2 ajos tiernos | 50 g de mantequilla | 30 ml de brandi o coñac | aceite de corales (de la elaboración anterior) | sal

PARA LAS VERDURITAS CORALES Cortamos todas las verduras en daditos de 0,3 mm. Las escaldamos por separado en agua salada teniendo en cuenta su punto de cocción y las enfriamos en agua helada. En el momento de servir, las salteamos con mantequilla. A media cocción añadimos el licor y salamos. Justo antes de sacarlas del fuego, introducimos el aceite de corales, salteamos brevemente y emplatamos de inmediato.

—

200 g de hojas de perejil | 30 g de Micri (raíz de mandioca texturizada) | 80 ml de agua de escaldado | sal

PARA LA CREMA DE PEREJIL Escaldamos las hojas en 1 litro de agua ligeramente salada durante 3-4 segundos, las enfriamos en agua helada y reservamos 80 ml de agua de cocción. Pasamos las hojas 2 veces por la licuadora. Texturizamos el agua de cocción con el Micri. Ponemos esta elaboración a reducir en una sartén antiadherente. Cuando esté bien denso, añadimos el jugo licuado y reducimos a fuego fuerte. Esta elaboración tiene que ser muy rápida.

—

50 ml de aceite de avellana tostada | 60 ml de aceite de oliva picual | cebollino picado | 30 g de avellanas tostadas peladas | sal

PARA EL ACEITE DE AVELLANA Mezclar todos los aceites junto con el cebollino picado finamente y las avellanas. Rectificar de sal.

—

praliné de almendras *Véase anexo* | avellanas peladas tostadas partidas por la mitad | sal Maldon

MONTAJE Dibujamos un círculo con unas gotas de praliné de almendras. Hacemos unos puntos con la crema de perejil y distribuimos las avellanas partidas. En el centro del plato colocamos una cucharada de verduritas corales y encima el rape. Disponemos las dos colas de gamba por ración, y encima del conjunto, una cucharada de romesco seco. Acabamos el plato con el aceite de avellana y unas escamas de sal.

LOMO DE RAPE CON OLIVAS NEGRAS Y MOSTAZA EN GRANO,
CREMA DE ACEITE Y TUBÉRCULOS CON BROTES DE PIPA Y PAN
DE OLIVAS «VERSIÓN 2005»

brotes germinados de pipas de girasol | aceite de oliva
picual para cortar el jugo de mostaza y espinacas | polvo de
mostaza en grano tostado | mezcla de polvo de oliva y
panko (pan rallado japonés para rebozar) | sal Maldon

MONTAJE En el plato, trazamos una lágrima de crema de
tupinambo, distribuimos gotas y pequeños puntos de crema
de aceite, mostaza en polvo y polvo de olivas con panko.
En el centro, disponemos el lomo de rape. Cortamos el jugo
de espinacas y mostaza y hacemos un trazo alrededor del
pescado. Acabamos con unas escamas de sal y hojas
de germinado de pipas.

500 g de olivas negras griegas de Kalamata

PARA EL POLVO DE ACEITUNAS NEGRAS Laminamos las aceitunas finamente y las colocamos bien planas en hojas de papel antiadherente. Introducimos en el horno a 70 °C y lo mantenemos de 8-10 horas, hasta que estén totalmente secas.

100 g de oliva negra griega seca | 1,5 dl de aceite de oliva picual | sal

PARA EL ACEITE DE ASADO Mezclamos todos los ingredientes y los trituramos un buen rato con un túrmix. Introducimos el aceite de olivas en un biberón.

1 lomo de rape de 1kg | aceite de asado | 2 c/s de manteca de cacao crionizada

TRABAJO CON EL RAPE Utilizamos lomos de rapes bastante grandes. Para esta receta utilizamos un lomo limpio de 1 o 1,2 kg. Espolvoreamos el lomo con la manteca para dorarlo rápidamente y sellarlo. Asamos a fuego vivo en una sartén antiadherente. Cuando el lomo tome un bonito color, bajamos la intensidad del fuego al mínimo y dejamos que la sartén pierda temperatura. Mojamos bien el lomo con el aceite de olivas negras y le vamos dando la vuelta continuamente. Cuando esté bien fijada la oliva, retiramos de la sartén y lo ponemos en una tabla de corte. Espolvoreamos con la camisa que explicamos a continuación y hacemos 4 cortes. Acabamos la cocción al horno a 135 °C hasta que el centro esté a 55 °C y el color de las carnes sea bien nacarado. Servimos de inmediato.

60 g de oliva negra griega seca | 60 g de semillas de mostaza | perejil picado | sal

PARA LA CAMISA DEL RAPE Tostamos las semillas de mostaza al horno, las dejamos enfriar y las pasamos por un molinillo de café. Picamos las olivas negras bien finas con la ayuda de un cuchillo afilado. Cuando espolvoreamos el rape con la camisa, primero ponemos la mostaza en polvo, luego las olivas, acabamos con el perejil y salamos las piezas antes de hornear.

(cantidades mínimas)
Jugo de fécula: 1 patata (100 g) | 1,5 dl de agua mineral | sal y pimienta al gusto | 1 c/s de aceite de oliva picual

PARA LA CREMA DE ACEITE Aliñamos la patata con sal, aceite, pimienta y la cocemos envuelta en papel de aluminio. Pelamos y trituramos 40 g de pulpa de patata asada con el agua hasta obtener un jugo fluido pero denso. Colamos y reservamos.

4 dl de aceite de oliva picual o royal | 80 ml de agua | 80 g de Micri | 0,75 g de agar-agar | 1 hoja de gelatina (2 g) | 2 g de pectina Nh | 5 g de sal

PARA LA MASA AGLUTINANTE Calentamos el aceite a 30 °C. Colocamos el resto de ingredientes en un cazo y los cocemos 1 minuto. Trituramos con un túrmix. Seguimos cociendo hasta tener una masa homogénea de consistencia untuosa y de cierta densidad. Vertemos la mezcla en un bol y añadimos la gelatina, previamente remojada. Rápidamente agregamos el aceite a hilo con la ayuda de un batidor. Cuando tengamos una textura de mayonesa y la masa acepte todo el aceite, añadimos parte o la totalidad del jugo de fécula, dependiendo de la densidad que queramos. Reservamos como mínimo 1 hora.

300 g de raíz de tupinambo o de ñame | 20 ml de aceite de oliva royal o picual | 3 dl de leche | 1 dl de nata fresca | sal y pimienta blanca

PARA LA CREMA DE TUPINAMBO Pelamos las raíces y las aliñamos con sal, aceite y pimienta blanca, las cubrimos con papel de aluminio y cocemos al horno a 180 °C hasta que estén tiernas. Cuando estén cocidas, las ponemos en un cazo con el resto de ingredientes. Cocemos un par de minutos y trituramos en la Thermomix. Rectificamos, filtramos y reservamos.

150 g de hojas de espinaca | 150 hojas de mostaza | 1 dl de agua de escaldado | 40 g de Micri (raíz de mandioca texturizada) | sal

PARA EL JUGO DE HOJAS DE MOSTAZA Y ESPINACAS Escaldamos las hojas en 1 litro de agua ligeramente salada durante 3 o 4 segundos, enfriamos las hojas en agua helada y reservamos 1 dl de agua de cocción. Pasamos las hojas 2 veces por la licuadora. Texturizamos el Micri y el agua reservada. Ponemos esta elaboración a reducir en una sartén antiadherente. Cuando esté bien denso, añadimos el jugo licuado y reducimos a fuego fuerte. Esta elaboración tiene que ser muy rápida para no perder el color verde, menos de 1 minuto. Enfriamos el jugo lo más rápido posible.

YEMA DE HUEVO CURADA Y COCINADA
CON PARMENTIER DE PATATA Y TEXTURAS DE IBÉRICOS

½ litro de agua mineral | 50 g de sal marina | 4-6 yemas de huevo de muy buena calidad

PARA LA YEMA DE HUEVO Mezclamos el agua y la sal, hasta que esta se haya disuelto por completo. Añadimos las yemas de huevo y las dejamos «curar» durante 12 minutos. Sacamos las yemas de la salazón y las pasamos a otro bol con agua helada. Calentamos un baño de aceite a una temperatura controlada de 62,5 °C e introducimos las yemas de huevo, secadas con un poco de papel absorbente, en el baño. Cocinamos las yemas durante 9 minutos y las servimos de inmediato.

6 ½ dl de agua mineral | 300 g de recortes de jamón ibérico | 3,5 g de agar-agar en polvo | 3 hojas de gelatina de 2 g cada una

PARA LA GELATINA CALIENTE DE JAMÓN IBÉRICO Ponemos el agua en un cazo y la llevamos a ebullición. Añadimos el jamón picado muy fino y lo dejamos infusionar entre 65 y 70 °C durante 30 o 40 minutos. Hidratamos las hojas de gelatina en agua helada. Filtramos el consomé de jamón y le añadimos el agar-agar. Hacemos hervir el consomé durante 40 segundos para disolver el agar-agar e incorporamos las hojas de gelatina hidratadas. Vertemos el consomé en un molde del tamaño necesario para que el líquido llegue a una altura de 1,5 cm. Dejamos cuajar el consomé durante 2 horas como mínimo y lo cortamos en cubos perfectos de 1 cm de lado. Antes de utilizar los cubos, los atemperamos ligeramente en la salamandra o en lugar cálido.

1 papada ibérica de 1 kg como mínimo | 1 kg de sal | 500 g azúcar | 30 g de pimentón de la Vera | 15 granos de pimienta | 3 clavos de olor | 6 semillas de cardamomo verde

PARA LA PAPADA DE CERDO CONFITADA Mezclamos todos los ingredientes y cubrimos la papada con la mezcla obtenida. La dejamos curar durante 12 horas. Pasado este tiempo, la limpiamos perfectamente en agua muy fría. Envasamos la papada al vacío y, tras retractilar la bolsa con agua hirviendo primero y helada después, la cocemos en un baño de temperatura controlada a 64 °C durante 24 horas. Terminada la cocción, dejamos enfriar la papada y la cortamos en dados de 1 cm. Justo antes de servir el plato, calentamos los dados en un horno o en la salamandra.

250 g de patata hervida en agua salada | 80 g de mantequilla en flor | 30 ml de leche de vaca | 20 ml de aceite de oliva arbequina | sal | pimienta

PARA LA PARMENTIER DE PATATA Mezclamos todos los ingredientes calientes en la Pacojet, realizando el ciclo completo de la máquina dos veces. Colocamos la parmentier montada en una manga pastelera con una boquilla del número 12. La reservamos en una mesa caliente a 65 °C.

200 g de pan blanco precocido | 100 g de mantequilla fresca | sal y pimienta

PARA LAS MIGAS CRUJIENTES DE PAN A LA MANTEQUILLA Pasamos el pan congelado y cortado en dados por un robot de cocina hasta convertirlo en migas pequeñas pero regulares. Juntamos las migas y la mantequilla en una sartén y las dejamos cocer a fuego vivo hasta que las migas queden perfectamente doradas. Las sazonamos con sal y pimienta y las ponemos en un colador. Después las ponemos encima de un papel absorbente para retirar toda la grasa sobrante. Las dejamos enfriar y las reservamos en un recipiente hermético.

jamón ibérico de la mejor calidad en láminas | sobrasada ibérica de la mejor calidad | chorizo ibérico de la mejor calidad | Láminas finas de pan tostadas en el horno | brotes y flores de rúcula | aceite de oliva

MONTAJE Colocamos una cucharada de migas de pan y formamos alrededor un círculo de parmentier de patata. Ponemos en el centro la yema de huevo curada y cocinada. Distribuimos encima de la patata 3 dados de panceta y 3 de gelatina de jamón. Añadimos 3 láminas muy finas de jamón ibérico, 2 daditos pequeños de chorizo ibérico y 1 pequeña bolita de sobrasada ibérica. Terminamos el plato con brotes, flores de rúcula y un hilo fino de aceite de oliva.

YOGUR, HINOJO Y MANDARINAS
AL ACEITE DE OLIVA

PARA 6 RACIONES

—

5 dl de zumo de mandarina | 50 g de Prosorbet Sosa |
15 g de almíbar

PARA EL SORBETE DE MANDARINA Mezclamos todos
los ingredientes hasta que estén bien integrados y los
mantecamos en la heladera hasta conseguir la textura de
un sorbete.

—

150 g de yogur griego | 150 g de mascarpone | 1 bulbo
de hinojo | 2 ramas de hojas de hinojo picadas | 50 g de
almíbar

PARA LA SALSA DE YOGUR E HINOJO Licuamos el hinojo.
A continuación, en un bol mezclamos el líquido obtenido con
el resto de los ingredientes, batiendo con una varilla, hasta
que esté todo bien integrado.

—

50 g de harina de almendra | 50 g de harina | 50 g de
mantequilla pomada | 50 g de azúcar moreno |
10 g de yogur en polvo

PARA EL STREUSEL DE YOGUR Mezclamos la harina de
almendra y la harina en un recipiente. Seguidamente
mezclamos la mantequilla pomada con el azúcar hasta que
se integre bien y la incorporamos a la mezcla de harinas.
Amasamos hasta obtener una masa homogénea.
Estiramos la masa en una placa de horno hasta darle un
grosor de unos 5 mm y la horneamos a 160 °C durante
15 minutos, más o menos.

Una vez horneado y frío, rompemos el streussel con las
manos para formar un granulado parecido a la tierra.
Finalmente le incorporamos el yogur en polvo.

—

2 dl de clara de huevo pasteurizada | 40 g de harina de
almendra | 15 g de harina | 45 g de azúcar | 40 g de yogur
en polvo

PARA EL BIZCOCHO DE YOGUR Introducimos todos los
ingredientes en un robot de cocina y los trituramos hasta
que queden bien finos. Pasamos la preparación por un
colador fino y la vertemos en un sifón. Incorporamos
2 cargas de gas y agitamos bien el sifón. A continuación,
hacemos 3 cortes pequeños en la parte inferior de unos
vasos de plástico de buena calidad y los llenamos con la
mezcla hasta la mitad aproximadamente. Cocemos los
bizcochos en el microondas a 600 W durante 45 segundos.

—

1 bulbo de hinojo | un bol con agua y hielo

PARA LA CRUDITÉ DE HINOJO Abrimos el hinojo por la mitad
y cortamos la parte del centro para poder sacar tiras de
hinojo lo más finas posible. Ponemos las tiras en agua y
hielo hasta que se ricen.

—

brotes de hinojo | caviar de aceite de oliva arbequina
o aceite de oliva de buena calidad

MONTAJE Hacemos un buen trazo de salsa de yogur y
añadimos una cucharada de streusel de yogur. Colocamos
una buena porción de bizcocho de yogur, y encima, una
cucharada de sorbete de mandarina. Decoramos el plato
con el hinojo rizado, unos brotes de hinojo y un poco de
caviar de aceite de oliva o un hilo de buen aceite.

LA COCINA DE CONCEPTO EN LOS POSTRES

Como hemos expuesto anteriormente, crear o desarrollar un concepto nos puede servir para remarcar un estilo propio o como método creativo para aumentar o diversificar nuestro recetario.

Siempre se ha dicho que la cocina de postres es un mundo cuadriculado y matemático, en el que las recetas perfectas y las medidas detalladas imperan en casi todos los trabajos realizados. Es lógico que nuestra manera de utilizar los conceptos, ya sean técnicas o productos, encaje perfectamente en el sector más dulce de la cocina. Pensamos que la cocina de concepto pone orden a la creatividad y es en los postres donde el orden tiene que dominar en su grado máximo.

Un problema muy común en la cocina dulce de restaurante es la falta de un cocinero de postres, que dedique todo su tiempo a la confección y realización de este tipo de platos. En muchos casos, es una misma persona la que lleva a cabo todo el trabajo creativo del restaurante y, como es lógico, el sector al que dedica menos tiempo es la partida de postres.

La cocina de concepto puede ayudarnos a definir un estilo propio, si somos conscientes de que es un recurso más del que no tenemos que abusar. Es un apunte que remarca nuestro estilo, pero en ningún caso hay que hacer de trabajos muy concretos nuestro estandarte. Los platos creados a partir de ciertos conceptos son normalmente de una lógica aplastante y, en todos los casos, deberían nacer de una reflexión que nos acerque a descubrir esta lógica.

En nuestro caso, aplicamos estos criterios basándonos casi siempre en las técnicas, ya que los postres no necesitan tan solo de mucha «matemática», la técnica y la reflexión son siempre muy importantes.

La primera receta que planteamos a continuación intenta montar en un plato llano el sabor natural del capuchino, dejando su estado líquido para poder comerlo crujiente y cremoso. Lo importante en la receta es la esencia misma de esta típica elaboración italiana, un café aéreo, con mucho volumen, pero que se toma en dos sorbos. Todos los sabores que se conjugan en un capuchino se encuentran en nuestro postre e intentamos remarcar esa esencia de tomar un voluminoso capuchino en dos sorbos.

Este divertido plato, aparte de versionar con respeto al capuchino, también supuso una manera de introducir nuestro trabajo con esferas entre láminas crujientes. De una conjunción exacta de técnicas, nació la versión de un postre clásico en nuestra carta, la descomposición del turrón. Aplicamos las técnicas del capuchino en el turrón, consiguiendo un postre completamente distinto en sabor y concepto, pero con una evidente afinidad en montaje y técnicas.

En cierta manera, la cocina de concepto se instauró sola en nuestra carta de postres, siguió el camino de nuestra propia evolución, surgió del trabajo de cada día para exponer y remarcar nuestro estilo personal y propio. Nuestras recetas no solo necesitan medidas perfectas y técnicas impecables, requieren también un mensaje, cierta lógica que explique por qué hacemos las cosas de una manera determinada.

En una carta de postres podemos encontrar mucha diversidad en sabores, técnicas y conceptos, pero debemos intentar que nuestros comensales reconozcan un estilo propio y una línea bien definida.

HACIENDO REFERENCIA A UN CAPUCHINO
HOJAS CROCANTES DE CACAO CON ESFERA LÁCTEA, CAFÉ,
NATA BATIDA Y LECHE CONCENTRADA

2,5 dl de nata fresca | 1 litro de leche entera | 125 g de queso mascarpone | 3 yemas de huevo | 65 g de azúcar | 1 hoja de gelatina neutra (2 g) | 4 g de café soluble

PARA LA ESFERA LÁCTEA Preparamos la leche concentrada con la leche y 50 ml de nata fresca. Reducimos en una sartén antiadherente, intentando que no se pegue o forme capa en la superficie. Cuando tengamos 125 ml de leche concentrada, dejamos atemperar hasta los 40 °C. Añadimos el mascarpone y trabajamos un poco con el túrmix. En un bol, mezclamos las yemas y el azúcar, hervimos el resto de la nata y añadimos la mezcla de azúcar y yemas como si de una crema se tratara. Dejamos reposar hasta los 40 °C y añadimos la gelatina remojada. Incorporamos esta mezcla a la crema de mascarpone con ayuda de una varilla. Añadimos el café soluble y dejamos reposar en la cámara 12 horas. Montamos la masa reposada como una nata y con esta emulsión rellenamos semiesferas de silicona de 2,5 cm de diámetro. Colocamos en el congelador un mínimo de 2 horas. En el momento de servir, juntamos 2 semiesferas y damos calor a la junta de las dos mitades con la yema de los dedos. Dejamos reposar 5 minutos a temperatura ambiente para que la esfera tome una textura consistente pero cremosa.

2 dl de agua mineral | 200 g de azúcar | 30 g de cacao en polvo | 6 g de café soluble | 30 g de clara de huevo | 50 g de mantequilla fundida | 2 hojas de pasta brick

PARA LAS TEJAS DE CACAO En un cazo alto, colocamos el agua y el azúcar. Dejamos cocer hasta alcanzar los 137 °C. Mezclamos el cacao y el café soluble y lo añadimos a las claras batidas. Trabajamos esta masa hasta conseguir una textura de mazapán. Cuando el almíbar tenga la temperatura correcta, añadimos la masa de café y cacao. Trabajamos con fuerza con unas varillas. Cocemos a fuego fuerte. Cuando la masa haya subido y tenga una consistencia densa, la traspasamos a una superficie antiadherente hasta que se enfríe. Hacemos un polvo fino con la ayuda de un triturador de café. Cortamos láminas de pasta brick de 8 por 5 cm. Pincelamos con mantequilla fundida y espolvoreamos con el polvo de cacao y café. Damos la forma deseada y horneamos a 160 °C hasta que la lámina esté bien crujiente.

1,5 dl de nata fresca | 2 yemas de huevo | 25 g de azúcar | 50 ml de café | 100 g de Micri

PARA LA SALSA DE CAFÉ Mezclamos el azúcar y las yemas. Hervimos la nata y el café. Incorporamos la mezcla de yemas y cocemos hasta que adquiera densidad. Retiramos del fuego y trituramos junto al Micri con la ayuda de un túrmix. Dejamos que tome cuerpo en la cámara.

30 g de leche en polvo | 30 g de café soluble | 30 g de azúcar glas

PARA EL POLVO DE CAPUCHINO Mezclamos los 3 ingredientes y conservamos en un recipiente hermético.

40 g de cacao en polvo | 2,5 dl de agua mineral | 2 dl de café expreso | 2 dl de leche entera | 2,5 g de lecitina de soja en polvo

PARA EL AIRE DE CAPUCHINO Mezclamos todos los ingredientes y los colocamos en un recipiente alto y estrecho. Añadimos la lecitina justo en el momento de emulsionar para que no pierda propiedades. Unos 5 minutos antes de servir, trabajamos la superficie de un lateral del recipiente con la ayuda de un túrmix hasta que en el lado opuesto se recoja una buena cantidad de espuma. Dejamos reposar 1 minuto para que el aire se estabilice.

1,2 litros de leche entera | 5 dl de nata fresca | 50 g de Micri | 15 g de azúcar

PARA LA CREMA DE LECHE CONCENTRADA En una sartén antiadherente de buen tamaño, colocamos la leche y la nata. Cocemos a fuego moderado con el fin de concentrar los lácteos. Removemos a menudo con una espátula de goma para que no se forme una capa y no se salga la leche de la sartén. Cuando la crema esté densa, la ponemos en un vaso y trituramos la crema con el azúcar y el Micri. Dejamos enfriar para que tome cuerpo. Si al enfriarse queda muy densa, añadimos unas gotas de agua.

80 ml de nata fresca ligeramente batida | aceite de cacao *Véase anexo*

MONTAJE En un plato de base ancha, dibujamos una lágrima de leche concentrada y una lágrima de crema de café. En el centro del plato colocamos una cucharada de nata batida y un trazo de polvo de capuchino. Disponemos una teja de cacao, en el centro, la esfera, y encima, otra teja de cacao. Coronamos el capuchino con una porción de aire de capuchino. En este postre, buscamos el volumen y la ligereza del capuchino original. Un postre voluminoso, que se toma en dos cucharadas y nos deja el sabor natural del capuchino italiano.

HACIENDO REFERENCIA A NUESTRAS HOJAS DE CACAO: EL TURRÓN 2005, HOJAS, ACEITES Y FRUTAS DE ALMENDRAS Y AVELLANAS CON CREMA DE TURRÓN, HELADO NOUGAT Y ESFERA DE JIJONA

600 g de turrón de Jijona | ½ hoja de gelatina neutra (1 g) | 2 dl de agua mineral | 1 litro de nata fresca | 80-100 g de miel

PARA LA ESFERA DE JIJONA Ponemos a hervir el agua junto a la miel. Añadimos el turrón desmigado y cuando arranque el hervor lo ponemos en la Thermomix. Trituramos hasta que la masa quede fina. Incorporamos la nata semimontada poco a poco en el jugo de turrón a 32 °C. Añadimos la gelatina remojada previamente y disuelta en un poco de masa de turrón. Rellenamos semiesferas de silicona de 2,5 cm. Congelamos un mínimo de 2 horas. Antes de servir, sacamos las semiesferas de los moldes y pasamos la yema de los dedos por el centro con el fin de esconder la junta. Dejamos reposar 5 minutos a temperatura ambiente para que coja buena textura

—

5 dl de leche desnatada | 1,5 dl de nata fresca | 275 g de polvo de almendra tostada | 225 g de polvo de avellanas tostadas | 6 yemas de huevo | 50 g de azúcar | 30 g de miel | 16 g de dextrosa | 6 g de estabilizante para helados

PARA EL HELADO DE TURRÓN NOUGAT Maceramos durante 12 horas los lácteos y el polvo de frutos secos en la nevera; pasado ese tiempo los filtramos por una estameña presionando fuertemente. Mezclamos la miel y la crema de frutos secos y calentamos hasta que empiece a hervir. Batimos los huevos y añadimos el azúcar, la dextrosa y el estabilizante. Agregamos esta mezcla a la crema hervida y calentamos hasta que alcance los 86 °C, dejamos madurar durante 12 horas a 4 °C y pasamos por la heladora.

—

2,5 dl de nata fresca | 7,5 dl de leche entera | 20 g de miel

PARA LA LECHE Y MIEL CONCENTRADA Juntamos todos los ingredientes en una sartén antiadherente ancha y damos una cocción suave hasta que tengamos una crema densa. Trabajamos continuamente con una espátula para que no se forme una capa en la superficie ni se derramen los lácteos.

—

75 g de azúcar Isomalt | 75 g de glucosa | 150 g de almendra laminada pelada y tostada | 150 g de avellana pelada y tostada | 150 g de azúcar invertido | 3 hojas de pasta brick | 100 g de mantequilla | 20 ml de aceite de avellana tostada

PARA LAS HOJAS DE ALMENDRA Y AVELLANA Colocamos todos los azúcares en una sartén antiadherente ancha. Cocemos hasta que alcancen los 165 °C. Añadimos los frutos secos y cocemos 1 minuto más a fuego vivo. Lo ponemos con cuidado en un tapete de silicona y cubrimos con otro. Pasamos el rodillo para estirarlo hasta los 0,5 cm. Dejamos enfriar y conservamos en un recipiente hermético y seco. Con la pasta brick cortamos 8 rectángulos de 8 x 5 cm.

Pasamos el crocante de frutos secos por un triturador de café hasta obtener una textura de polvo. Pincelamos las láminas de brick con una mezcla de mantequilla fundida y aceite de avellana. Espolvoreamos con el crocante en polvo y damos la forma deseada. Horneamos a 170-180 °C hasta que las láminas estén crujientes. Las utilizamos rápidamente una vez frías, pues, al contrario que la teja de cacao anterior, esta tiende a absorber la humedad muy deprisa.

—

200 g de turrón de Jijona | 2 dl de agua | 20 g de miel

PARA LA CREMA DE TURRÓN Cocemos el turrón desmigado con el resto de ingredientes durante 1 o 2 minutos y trabajamos con el túrmix hasta obtener una crema fina. Dejamos enfriar y comprobamos la textura. Añadimos unas gotas de agua si estuviera demasiado denso.

—

1 c/c de jugo de cacao *Véase anexo* | 80 ml de aceite de almendra tostada | 15 ml de aceite de avellana tostada

PARA EL ACEITE DE ALMENDRA Y AVELLANA AL CACAO Mezclamos todos los ingredientes en un bol. En el momento de servir, trabajamos con una cuchara hasta que el cacao se disgregue en pequeñas gotitas.

—

12 nueces | 8 avellanas tostadas | 8 almendras tiernas

PARA LOS FRUTOS SECOS Tostamos los frutos en su punto, los pelamos y los partimos en cuartos con un cuchillo muy fino.

—

nata fresca batida

MONTAJE Hacemos dos trazos, uno de crema láctea y otro de turrón. Colocamos los frutos de forma atractiva y en el centro ponemos una cucharada pequeña de nata batida y encima una porción de helado ligeramente aplastado. Fijamos una teja encima del helado. Disponemos una esfera en el centro de la teja y cubrimos con la segunda teja. Aliñamos el conjunto con el aceite de cacao y frutos.

LOS POSTRES
«CUAJADOS»:
los cuajos, gelificantes y espesantes

En las cocinas de todo el mundo siempre se han podido encontrar algunos elementos que, de manera casi mágica, transforman líquidos, jugos, etc. en elaboraciones de texturas diversas. En la revolución gastronómica actual, la ciencia se fusiona con la gastronomía para introducir una gran cantidad de productos que permiten estabilizar, gelatinizar, ligar, emulsionar o cuajar las más inverosímiles elaboraciones. La mayoría son espesantes, emulsionantes o agentes gelatinizantes que aportan nuevas texturas a nuestras elaboraciones: etéreas, elásticas, quebradizas, rígidas, etc.

El cuajo es uno de los primeros agentes que ayudaron a dar texturas nuevas a los lácteos, quesos, cuajadas y yogures. Hoy en día, solo podemos encontrar este fermento natural en queserías y elaboradores que únicamente utilizan cuajo natural y no químico.

La cocina actual se basa en el respeto al sabor natural de los productos. En muchos casos este respeto hace que nos centremos en modificar la textura del producto, pero que su sabor básico permanezca inalterado.

Las gelatinas han servido para crear muchas preparaciones, tanto en la pastelería tradicional como en la cocina moderna, además de posibilitar nuevas técnicas y conceptos increíblemente útiles e innovadores, como, por ejemplo, las espumas.

En esta búsqueda de nuevos productos, ha aparecido un gran número de espesantes, gelificantes y estabilizantes con infinitas posibilidades. Ahora nos parece un mundo extraño, pues hay muchos y cada uno tiene diferentes propiedades. Estos productos nos pueden ser útiles si, con el tiempo, aprendemos sus diferentes usos y dosificaciones.

EL CUAJO

El cuajo es uno de los productos más importantes que se emplean en la industria quesera. Muchos elementos químicos y algunos vegetales tienen la propiedad de cortar la leche y se pueden utilizar para hacer cuajadas, yogures o quesos frescos, pero para la fabricación de los quesos curados solo sirve el cuajo de origen animal. Los demás podrían servir para coagular la caseína contenida en la leche, pero nunca para elaborar queso. Cuajadas y yogures se pueden elaborar con cuajos de origen químico. El principio activo que se encuentra en el cuajo es el fermento lab, que abunda en el cuajar de los terneros, corderos y chivos lechales que son los animales de los cuales se extrae. En los primeros meses del crecimiento de estos mamíferos rumiantes, en que su alimentación se reduce a la leche materna, el fermento lab se encuentra en abundancia en su estómago, especialmente en la cuarta y última cavidad, llamada cuajar, pero, a medida que su alimentación láctea va siendo reemplazada por el pasto, la cantidad de fermento lab disminuye y va siendo sustituido por la pepsina. El mejor cuajo para muchos cocineros es el natural, pero la dificultad para obtenerlo y su rápida ca-

ducidad propicia el uso de cuajos químicos encontrados frecuentemente en farmacias.

LA GELATINA

Es una sustancia de origen animal formada por proteínas. Se extrae de pieles, huesos y otros tejidos animales mediante tratamiento con álcalis o con ácidos. Es muy fácil de digerir y, aunque sea 100 % proteína, su valor nutritivo es incompleto al ser deficiente en ciertos aminoácidos esenciales. En el comercio se puede encontrar preparada en hojas de diferentes pesos o en polvo. De las frutas se extraen sustancias muy parecidas a la gelatina pero que acaban por solidificarse espontáneamente como resultado de la presencia de un polisacárido complejo llamado pectina. La gelatina neutra es termorreversible, es decir, podemos deshacerla a una temperatura de 40 °C y dejar que cuaje; esta operación se puede repetir y obtendremos de nuevo el efecto gelificante. Este efecto se realiza aunque congelemos el producto gelatinizado; solo tendremos que calentar y dejar que cuaje de nuevo.

LA PECTINA

Los subproductos de la industria de zumos de frutas, bagazo de manzanas y albedos de cítricos (limón, limón verde, naranja, etc.) constituyen básicamente las fuentes industriales de pectinas. Es una sustancia mucilaginosa de las plantas superiores. Se asocia con la celulosa y le otorga a la pared celular la habilidad de absorber grandes cantidades de agua. La celulosa tiene un papel importante en la estructura de frutas y verduras, ya que otorga rigidez a sus células, mientras que la pectina contribuye a su textura. Durante largo tiempo, los cocineros, cocineras y amas de casa han utilizado la pectina contenida en las frutas para espesar jaleas. Su extracción industrial se inició a principios del siglo XX. La pectina de uso comercial puede adquirirse mezclada con azúcares para regular el poder gelificante. Se presenta como un polvo blanco amarillento, ligeramente grisáceo o ligeramente pardo. Es muy utilizada en pastelería para realizar baños de pastas, mermeladas, etc., y poco a poco también se introduce en la cocina salada, otorgando una textura de «miel» a diferentes elaboraciones como infusiones, caldos, salsas, reducciones, etc.

HIDROCOLOIDES, CARRAGENANOS, ALGINATOS Y GOMAS VEGETALES

Estos productos han servido a los cocineros más creativos para realizar las recetas más ingeniosas. Lejos de ser nuevos, se utilizan en la industria desde hace décadas. Para definirlos todos, necesitaríamos muchas más páginas; por ese motivo solo haremos mención de los más utilizados actualmente en nuestra cocina.

LOS ALGINATOS

El ácido algínico se obtiene a partir de diferentes tipos de algas pardas de los géneros (*Macrocystis, Fucus, Laminaria*, etc.) extrayéndolo con carbonato sódico y precipitándolo mediante tratamiento con ácido. Los geles que forman los alginatos son de tipo químico y son irreversibles al calentarlos. Se forman en presencia de calcio, que debe añadirse de manera controlada para lograr la formación de asociaciones moleculares ordenadas. Esta propiedad hace a los alginatos únicos entre todos los agentes gelificantes. Con el trabajo de este alginato especificado a continuación, podríamos elaborar una de las grandes técnicas recientes: la sferificación, con la que se elaboran los caviares de frutas.

Proporciones aproximadas para el empleo de alginato sódico en la sferificación

Cloruro cálcico

Debe aplicarse al baño químico de cocción: de 2 a 3,2 g de cloruro cálcico por 5 dl de agua.

Alginato sódico

Debe aplicarse al producto a cocer: de 1,5 a 4 g de alginato de sodio por cada 500 g de producto base. Este ha de ser un líquido o puré ligeramente rebajado con agua.

Citrato sódico

Debe aplicarse siempre antes que el alginato en productos con mucha acidez para rebajarla y que no degrade la capacidad del agente gelificante. Si el producto base presenta un pH superior a 4, añadiríamos citrato sódico modificando también la cantidad de alginato; por ejemplo, para 500 g de producto base podríamos utilizar 3,6 g de alginato y 2 g de citrato sódico, teniendo en cuenta que siempre debemos aplicar en primer lugar el citrato.

Estas medidas son muy relativas, ya que hay muchos factores que alteran o modifican estas elaboraciones: la densidad del producto base, su pH, la cantidad de calcio contenido, como por ejemplo en la leche, etc. El pesaje de estos productos se debe realizar siempre de manera exacta con una báscula de precisión. Incorporamos el alginato a una tercera parte del producto, excepto si utilizamos citrato que se incorporará antes, y seguidamente trabajamos con un túrmix para disolverlo bien. Dejamos reposar durante una hora como mínimo para eliminar el aire incorporado con el túrmix y para que el alginato se hinche. Después, probamos si la mezcla reacciona bien con un poco de disolución de agua y calcio. Una vez realizadas las esferas, caviar, raviolis, etc., pasamos la elaboración por un baño de agua para retirar así el cloruro cálcico. Aunque la elaboración esté limpia de cloruro, esta seguirá gelatinizando. Esto nos obliga a realizar estas preparaciones siempre al momento y de manera ágil.

LOS CARRAGENANOS

Se obtienen de varios géneros de algas: Gigartina, Chondrus, Furcellaria, Eucheuma y otras. Los carragenanos tienen carácter ácido, al tener grupos de sulfato unidos a la cadena de azúcar, y se utilizan sobre todo como sales de sodio, potasio, calcio o amonio. Forman geles térmicamente reversibles y es necesario disolverlos en caliente. Algunas de las formas resisten la congelación, pero se degradan a alta temperatura en un medio ácido. Los carragenanos son muy utilizados en la elaboración de postres lácteos, ya que interaccionan muy favorablemente con las proteínas de la leche. A partir de una concentración del 0,025 %, los carragenanos estabilizan suspensiones y, a partir del 0,15 %, proporcionan ya texturas sólidas. Se utilizan a veces mezclados con otros gelificantes, especialmente con la goma de algarroba. Los carragenanos más utilizados son: Iota y Kappa.

Iota: se presenta como un polvo refinado que se disuelve en frío y luego se calienta a unos 80 °C para que se produzca la gelatinización. Mientras se agita la mezcla, su textura es blanda; si se rompe el gel, este se recompondrá de nuevo al dejarlo reposar. Como en todos los carragenanos, podemos realizar gelatinas que aguanten temperatura. Estas gelatinas a base de iota serán de consistencia blanda y elástica.

Kappa: se presenta también en polvo refinado. Se disuelve en frío y luego se provoca un hervor para que se produzca la gelatinización, que es tan rápida que permite napar nuestras elaboraciones. La kappa pierde mucha de su capacidad en medios ácidos y también aguanta la temperatura hasta los 60 °C. Estas gelatinas serán de consistencia rígida y quebradiza.

AGAR-AGAR

El agar se extrae con agua hirviendo de varios tipos de algas rojas, entre ellas las del género *Gelidium*. El nombre procede del término malayo que designa las algas secas, utilizadas en Oriente desde el siglo XV en la elaboración de alimentos. En concentraciones del 1 a 2 % forma geles firmes y rígidos, reversibles al calentarlos, pero con una característica peculiar: su gran histéresis térmica. Esta palabra designa la peculiaridad de que exista una gran diferencia entre el punto de fusión del gel (más de 85 °C) y el de su solidificación posterior (según el tipo, menos de 40 °C). Se presenta en polvo refinado. Se mezcla en frío y se provoca un hervor. Su gelificación es rápida pero necesita de un buen reposo para quedar perfecta. El agar-agar pierde capacidad en medios que sean ácidos.

LA GOMA GELÁN

Es un polisacárido extracelular elaborado por un microorganismo (*Pseudomonas elodea*), cuando crece sobre materiales azucarados. Es capaz de formar geles en presencia de calcio o de ácidos con concentraciones de polisacárido tan bajas como el 0,05 %. En cierta manera, la goma gelán nos puede dar la elasticidad de la gelatina neutra en hojas y también la propiedad de aguantar temperatura. Se presenta como un polvo refinado que se calienta junto al producto hasta los 85 °C. La gelatinización se produce al enfriarse. La goma gelán pierde mucha capacidad en soluciones salinas.

GOMA XANTANA

Utilizado desde 1969, este producto se desarrolló en Estados Unidos como parte de un programa para buscar nuevas aplicaciones del maíz. Se produce por fermentación del azúcar, que puede obtenerse previamente a partir del almidón de maíz, por la bacteria *Xanthomonas campestris*. No es capaz por sí mismo de formar geles, pero sí de conferir a los alimentos a los que se añade una gran viscosidad empleando concentraciones relativamente bajas de sustancia. La goma xantana es estable en un amplio rango de acidez, es soluble en frío y en caliente y resiste muy bien los procesos de congelación y descongelación. Se utiliza en emulsiones, como salsas. En estas últimas, nos dará un efecto de napado muy bueno, pero jamás debemos sustituir otros espesantes clásicos como la mantequilla para dar textura a nuestras salsas. Se comercializa en polvo blanco, a menudo diluida con otros agentes para facilitar su dosificación.

Esta es tan solo una muestra de la gran cantidad de productos que ya se utilizan en la cocina; estos son quizás los más genéricos. El día a día, la práctica y un poco de paciencia normalizarán su utilización.

Solo falta remarcar que estos productos nos pueden ayudar a solucionar problemas o a crear nuevas elaboraciones basadas en sus propiedades. No debemos utilizarlos sin lógica, pues sus usos tienen que ser muy específicos.

A continuación, elaboramos dos recetas con aquellos cuajos y gelatinas que abrían este capítulo: una versión del gin-tonic helado a partir de agua mineral y un pequeño homenaje a la cuajada «a la vista» de Pedro Subijana, pero pensando en nuestro tradicional *mel i mató*.

HACIENDO REFERENCIA AL GIN-TONIC
AGUA MINERAL TONIFICADA, GASIFICADA Y GELATINIZADA CON INFUSIÓN DE LIMÓN Y BAYAS DE ENEBRO

4 dl de agua mineral | 1 limón | 20 g de bayas de enebro | 20 g de azúcar | 2 gotas de esencia de quinina

PARA LA INFUSIÓN DE AGUA MINERAL, LIMÓN Y BAYAS DE ENEBRO Picamos las bayas de enebro y laminamos la piel de limón sin nada de blanco, y envasamos el agua, las bayas, el azúcar y las pieles de limón. Infusionamos a 55 °C una hora y media. Enfriamos la bolsa y añadimos las gotas de esencia. Enfriamos de nuevo y reservamos.

—

2,5 dl de infusión de agua | 30 ml de ginebra | 10 g de soda en polvo | 3 hojas de gelatina neutra (6 g)

PARA LA GELATINA DE AGUA TONIFICADA Remojamos las gelatinas, las disolvemos en 50 ml de agua tonificada y las incorporamos al resto de ingredientes. Dejamos gelificar un mínimo de 2 horas.

—

1,5 dl de infusión de agua | 1 limón | 1,5 g de lecitina de soja

PARA EL AIRE DE INFUSIÓN TONIFICADA AL LIMÓN En un recipiente estrecho y alto introducimos todos los ingredientes. Con la ayuda de un túrmix, trabajamos durante 10 segundos y aplicamos aire a la superficie del producto para conseguir una buena cantidad de espuma. Reservamos 1 minuto para que se estabilice.

—

1,7 dl de agua mineral | 1,1 dl de zumo de limón | 20 ml de ginebra | 55 g de glucosa atomizada | 80 g de azúcar | 2 gotas de esencia de quinina | 3 g de estabilizante

PARA EL SORBETE DE AGUA GIN-TONIC Calentamos el agua a 85 °C y añadimos el azúcar, la glucosa y el estabilizante. Dejamos reposar 5 minutos y agregamos la ginebra. Dejamos reposar 4 horas para que madure. Trituramos con el zumo de limón y la esencia de quinina.

—

15 bayas de enebro | 100 g de azúcar | 1 dl de agua mineral | 10 gotas de zumo de limón

PARA EL ALMÍBAR DE BAYAS DE ENEBRO Cocemos el agua con el azúcar. Cuando tenga textura de almíbar, incorporamos las bayas de enebro picadas finamente con el cuchillo y el zumo de limón.

—

20 g de limón natural en dados | hojitas pequeñas de tomillo limonero | manzana ácida granny smith en daditos de 2 mm

MONTAJE Pincelamos el fondo de un recipiente de cristal con un poco de almíbar de bayas de enebro. Añadimos gelatina de agua tonificada cortada. Intercalamos gelatina con hojas de tomillo limonero, dados de limón y manzana en poca cantidad. Añadimos una pequeña porción de sorbete de limón y acabamos con el aire o la espuma de agua tonificada.

LECHE DE CABRA CUAJADA AL MOMENTO
CON PECTINA DE MIEL Y PIÑONES TOSTADOS

PARA 12 RACIONES

—

Este prepostre surgió del concepto aprendido en el restaurante Akelarre, donde Pedro Subijana muestra a sus comensales cómo se elabora la mamia, de leche cuajada de oveja, al momento. Nosotros pensamos versionar el *mel i mató* catalán transformándolo en un prepostre, basándonos en esta original técnica.

—

200 g de miel de calidad | 3 dl de agua mineral | 2 g de pectina Nh | 3 hojas de gelatina neutra (6 g)

TRABAJO CON LA MIEL En un cazo ponemos a hervir el agua con la pectina. Un minuto después de su ebullición, retiramos del fuego y añadimos la miel. Trituramos con el túrmix para que la masa quede lista. Dejamos enfriar hasta 35 °C y añadimos las gelatinas remojadas. Con la ayuda de una jeringuilla, llenamos pequeños vasos de chupito con la pectina de miel hasta una altura de 1,2 cm. Introducimos los chupitos en la nevera un mínimo de 2 horas.

—

5 dl de leche de cabra cruda

PARA LA LECHE DE CABRA En esta receta, utilizamos leche de cabra que en nuestra zona es más fácil de conseguir, pero podemos utilizar también leche de oveja con iguales o mejores resultados. En la receta vasca, la leche se quema con un hierro para simular el original sabor de la piedra ardiente introducida en el kaiku para esterilizar la leche. En nuestra receta no lo hacemos pues el *mel i mató* catalán no contiene este sabor. Calentamos la leche hasta los 70 °C para esterilizarla. Dejamos bajar la temperatura hasta los 42 °C. Colocamos la leche en la jarra de servicio a esta temperatura para que, cuando la sirvamos delante del comensal y toque el cuajo, esté a 38 °C.

—

100 g de piñones tostados | 50 ml de aceite de oliva royal | 30 ml de moscatel o brandi

PARA EL TOSTADO DE LOS PIÑONES Ponemos el aceite y los piñones en una sartén y cocemos a fuego moderado trabajando constantemente para que el tostado sea uniforme. Cuando estén bastante tostados, añadimos el licor. Una vez evaporado, el tostado será más rápido e intenso. En cuanto adquieran un bonito color, los ponemos en una fuente con papel absorbente y los guardamos en un recipiente hermético para protegerlos de la humedad.

—

cuajo natural | piñones tostados | leche de cabra a 42 °C | vasos de chupito con la pectina de miel

MONTAJE Colocamos una pequeña capa de piñones tostados y 4 gotas de cuajo natural en los chupitos. Los ponemos delante del comensal y servimos la leche de cabra. Indicamos a nuestros comensales que deberán esperar 3 minutos para que la leche de cabra cuaje. Una vez cuajada, se comerá de arriba abajo para recoger todos los componentes de la cuajada.

LAS EMULSIONES EN ESFERA

Lejos de esta complicada manera de entenderla, para nosotros la esfera fue la mejor forma estética de aplicar diferentes tipos de emulsiones a nuestros postres. La esfera es, en muchos casos, la forma perfecta, una composición estética que refleja nuestra búsqueda de la perfección. Seguramente, la necesidad de crear un estilo propio y una línea clara de trabajo nos impulsó a dar forma esférica a mousses, parfaits, bavaroises, cremas montadas, etc. Y, de esta sencilla manera, configuramos nuestros primeros postres de autor y nuestras primeras reconstrucciones de postres tradicionales.

Este capítulo es, en cierta manera, un homenaje a esa primera elección estética, ya que de ese trabajo nació la comprensión que ahora tenemos en referencia a esas emulsiones que a menudo son complejas de realizar. En las elaboraciones más clásicas de los postres en esfera, encontramos diferentes componentes muy importantes para que nuestras emulsiones resulten perfectas.

LA NATA (33 A 35 % M.G.)
La grasa es la columna vertebral de la nata y es la que le da su firmeza. Si el contenido de grasa es bajo, difícilmente mantendrá su volumen y será más complicada de montar. Lo importante de la nata es el volumen que conseguimos con ella y la grasa le dará la consistencia y el aguante necesarios para nuestras preparaciones. El porcentaje de grasa permite la máxima incorporación de aire creando una microestructura de burbujas envueltas y cubiertas por la grasa contenida. Incorporamos muchos lípidos a las emulsiones —chocolate, mantequilla, etc.—, pero únicamente la nata es la responsable de su textura ligera. La temperatura óptima para emulsionar nata se encuentra entre los 3 °C y los 6 °C.

LA MANTEQUILLA
Es una emulsión de partículas de grasa suspendidas en agua, se usa como agente de textura y normalmente contiene de un 18 a un 20 % de humedad. En su elaboración jamás tenemos que superar los 40 °C de temperatura. La mantequilla nos aporta una textura cremosa, pero, al fundirla, sufre una separación de sus componentes que, al endurecerse de nuevo, aportan una textura granulosa y grasienta.

EL AZÚCAR
Podemos utilizar muchos azúcares diferentes de caña o de remolacha: melazas, moreno, mascabado, etc. Esta gran variedad de azúcares nos da juego y aporta un punto personal a nuestras preparaciones. Lo más complejo de su utilización es la dosificación: nos aporta equilibrio a

«LA ESFERA ES EL SÓLIDO ENGENDRADO AL GIRAR UNA SEMICIRCUNFERENCIA ALREDEDOR DE SU DIÁMETRO.»

la emulsión, pero se puede convertir en nuestro enemigo. Dominar su dosificación es básico, pues el azúcar, aparte de facilitar la conservación de la elaboración, también potencia el dulzor en buena medida, pero también en exceso.

Encontramos muchos azúcares obtenidos por procesos fisicoquímicos que aportarán numerosas propiedades al dulce que utilicemos: desde propiedades higroscópicas que permiten fijar, estabilizar y absorber el agua contenida, hasta propiedades anticristalizantes o que sencillamente aportan más elasticidad a nuestras preparaciones: azúcar invertido, glucosa, malcodextrina, isomalt, etc.

LA GELATINA ALIMENTARIA

Hay en el mercado nuevos agentes gelificantes, pero esta gelatina procedente de huesos y cartílagos de cerdos y terneras nos ayuda a mantener la estructura de nuestras emulsiones. Bien utilizada, puede dar excelentes resultados y no tenemos que privarnos de ella. Es importante el remojado previo en agua fría y una temperatura de 35 a 40 °C para disolverla. Sobrepasar los 65 °C puede descomponerla y destruirla, eliminando sus efectos. Preferimos la gelatina neutra en hojas de dos gramos, pues es fácil de dosificar y no tiene ningún tipo de olor, contrariamente a la gelatina en polvo que, por su método de elaboración, puede desprender algún aroma no deseado.

LA YEMA DE HUEVO

Se usa fresca, pasteurizada o en polvo, y su función es básicamente emulsionante. Compuesta por lípidos y proteínas, contiene lecitina, que favorece y estabiliza la unión entre la grasa y el agua, aportando también textura. La lógica nos indica que podríamos utilizar lecitina de soja con iguales resultados, pero en una pasta bomba, por ejemplo, la yema de huevo ayuda a una mejor captación del aire.

Sus problemas básicos nacen de la fragilidad bacteriológica; tenemos que cuidar mucho estas elaboraciones para rebajar al máximo el peligro de intoxicación bacteriana.

EL CHOCOLATE

Utilizado como sabor y aromatizante de muchas preparaciones, su función básica es la de cemento o endurecedor. Concretamente, la manteca de cacao que contiene proporciona al cristalizar una textura más uniforme y compacta. Podemos utilizar chocolate en nuestras emulsiones, pero, si su sabor no nos interesa, solo utilizaremos la manteca obtenida de las habas de cacao, consiguiendo buenos resultados.

ESFERA DE ANÍS
CON CRUJIENTE DE QUINOA Y DIVERSIDAD EN LA MORA

100 g de azúcar | el zumo de ½ limón | 4 yemas de huevo | 40 ml de licor anisado | 1 gelatina neutra (2 g) | 3 dl de nata fresca 35 % M.G. | un poco de agua mineral o almíbar

PARA LAS ESFERAS DEL *PARFAIT* DE ANÍS En un cazo de fondo grueso ponemos el azúcar y el zumo con un poco de agua mineral. Montamos las yemas. Cuando el azúcar alcance los 121 °C retiramos y dejamos reposar un minuto. Lo mezclamos a hilo con las yemas sin dejar de trabajar. Ponemos la gelatina con el licor y la disolvemos. Montamos la nata hasta el punto de pico de pájaro. Mezclamos ¼ de nata con la gelatina, añadimos el resto de nata y por último el merengue cocido de yema. Llenamos los moldes antes de que cuaje y lo congelamos.

100 g de harina de maíz Blé | 200 g de leche condensada | 70 g de azúcar invertido (gold) | 30 g de glucosa | 30 g de anís | 2 g de polvo de anís estrellado

PARA EL CRUJIENTE Hacemos un almíbar con el azúcar, la glucosa y el anís. Retiramos del fuego y añadimos el polvo de anís estrellado. En una sopera con la leche condensada mezclamos el almíbar caliente y por último la harina tamizada. Llenamos una manga con la mezcla y la dejamos reposar cerrada. Con un cornete de punta muy fina, escudillamos finos hilos de 8 cm de largo sobre un silpat. Horneamos brevemente a 180 °C. Esta masa es muy flexible y permite ser calentada para darle forma.

300 g de mora | 40 g de frambuesa | 100 g de glucosa | 75 ml de licor de moras

PARA EL JUGO DE MORAS En un cazo de fondo grueso ponemos la glucosa y los frutos, tapamos con film transparente y cocemos al baño maría 40 minutos. Sacamos el cazo y reservamos destapado toda la noche. Al día siguiente colamos presionando ligeramente. Reducimos con los 75 ml de licor de moras a textura de almíbar, unos 20 minutos a fuego medio y 5 en plancha. Al final, añadimos el resto de licor bien frío removiendo enérgicamente. Con el calor se evaporará casi todo el alcohol pero, al estar frío, se respetará el sabor de la mora.

100 g de quinoa real andina | 4 dl de agua | 50 g de azúcar | 30 g de mantequilla | c.s. aceite de cacahuete

PARA EL CRUJIENTE DE QUINOA Cocemos la quinoa con el agua unos 20 minutos, lo justo para que se pase de cocción. La estiramos en un tapete de silicona y la ponemos a secar a 70 °C. Cuando esté seca, tiene que quedar suelta. Freímos la quinoa en aceite de cacahuete para suflarla y le retiramos el aceite sobrante con papel absorbente. Hacemos un almíbar con el azúcar, y añadimos la mantequilla y la quinoa suflada. Hacemos un agujero en las semiesferas de anís, llenamos con la quinoa y juntamos las mitades sellando con los dedos. Reservamos la quinoa sobrante para asegurar la esfera en el plato.

arándanos, moras, zarzamoras | fruta de la pasión | polvo de frambuesa | tomillo limonero

MONTAJE Dejamos las esferas unos minutos a temperatura ambiente para que tomen textura. En el plato, dibujamos un trazo en redondo con el jugo de moras y una línea que atraviese el círculo. Disponemos de manera elegante los frutos, polvo de frambuesa y el tomillo. Colocamos 1 cucharada de quinoa caramelizada en el centro del plato, y encima la esfera, coronando con dos bastones crujientes de leche condensada.

EL TIRAMISÚ CEREAL

3,25 dl de nata fresca | 80 g de azúcar | 1 hoja de gelatina
(2 g) | 325 g de mascarpone | 3 yemas de huevo

PARA LA MOUSSE DE MASCARPONE Hervimos la nata con
el azúcar. Fuera del fuego, añadimos las yemas de huevo
batidas. Cuando la mezcla esté tibia, la trabajamos con el
túrmix y añadimos el mascarpone y la gelatina remojada.
Dejamos cuajar una noche y al día siguiente montamos en la
batidora como si de una nata se tratara. Con esta emulsión
llenamos semiesferas de silicona de 2,5 cm. Introducimos
en el congelador un mínimo de 2 horas.

1 dl de nata fresca | 1 yema de huevo | ½ gelatina neutra
(1 g) | 15 g de azúcar | 50 ml de café | 80 g de Micri

PARA LA SALSA DE CAFÉ Mezclamos la yema de huevo con
el azúcar y el café. Hervimos la nata con el Micri y cocemos
medio minuto. Pasamos por el túrmix y añadimos a la
primera mezcla. Lo ponemos al fuego y damos un ligero
hervor. Dejamos atemperar y añadimos la gelatina remojada.
Introducimos en la nevera para que cuaje. Antes de
utilizarla, la batimos un poco con la ayuda de unas varillas.

25 ml de leche | 50 ml de nata fresca | 25 g de glucosa |
50 ml de agua mineral | 80 g de chocolate con un 70 % de
cacao

PARA LA SALSA DE CHOCOLATE Picamos el chocolate
y lo introducimos en una sopera. Hervimos todos los
ingredientes, menos el agua, y lo vertemos bien caliente
encima del chocolate. Trabajamos hasta que esté bien
disuelto y añadimos el agua tibia. Reservamos en la nevera
para que tome cuerpo.

100 g de harina de maíz Blé | 200 g de leche condensada |
70 g de azúcar invertido (gold) | 30 g de glucosa |
20 g de amaretto | 4 g de polvo de almendras marcona

PARA EL CRUJIENTE Hacemos un almíbar con el azúcar, la
glucosa y el amaretto. Retiramos del fuego y añadimos el
polvo de almendra. En una sopera, con la leche condensada,
mezclamos el almíbar caliente y por último la harina
tamizada. Llenamos una manga con la mezcla y la dejamos
reposar cerrada. Con un cornete de punta muy fina,
escudillamos finos hilos de 8 cm de largo sobre un silpat.
Horneamos brevemente a 180 °C. Esta masa es muy flexible
y permite ser calentada para darle forma.

100 g de azúcar glas | 5 yemas de huevo | 1 huevo |5 claras
de huevo | 325 g de harina | 10 g de azúcar glas

PARA EL BIZCOCHO DE SOLETILLA Realizamos 2 merengues;
el primero con las yemas, el huevo y 100 g de azúcar, y otro,
con las claras y los 10 g de azúcar. Añadimos la harina
tamizada al segundo merengue y luego con mucho cuidado,
agregamos el primero al segundo. Colocamos en una fuente
antiadherente y cocemos a 180 °C durante 15 minutos.

80 g de cereales hinchados: maíz, trigo y arroz | 80 g de
bizcochos de soletilla en dados de 1 cm | 80 g de
mantequilla fundida | 30 g de azúcar | 2 huevos | 40 g de
maicena

PARA LA TOSTA DE SOLETILLA Y CEREALES Batimos los
huevos y les añadimos la maicena, el azúcar y la mantequilla
en pomada. Añadimos los cereales y los bizcochos de
soletilla. Estiramos dando un grosor de 1 cm y cocemos a
180 °C durante 15 minutos. Picamos en daditos de 0,5 cm.

polvo de piel de naranja seca | gotas de amaretto

MONTAJE Sacamos las semiesferas de los moldes y las
juntamos. Pasamos la yema de los dedos para eliminar la
junta. Dejamos unos minutos a temperatura ambiente para
que tome textura. En el plato dibujamos dos trazos, uno con
café y otro con chocolate. En el centro colocamos la tosta de
soletilla picada, y encima, la semiesfera. Añadimos unos
toques con la naranja en polvo y mojamos la esfera con
2 gotitas de amaretto. Acabamos con los crujientes de leche
condensada y amaretto.

ELABORACIONES DULCES TRADICIONALES

puestas al día

No hace demasiados años que el carro de postres dejó de ser el estandarte dulce de muchos restaurantes. Al final del servicio, estos carros, que de buen principio estaban llenos de bellos pasteles y elaboraciones hechas con esmero, acababan presentándose como campos de batalla sin presencia y a menudo sin sentido alguno.

Corren otros tiempos y los cocineros, movidos por su afán de perfeccionarlo todo, trasladan estas elaboraciones al plato. Así pues, empezaron a dar vueltas a los dulces hasta convertirlos en algo más que bombas de calorías.

La repostería se ha revolucionado hoy en día; mil y un productos sirven de base a la creatividad. Las coberturas de chocolate van del amargo al extraamargo, permitiendo apreciar mejor el sabor del chocolate, sin que el azúcar lo torne demasiado empalagoso. Frutas, especias, lácteos, aromas y sabores han irrumpido en la pastelería para vestirla con sabrosa modernidad. Además, hablar de los nuevos gelificantes, pectinas, estabilizantes, etc., nos traslada a un mundo de ciencia ficción donde cualquier idea puede tomar forma y convertirse en real.

Esta revolución ya está fusionando incluso el mundo salado y el dulce, una innovación con tantas posibilidades que nos puede hacer crear obras maestras o, en el peor de los casos, postres sin sentido, por ejemplo, mezclar sabores en un mismo plato que sean diametralmente opuestos.

Realizar postres nuevos partiendo de cero es muy complejo. Como ya hemos comentado anteriormente, los postres son matemática pura, todo se basa en medidas perfectas, y el mejor lugar para entrenarse y acostumbrarse a ver recetas se encuentra en los recetarios tradicionales.

¿Cómo podemos realizar un bizcocho ligero de mandarina si no hemos realizado previamente un bizcocho clásico? Comprender las reacciones de los componentes de cada elaboración requiere tiempo y estas recetas tradicionales son la base práctica para cualquier cocinero de postres que se precie.

Podemos pensar que la reconstrucción de la tradición es una manera rápida de crear platos, aunque personalmente creo que la cocina dulce es un nuevo concepto y que este no se basa en la pastelería clásica.

Cuando sabemos realizar estas preparaciones básicas, la lógica nos mueve a modificarlas para que tengan su lugar en la cocina actual. Hoy en día, nuestros clientes se preocupan más por las calorías, demandan postres más ligeros y equilibrados, pero también que sean sabrosos, originales y divertidos.

Con esta lógica, recomponemos las obras maestras de la pastelería. Buscamos aquellos postres que son bandera en cada región e intentamos aplicarles una puesta a punto para que perduren mucho más tiempo. Utilizamos el término «recomponer», cuando lo lógico sería «descomponer». Esta técnica que el genial Ferran Adrià llamó «deconstrucción» constituye la técnica más utilizada para recomponer postres o cualquier plato de nuestras cartas.

Un postre está compuesto por una serie de pequeñas recetas. Cuando nos planteamos modificarlo, lo primero que hacemos es descomponer estas recetas y evaluar cuál de ellas marca la pauta en sabor, textura, etc. A partir de esta lógica, podremos plantearnos un trabajo coherente.

Versionar un postre tradicional exige respetar su sabor básico y muchas veces su textura y otros pequeños matices. Normalmente, estas modificaciones aportan una nueva estética, intentan dar cierta ligereza y, a menudo, algún sabor nuevo que marida muy bien y que antes no podía ser utilizado porque no existía en nuestra cocina.

Combinar las temperaturas para crear contrastes térmicos se está convirtiendo también en un divertido juego que modifica de manera respetuosa muchos postres.

Delante de estas elaboraciones, el comensal tiene que ser crítico, pues no podemos perder la esencia de los postres tradicionales referenciados. Si lo que hace especial una elaboración es su textura, esta debe quedar inalterada. Si lo importante es un maridaje básico de dos productos, ¿por qué añadir un tercero? El comensal tiene que percibir el plato tradicional y luego valorar si la mejora ha sido acertada.

Nuestra memoria nos obliga a respetar esos sabores de la niñez que tanto nos gustaron, y esta manera de crear postres es un homenaje a la memoria.

PASTELITO DE CHOCOLATE HACIENDO REFERENCIA A UNA GANACHE,
ALMENDRAS BLANCAS Y AMARGAS, AVELLANAS TOSTADAS, SAL VOLCÁNICA Y MARIDAJE CON UVA PASA

105 g de huevo entero | 135 g de azúcar | 125 g de mantequilla | 65 g de harina floja | 85 g de chocolate negro (70 % de cacao)

PARA EL BIZCOCHO DE CHOCOLATE Montamos los huevos en la batidora y cuando estén a punto de nieve añadimos el azúcar poco a poco. Derretimos el chocolate a 37 °C y le incorporamos la mantequilla en pomada. Agregamos esta mezcla con cuidado al huevo. Vertemos esta elaboración en una placa antiadherente dando un grosor de 0,5 cm. Cocemos a 180 °C durante 15 minutos.

200 g de azúcar | 2 dl de agua mineral | 2 huevos | 3 yemas de huevo | 5 dl de nata fresca | 350 g de chocolate con un 70 % de cacao

PARA LAS TEJAS DE CACAO Ponemos a cocer el agua y el azúcar para realizar un almíbar. En la batidora, montamos las yemas y huevos. Cuando el almíbar alcance los 121 °C, lo dejamos reposar un minuto y lo añadimos a hilo al merengue con la máquina trabajando suavemente. Lo dejamos en la máquina, batiendo al mínimo hasta que se temple. Atemperamos el chocolate a 37 °C y, aparte, semimontamos la nata. Añadimos el chocolate al merengue cocido y luego incorporamos la nata. Trabajamos en todo momento con una espátula de goma de arriba abajo para que todo se integre procurando no dar más vueltas de las necesarias. Intentamos no perder nada de aire en la masa.

Llenamos moldes de PVC de 3,5 cm de diámetro por 4,5 cm de altura con una base de bizcocho de chocolate de 1 cm de grueso. Ponemos en el congelador un mínimo de 2 horas.

7,5 dl de leche entera | 1,5 dl de nata fresca | 60 g de Micri | gotas de esencia de almendra amarga

PARA LA CREMA LÁCTEA DE ALMENDRA AMARGA Reducimos los lácteos en una sartén antiadherente procurando que no se pegue o forme una capa. Cuando la mezcla tenga cierta densidad, la filtramos y la trituramos junto con el Micri con un túrmix.

Una vez frío, añadimos unas gotas de esencia de almendras, probando el sabor a cada gota que añadimos a la masa. El sabor tiene que ser sutil y no desmesurado.

60 g de cacao en polvo | 20 g de glucosa | 120 g de almíbar tpt (la misma cantidad de azúcar que de agua)

PARA EL CROCANTE DE CACAO Hervimos el almíbar junto a la glucosa. Añadimos el cacao en polvo fuera del fuego y lo trabajamos hasta conseguir una mezcla lisa. Dejamos enfriar la masa de cacao y la estiramos con la ayuda de una plantilla de 4 por 4 cm encima de un tapete de silicona, cocemos las tejas de cacao a 165 °C durante 3 o 4 minutos, las sacamos una vez frías y las protegemos de la humedad.

4,5 dl de leche entera | 1,2 dl de nata fresca | 450 g de polvo de almendra tostada | 5 yemas de huevo | 50 g de azúcar | 20 g de glucosa | 16 g de dextrosa | 5 g de estabilizante

PARA EL HELADO DE ALMENDRAS TOSTADAS Dejamos macerar durante 12 horas la leche y la nata con el polvo de almendras. Pasado este tiempo, filtramos la crema de almendras por una estameña presionándola bien. Añadimos la glucosa a la crema y calentamos hasta que empiece a hervir. Batimos los huevos en un bol y añadimos el azúcar, la dextrosa y el estabilizante, incorporamos la leche hervida y calentamos hasta que alcance los 86 °C. Retiramos del fuego y dejamos madurar a 4 °C durante 12 horas. Transcurrido este tiempo, pasamos por la heladora.

avellanas recién tostadas, partidas por la mitad | sal volcánica | aceite de cacao *Véase anexo*

MONTAJE Retiramos el PVC de los pastelitos y los dejamos reposar unos minutos antes de montar el postre para que adquieran buena textura. En el plato, dibujamos una lágrima de crema láctea y en el centro colocamos el pastelito. Encima de este, una porción de helado y la teja de cacao. Disponemos unas avellanas partidas y una pizca de sal volcánica. Podemos acabar el plato con un hilo de aceite al cacao. Para acompañar el plato, servimos un poco de Pedro Ximénez que hará a su vez de fruta seca y licor que utilizaríamos en la elaboración de la ganache convencional.

MIEL Y REQUESÓN
CON UN COMPACTO DE FRUTA SECA, CRUJIENTE DE PIÑONES Y UNA PECTINA EFECTO FRAMBUESA

375 g de almíbar tpt | (250 g de azúcar, 2,5 dl de agua) | 190 g de piñones tostados | 55 g de glucosa

PARA EL CRUJIENTE DE PIÑONES Para hacer el almíbar, cocemos el azúcar y el agua durante 10 minutos; para que tenga la densidad correcta su peso debe ser de 375 g. Ponemos el almíbar, los piñones y la glucosa en el vaso de la Thermomix y trabajamos hasta conseguir una masa lisa. Con una manga de boca fina, escudillamos cordones encima de un silpat. Cocemos a 180 °C hasta que tomen color. Rompemos bastones de unos 7 cm, reservamos en gel de sílice para aislarlos de la humedad.

150 g de glucosa | 100 g de miel de acacia | 150 g de azúcar invertido

PARA EL CARAMELO DE MIEL Cocemos todos los ingredientes hasta 165 °C. Estiramos entre silpats. Guardamos la teja al vacío. Cada día podemos estirar el caramelo necesario, volviéndolo a calentar.

5 dl de nata | 125 g de miel de acacia | 5 yemas de huevo | 5 g de estabilizante | 1 rama de romero fresco y polvo de romero seco

PARA EL HELADO DE MIEL Y ROMERO Hervimos la nata y dejamos infusionar los diferentes romeros fuera del fuego. Retiramos la ramita. Agregamos las yemas y el estabilizante, dejamos enfriar en la nevera durante 12 horas y pasamos por la sorbetera.

4 dl de agua | 100 g de glucosa | 100 g de azúcar invertido | 40 g de miel | 60 g de jarabe de arce | 10 g de ácido cítrico | 20 g de pectina Nh napage | 40 g de Micri | hojas de hierbaluisa | piel de naranja y limón sin el blanco

PARA LA PECTINA DE HIERBALUISA EFECTO FRAMBUESA Cocemos todos los ingredientes menos los aromatizantes 5 minutos y retiramos. Agregamos las pieles de cítrico y las hierbas. Infusionamos 25 minutos, colamos y trabajamos un poco con el túrmix, por último dejamos que cuaje en la nevera.

2 dl de agua | 2 vainas de vainilla (Bourbon o Tahití) | 50 g de Micri | 20 g de glucosa

PARA EL BRILLO NEUTRO DE VAINILLA Cocemos todos los ingredientes 20 minutos. Cuando adquiera una textura densa, trabajamos con el túrmix y guardamos en un biberón.

6,25 dl de leche | 1,5 dl de nata fresca | 3 huevos | 1 yema de huevo | 180 g de azúcar | 1 canela en rama | 1 vaina de vainilla

PARA LA SALSA DE COCCIÓN Ponemos a hervir la leche, la nata, la vainilla y la canela. Dejamos infusionar. En un bol ponemos el azúcar, los huevos y la yema. Mezclamos con cuidado. Colamos.

300 g de dados de bizcocho de calidad del día anterior | 30 g de orejones picados | 30 g de pasas | 30 g de almendra laminada | 30 g de piñones tostados

PARA EL BIZCOCHO DE FRUTA SECA Disponemos todos los ingredientes en una fuente honda antiadherente. Cubrimos con la salsa de cocción y cocemos a 165 °C hasta que quede cuajado, unos 20 minutos

mató (requesón) | piñones tostados | hojas de tomillo | molde de acero inoxidable rectangular de 6 por 4 cm y 4 cm de altura.

MONTAJE Con el molde realizamos una base de bizcocho de frutos secos. Disponemos encima una capa de mató y piñones tostados. En el fondo del plato dibujamos una circunferencia con el brillo neutro de vainilla y colocamos el pastelito en el centro. Acabamos con 2 quenelles de helado, 2 caramelos de miel y 4 bastoncitos de crocante. Decoramos con unas hojas de tomillo y un cordón de pectina de hierbaluisa.

ESPUMA DE CREMA CATALANA CARAMELIZADA
CON OCUMARE, HELADO DE PLÁTANO Y PIÑA GUISADA AL RON AÑEJO

8 dl de leche | 2 dl de nata líquida 35 % M.G. | 200 g de yema de huevo muy fresca | 110 g de azúcar | 10 g de maicena | 1 vaina de vainilla | la piel de 1 limón | 1 ramita de canela | 4 g de agar-agar | 1,5 hojas de gelatina neutra (3 g) | 80 ml de agua mineral

PARA LA CREMA CATALANA Calentamos la leche y la nata, agregamos los aromas, y dejamos infusionar y macerar toda una noche. Al día siguiente volvemos a calentar. Mezclamos el azúcar, las yemas y la maicena y añadimos a la leche caliente. Sin parar de remover llevamos al primer hervor, retiramos y cambiamos de recipiente. Guardamos en frío. Para hacer la espuma, ponemos el agar en el agua y cocemos 5 minutos a fuego mínimo. Remojamos la gelatina y fuera del fuego incorporamos el agar. Removemos y agregamos este compuesto a 900 g de crema casi fría, removiendo enérgicamente. Cargamos un sifón de litro y dejamos en la nevera un mínimo de 6 horas. En el momento de emplatar, atemperamos al baño maría. También puede servirse fría.

5 dl de leche | 200 g de plátano canario maduro | 100 g de azúcar | 50 ml de nata fresca | 30 g de glucosa atomizada | 20 g de azúcar invertido | 4 g de estabilizante

PARA EL HELADO DE PLÁTANO CANARIO Asamos el plátano con mantequilla, espolvoreamos 25 g de azúcar, incorporamos la nata y dejamos cocer 4 minutos. Trituramos hasta conseguir una masa lisa. Mezclamos con la leche y dejamos enfriar. Agregamos la glucosa y el resto de azúcares. Añadimos el estabilizante, dejamos madurar y pasamos por la sorbetera.

100 g de dados de piña de 0,5 cm | 50 g de azúcar moreno | 15 g de mantequilla | 50 ml de agua mineral | 25 ml de ron añejo

PARA LA PIÑA GUISADA AL RON AÑEJO En una sartén antiadherente espolvoreamos el azúcar moreno a fuego medio, dejamos que caramelice y antes de que se queme incorporamos el ron, dejamos evaporar y añadimos el agua. Cocemos hasta que se forme un caramelo y agregamos los daditos de piña y la mantequilla. Salteamos ligeramente durante 2-3 minutos hasta que el guiso quede homogéneo.

100 g de almendra marcona | 100 g de almendra blanca | aceite de cacahuete

PARA LA DIVERSIDAD DE ALMENDRAS Freímos la marcona en aceite, secamos bien con un papel y pasamos por un rallador muy fino. Reservamos en un bote hermético. Laminamos la almendra blanca lo más fina posible.

2,5 dl de agua | 250 g de azúcar | 200 g de cacao ocumare | 1 c/c de canela en polvo

PARA EL JUGO DE CACAO Hacemos un jarabe con agua y azúcar. Cuando tome cuerpo, agregamos el cacao y la canela, dejamos cocer suavemente sobre la plancha hasta que adquiera la densidad del almíbar. Reservamos.

MONTAJE En una copa de cóctel disponemos un fondo de cacao y la piña, calentamos una capa de 3 mm de almendra tostada rallada para separar las temperaturas. Colocamos un disco de helado de plátano y otra capa de almendra blanca. Acabamos de llenar con la espuma de crema catalana. Quemamos con ayuda de un soplete y azúcar lustre. Servimos de inmediato para mantener los contrastes de temperatura.

BAJO UNA ESCARCHA DE FLORES SECAS,
NUBES DE YOGUR, GALLETAS CRUJIENTES Y HELADO DE VIOLETAS

PARA 8-10 RACIONES

—

100 g de mantequilla pomada | 100 g de azúcar moreno | 100 g de harina de almendra | 100 g de harina de trigo | 50 g de Yopol o yogur en polvo

PARA EL CRUJIENTE DE YOGUR En un robot de pastelería, con la pala, trabajamos la mantequilla pomada con el azúcar.
Cuando la mezcla sea homogénea, le agregamos las harinas y las incorporamos bien. Estiramos la masa resultante hasta que tenga un grosor de 5 mm aproximadamente. Horneamos durante 15 minutos a 180 ºC. Una vez fría, la picamos y le añadimos el yogur en polvo

—

400 g de yogur natural | 2 dl de leche | 100 g de azúcar | 8 ml de zumo de limón | 2 hojas de gelatina de 2 g cada una

PARA LA ESPUMA DE YOGUR Colocamos las hojas de gelatina en un recipiente con agua helada durante 5 minutos. Ponemos en un cazo 1 dl de leche y el azúcar y lo hacemos hervir. Apartamos el cazo del fuego y añadimos la gelatina perfectamente escurrida.
En un bol mezclamos la leche restante, el yogur y el zumo de limón y agregamos la leche con la gelatina. Removemos bien e introducimos la mezcla en un sifón. Lo reservamos en la nevera dos horas como mínimo, o hasta el momento de usarlo.

—

250 g de miel de pino | 50 g de néctar de flor de saúco | 4 gotas de esencia de jazmín | 5 gotas de esencia de naranjo | 10 gotas de agua de rosas

NÉCTAR DE FLORES Mezclamos todos los ingredientes y los reservamos en un biberón hasta que vayamos a emplatar.

—

600 g de clara de huevo | 120 g de yogur en polvo | 120 g de almendra en polvo | 140 g de azúcar | 40 g de harina

PARA EL BIZCOCHO DE YOGUR Ponemos todos los ingredientes en un robot de cocina y trabajamos durante 5 minutos a velocidad 10. Colamos y lo ponemos en un sifón con 2 cargas. Llenamos los vasos de plástico hasta un tercio de su volumen y practicamos tres cortes en la base del vaso. Cocemos a 800 W en el microondas durante 1 minuto. Dejamos enfriar boca abajo hasta el momento del emplatado.

—

150 g de nata | 7,5 dl de leche de entera | 80 g de azúcar | 30 g de dextrosa | 150 g de flores de violeta cristalizadas | 6 g de estabilizante

PARA EL HELADO DE VIOLETA Calentamos la nata y la leche a 40 ºC. Añadimos los ingredientes sólidos, excepto las flores de violeta, y seguimos calentando hasta los 83 ºC. Retiramos la mezcla del fuego, le agregamos las flores de violeta y la dejamos infusionar durante 30 minutos. Colamos la mezcla y la dejamos reposar en la nevera durante 8 horas. La mantecamos en una heladera y la reservamos.

—

flores comestibles | lactosa en polvo | 30 discos de papel de arroz (obulato) | 75 g de azúcar | 1 dl de agua

PARA EL CRISTAL DE FLORES SECAS Seleccionamos las flores más delicadas y las colocamos en una fuente cubiertas con una capa fina de lactosa. Las dejamos unas horas en un lugar fresco y seco, hasta que estén tiernas. Hacemos hervir el azúcar y el agua para formar un almíbar que dejamos enfriar. Una vez frío, lo vertemos en un recipiente vaporizador. Pasamos un papel untado con unas gotas de aceite por la superficie de una plantilla de silicona, colocada en una fuente, extendemos encima una capa de discos de obulato y los vaporizamos un poco con el almíbar. Encima del almíbar, distribuimos 2 o 3 flores secas. Cubrimos esta primera capa con una segunda y repetimos la operación. Acabamos con una última capa de papel de arroz y metemos la fuente en un deshidratador a 50 ºC durante un mínimo de 6 horas, hasta que los cristales estén totalmente secos y crujientes.

—

—

arándanos | fresas del bosque | flores frescas variadas

MONTAJE Cortamos el bizcocho de yogur en 3 trozos del mismo tamaño y los ponemos en la base del plato. Distribuimos el crujiente de yogur, los arándanos y las fresas del bosque. Disponemos en el centro el helado de violeta y lo espolvoreamos con la espuma de yogur. Terminamos el plato con un cristal de flores secas, unas gotas de néctar de flores y unas flores frescas.

TEXTURIZACIÓN NATURAL DEL ACEITE DE OLIVA

El olivo es un árbol muy arraigado en las dos orillas del Mediterráneo. Determinar su origen es difícil. Mesopotamia, Egipto o incluso Persia pudieron ser los primeros en descubrir las maravillas del fruto de este árbol.

Las primeras pruebas arqueológicas se encontraron en unas tablillas de piedra en la corte del rey Minos, 2500 años antes de Cristo. Los griegos pudieron vislumbrar las virtudes del olivo, los romanos masificaron su cultivo y los árabes discernieron sus usos culinarios y terapéuticos. Huesos de aceituna quedaron ya petrificados en el Neolítico y el cultivo del olivo en Oriente Medio se remonta a seis siglos atrás en el tiempo.

Entre las latitudes 30° y 45° de los dos hemisferios, encontramos el hábitat del olivo, y el 80 % del patrimonio oleícola mundial se sitúa en la cuenca mediterránea, ocupando una superficie de 8,2 millones de hectáreas.

La aceituna es un fruto de gran valor energético, bajo en colesterol y rico en calcio y vitaminas A y B. Los frutos manipulados para su consumo directo son bajos en proteínas pero ricos en fibras con altas dosis de vitamina A, C y tiamina. Pero el producto realmente valorado de este fruto es el aceite. Los beneficios para la salud son indiscutibles, pero, además de su importancia dietética, el aceite es un gran producto gastronómico que goza hoy de un prestigio innegable.

Encontramos gran variedad de aceitunas para elaborar aceites: picual, arbequina, hojiblanca, royal, morisca, cornezuelo, manzanilla, verdial, etc. Cada variedad aporta sus virtudes al jugo resultante de su prensado y encontramos una rica diversidad de aceites con cualidades y aplicaciones diversas.

En la actualidad, el aceite se elabora como hace miles de años. Lo único que ha cambiado ha sido el perfeccionamiento de las máquinas y útiles empleados. Su calidad dependerá de distintos factores: ambientales, como el clima y el suelo, genéticos según las distintas variedades y agronómicos según las técnicas de cultivo.

Un buen proceso de elaboración puede marcar la calidad. Las operaciones son: recepción de la materia prima, limpieza, lavado, pesado y almacenamiento, molienda, batido de la pasta de aceituna, extracción sólido-líquido, separación de las fases líquidas, almacenamiento y conservación.

De su elaboración obtenemos distintos tipos de aceites que podemos ver en el siguiente esquema:

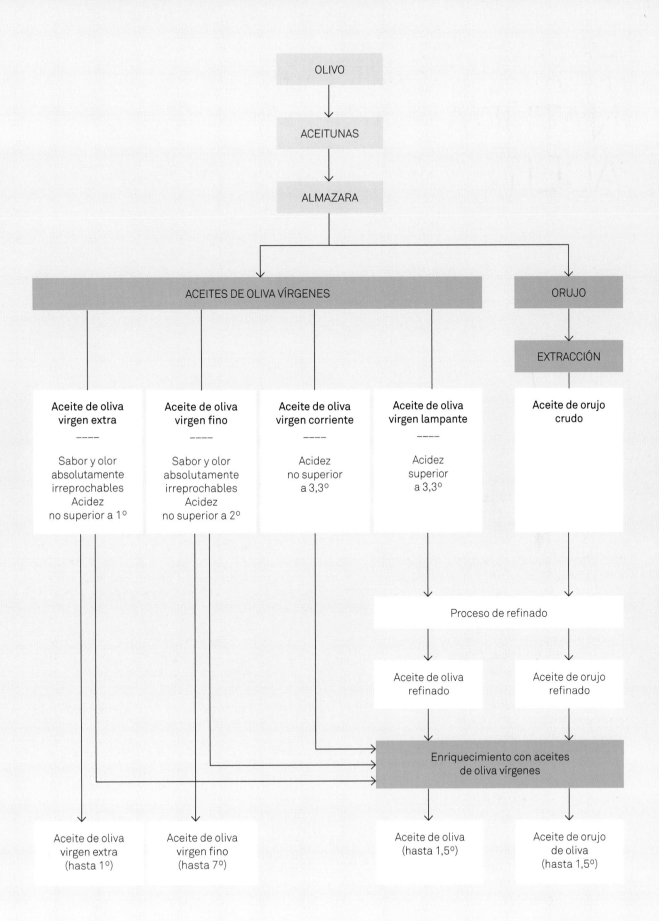

OLIVO

ACEITUNAS

ALMAZARA

ACEITES DE OLIVA VÍRGENES

ORUJO

EXTRACCIÓN

Aceite de oliva virgen extra
————
Sabor y olor absolutamente irreprochables
Acidez no superior a 1º

Aceite de oliva virgen fino
————
Sabor y olor absolutamente irreprochables
Acidez no superior a 2º

Aceite de oliva virgen corriente
————
Acidez no superior a 3,3º

Aceite de oliva virgen lampante
————
Acidez superior a 3,3º

Aceite de orujo crudo

Proceso de refinado

Aceite de oliva refinado

Aceite de orujo refinado

Enriquecimiento con aceites de oliva vírgenes

Aceite de oliva virgen extra (hasta 1º)

Aceite de oliva virgen fino (hasta 7º)

Aceite de oliva (hasta 1,5º)

Aceite de orujo de oliva (hasta 1,5º)

TRABAJOS DE TEXTURIZACIÓN DEL ACEITE DE OLIVA

El aceite de oliva es un pilar básico en nuestra cultura gastronómica, pero también es un producto difícil de trabajar fuera de su estado natural. Se conocen bien las diferentes aplicaciones para este producto: marinados, encurtidos, aliños, etc. Pero existen muy pocos trabajos en los que modifiquemos su estructura natural sin variar su sabor. Quizás en la mayonesa o en el alioli encontramos una variación de su estructura promovida por la albúmina del huevo, pero el resultado no sabe tan solo a aceite.

Hoy en día, se han incorporado a la cocina muchos productos que nos pueden ayudar a realizar diversas texturizaciones naturales.

Al igual que en su producción, la alta temperatura merma muchas de las virtudes naturales del aceite. Por este motivo, las elaboraciones en las que su sabor tenga un papel importante no deberán estar sometidas a cocciones o temperaturas superiores a los 55 °C. Los trabajos con aceite de oliva se pueden centrar básicamente en cambiar su textura, sin aplicar calor, para preservar su sabor natural.

Las texturas de aceite deben respetar la personalidad del producto básico, de forma que el único sabor que percibamos sea el del aceite de oliva. Hemos desarrollado algunas técnicas donde variamos su textura de manera respetuosa, dejando intacto su sabor.

ACEITE TEXTURIZADO EN FRÍO

Esta técnica contrasta con el resto de texturizaciones por su sencillez. Consiste en someter el aceite de oliva a temperatura negativa durante un espacio largo de tiempo, y esto provoca que quede solidificado y podamos trabajarlo como una mantequilla.

Algunos aceites ricos en ácido linoleico empiezan a cuajar a los 10 °C.

—
RECETA BASE

Colocamos el aceite en un recipiente y lo mantenemos en el congelador hasta su total cuajado. Antes de usarlo, debemos dejarlo en el frigorífico entre 3 y 5 °C para que coja untuosidad. Lo utilizamos como un sorbete, en ensaladas, escabeches, para dar toques fríos con el sabor del aceite.

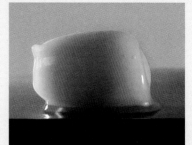

LA ESPUMA DE ACEITE

La espuma de aceite nace de una mezcla elaborada a temperaturas muy concretas, por lo que hace falta paciencia y práctica para realizarla. Para elaborar la espuma, partimos de un alto porcentaje de nata fresca que servirá de base y formará una perfecta emulsión. Para cuajar y conseguir esta emulsión añadimos la gelatina neutra. Con el agar-agar añadimos a la espuma capacidad para resistir temperatura.

Esta fue nuestra primera texturización de aceite y, aunque pueda parecer sencilla, necesitamos muchas cargas de gas y bastantes litros de aceite para afinar la receta.

—
RECETA BASE

Colocamos la nata en un bol y atemperamos a 25 °C. Hacemos lo mismo con el aceite a 20 °C en una jarrita. Cocemos el agar-agar en el agua 5 minutos a fuego suave, hasta conseguir unos 50 g. Remojamos la gelatina y la añadimos al agar templado. Incorporamos los gelificantes a la nata y con el batidor emulsionamos el aceite a hilo. Rectificamos con la sal y cargamos el sifón (½ litro y 1 carga). Reservamos un mínimo de 2 horas.

2,55 dl de aceite de oliva virgen arbequina o royal | 2,45 dl de nata fresca 35% M.G. | 1,5 hoja de gelatina (3 g) | 80 ml de agua mineral | 2 g de agar-agar | 6 g de sal

AIRES CON ACEITE DE OLIVA

En el capítulo de aires con grasas podemos ver aires elaborados con aceites. El aceite de oliva es una buena materia prima para esta técnica. Para elaborar un buen aire de aceite, seguiremos la receta base de la página 29 teniendo en cuenta que está pensada para aceites esenciales, por lo que la calidad del aceite debe ser muy buena, y su potencia de sabor, elevada.

Este aire es interesante para las recetas frías en las que queremos incorporar toque de aceite suave pero destacado.

MASA CUAJADA DE ACEITE

En esta técnica, texturizamos el aceite con una proporción de masa aglutinante muy baja. La proporción de aceite es muy elevada y el resultado es una masa cuajada con alta resistencia a la temperatura y mucho sabor a aceite.

Para realizar la masa aglutinante, preparamos una falsa clara de huevo, con la misma propiedad de emulsionar el aceite, pero sin sabor y con una textura más compacta.

Como gelificantes, utilizamos los mismos que en la espuma de aceite, añadiendo raíz de mandioca (Micri) para el cuerpo de la clara y suprimiendo la nata totalmente.

450 g aceite oliva arbequina o royal | 1 dl agua mineral | 80 g Micri | 2 g de pectina Nh | 0,75 g agar-agar en polvo | 1 hoja de gelatina neutra (2 g) | 6 g sal

—
RECETA BASE
En una jarrita colocamos el aceite de oliva y la mantenemos durante 6 minutos a una temperatura de 28 °C. Colocamos el resto de ingredientes, menos la gelatina, en un cazo y trituramos con un túrmix. Cocemos a fuego medio y concentramos trabajando constantemente con una cuchara. Reducimos hasta obtener una textura densa parecida a la clara de huevo.

Colocamos esta reducción dentro de un bol, añadimos la gelatina remojada y con unas varillas vamos añadiendo el aceite a hilo. Trabajamos hasta que la masa acepte todo el aceite. Esta operación no debe durar más de 1 o 2 minutos.

Colocamos la emulsión dentro de un molde y la dejamos cuajar un mínimo de 2 horas.

ACEITE CON TEXTURA DE CREMA

La crema de aceite es una variante del cuajo. En esta técnica, intentamos quitar rigidez al cuajo para que la textura compacta no retenga el sabor a aceite. Reducimos la gelatina y el agar-agar, añadiendo un poco de pectina para tener la densidad necesaria al emulsionar. Cuando tenemos una buena emulsión, añadimos un jugo de fécula para reducir el efecto de los gelificantes y mantener la textura cremosa.

(cantidades mínimas)
Jugo de fécula: 1 patata (100 g) | 1,5 dl de agua mineral | sal y pimienta al gusto | 1 c/s de aceite de oliva picual

Masa aglutinante: 4 dl de aceite de oliva picual o royal | 80 ml de agua | 80 g de Micri | 0,75 g de agar-agar | 1 hoja de gelatina (2 g) | 2 g de pectina Nh | 5 g de sal

—
RECETA BASE
Aliñamos la patata con sal, aceite y pimienta y la cocemos envuelta en papel de aluminio. Pelamos y trituramos 40 g de pulpa de patata asada con el agua hasta obtener un jugo fluido pero denso. Colamos y reservamos.

Calentamos el aceite a 30 °C. Colocamos el resto de ingredientes en un cazo y los cocemos 1 minuto. Trituramos con un túrmix. Seguimos cociendo hasta tener una masa homogénea de consistencia untuosa y de cierta densidad. Vertemos la mezcla en un bol y añadimos la gelatina, previamente remojada. Rápidamente agregamos el aceite a hilo con la ayuda de un batidor. Cuando tengamos una textura de mayonesa y la masa acepte todo el aceite, añadimos parte o la totalidad del jugo de fécula, dependiendo de la densidad que queramos. Reservamos como mínimo 1 hora.

ESPAGUETIS AL 95 % DE ACEITE

Denominamos a esta preparación «espagueti» por ser la primera forma que utilizamos. Pero es una masa muy versátil con la que podemos realizar una gran variedad de trabajos: masa de raviolis, canelones, encerrados, etc. Para elaborar la masa, utilizamos las medidas de la crema de aceite y la virtud de la textura del cuajo de aceite. Lo único que tenemos que hacer es suprimir el jugo de fécula y dar la forma deseada antes de dejar cuajar la masa en su totalidad. Partiendo de estas recetas básicas podemos realizar otras formulas de texturización. Si añadiésemos una nata ligeramente batida a la masa del espagueti acabado de emulsionar, el resultado sería el de una mousse de textura especial. Esto es solo un ejemplo del juego que pueden aportar estos trabajos con el aceite.

Vale la pena remarcar la texturización en frío con ayuda del nitrógeno líquido N2 con la que podemos conseguir resultados muy interesantes. El cocinero Dani García ha realizado un largo trabajo con aceites y nitrógeno con resultados extraordinarios. Aprovechando los nuevos gelificantes, algunos cocineros también han realizado nuevas versiones de nuestros espaguetis de aceite.

—
RECETA BASE

Calentamos el aceite a 30 °C. Ponemos la gelatina neutra en remojo. Trituramos el resto de ingredientes con un túrmix y reducimos a fuego lento hasta obtener una textura de clara de huevo. Emulsionamos esta preparación con la gelatina y el aceite a 30 °C añadido a hilo. Cuando la masa acepte todo el aceite, la estiramos en forma de espagueti con ayuda de una manga pastelera. Dejamos cuajar 2 horas en la nevera.

(cantidades mínimas)
2,25 dl de aceite de oliva royal | 1 g de pectina Nh napage | 0,35 g de agar-agar | ½ hoja de gelatina neutra (1 g) | 60 ml de agua mineral | 40 g de Micri | 2,5 g de sal

ESFERAS DE ACEITE

A partir de la fusión de dos técnicas como la sferificación elaborada por El Bulli y nuestros procesos de texturización, hemos conseguido elaborar una esfera de aceite de oliva, demostrando las ventajas de nuestro trabajo en este campo y las grandes posibilidades que ofrece en concreto la texturización.

—
RECETA BASE

La víspera mezclamos 2,5 dl de agua primero con el citrato y después con el alginato, ayudados por un túrmix. Dejamos reposar esta agua toda la noche para que pierda el aire y el alginato se hinche. Juntamos los 80 ml de agua con el Micri y texturizamos con el túrmix.

Hervimos la mezcla y cuando tome textura de clara la pasamos a una sopera, añadimos la gelatina remojada y rápidamente el aceite a hilo. Emulsionamos igual que una mahonesa. Cuando todo el aceite esté integrado, añadimos el agua con el alginato, mezclamos bien y envasamos al vacío a 9 atmósferas para retirar el posible aire incorporado. Rectificamos de sal. Elaboramos 10 pequeñas esferas ayudados de una cuchara de 2,5 ml. Damos una cocción dentro del baño de cloruro de 20 a 30 segundos. Limpiamos las esferas en un baño de agua y las servimos inmediatamente.

2 dl de aceite de oliva royal | ½ hoja de gelatina neutra (1 g) | 80 ml de agua mineral (baja mineralización) | 40 g de Micri | 2 g de alginato sódico | 0,5 g de citrato sódico | c.s. de sal | 2,5 dl de agua mineral (baja mineralización) | baño de cloruro: 1,6 g de cloruro cálcico | 2,5 dl de agua mineral

VIEIRAS ASADAS CON PASTA DE ACEITE Y BROTES DE SOJA
CON ALCACHOFA, APIONABO Y ACEITES ESENCIALES

4 vieiras frescas de buen tamaño | 1 dl de aceite de oliva royal o picual | sal y pimienta blanca

PARA LAS VIEIRAS ASADAS Limpiamos las vieiras y las mantenemos en aceite 20 minutos. En el momento de servir, las aliñamos y asamos en una sartén bien caliente. Solo les damos un poco de color para que la cocción no sea abrasiva. Mantenemos las vieiras en un lugar cálido 55 °C durante 5 minutos. Calentamos unos segundos en la salamandra y servimos rápidamente.

—

2,25 dl de aceite oliva | 1 g de pectina Nh napage | 0,35 g de agar-agar | ½ hoja de gelatina neutra (1 g) | 60 ml de agua mineral | 40 g de Micri |2,5 g de sal

PARA EL ESPAGUETI DE ACEITE DE OLIVA Calentamos el aceite a 30 °C. Ponemos la gelatina neutra en remojo. Trituramos el resto de ingredientes con un túrmix y reducimos a fuego lento hasta obtener una textura de clara de huevo. Emulsionamos esta preparación con la gelatina y el aceite a 30 °C añadido a hilo. Cuando la masa acepte todo el aceite, la estiramos en forma de espagueti con ayuda de una manga pastelera. Dejamos cuajar 2 horas en la nevera.

—

100 g de apionabo | 50 ml de aceite de oliva royal | 1,2 dl de agua mineral | sal

PARA LA CREMA DE APIONABO Cortamos el apionabo en daditos y los cocemos en el agua salada. Escurrimos y trabajamos en la Thermomix junto al aceite. Colamos y reservamos.

—

4 alcachofas | 30 ml de agua mineral | 60 ml de aceite de oliva picual | sal

PARA LA CREMA DE ALCACHOFAS Limpiamos las alcachofas y pulimos los fondos. Las introducimos con el resto de ingredientes en una bolsa de vacío y cocemos a 72 °C 1 hora. Abrimos la bolsa y trabajamos con la ayuda de un túrmix hasta conseguir una textura cremosa. Colamos y reservamos.

—

80 g de brotes de soja | 15 ml de salsa de soja | 20 ml de agua mineral | perejil picado | sal

PARA EL SALTEADO DE SOJA En el momento de servir, mezclamos todos los ingredientes y los salteamos en una sartén caliente. Reducimos el jugo; esta operación no puede durar más de 4 segundos para no cocer demasiado los brotes.

—

100 g de hojas verdes de puerros | 1 dl de aceite de macerar las vieiras | 8 ml de salsa teriyaki | 15 ml de salsa de soja | 5 ml de aceite de sésamo tostado

PARA EL ACEITE DE PUERROS Y SOJA Limpiamos las hojas de puerro, las escaldamos en agua salada y las licuamos. Por el alto contenido en celulosa, tomará consistencia en pocos minutos. Mezclamos el resto de ingredientes con la crema de puerro licuado y reservamos.

—

—

MONTAJE Sacamos de la cámara la pasta de aceite y formamos 4 grupos de 2 espaguetis con volumen. Dejamos atemperar la pasta a 35 °C, trazamos una lágrima de crema de apionabo y otra de crema de alcachofas, colocamos una cucharada de salteado de soja, y encima, la vieira. Acabamos colocando la pasta de aceite aliñada con aceite a 70 °C y unas gotas del aceite de puerros y soja.

LOMO DE MERLUZA HACIENDO REFERENCIA A LA VASCA,
ALMEJAS, CREMA DE ACEITE EN ESENCIA DE PEREJIL Y AJOS TIERNOS, GERMINADO DE GUISANTE Y CEBOLLETAS

1 lomo de merluza gallega de 1 kg aprox. | 1 c/s de aceite de oliva picual | sal y pimienta blanca

TRABAJO CON LA MERLUZA Limpiamos perfectamente la merluza de escamas y espinas. Hacemos un corte longitudinal partiendo del cogote y siguiendo el centro del lomo. Cortamos tajadas de 80 g aprox. Con este corte, conseguimos que la merluza quede lisa al asar y por lo tanto un asado homogéneo. Asamos 12 minutos y dejamos reposar a 65 °C, 5 minutos antes del emplatado. Mojamos con un poco de vasca ligera y cocemos a horno precalentado a 120 °C. Servimos de inmediato.

(cantidades mínimas)
JUGO DE FÉCULA: 1 patata (100 g) | 1,5 dl de agua mineral | sal y pimienta al gusto | 1 c/s de aceite de oliva arbequina o royal

MASA AGLUTINANTE: 4 dl de aceite de oliva arbequina o royal | 80 ml de agua | 80 g de Micri | 0,75 g de agar-agar | 2 g de pectina Nh | 1 hoja de gelatina (2 g) | 5 g de sal

PARA LA CREMA DE ACEITE Aliñamos la patata con sal, aceite, pimienta y la cocemos envuelta en papel de aluminio. Pelamos y trituramos 40 g de pulpa de patata asada con el agua hasta obtener un jugo fluido pero denso. Colamos y reservamos. Calentamos el aceite a 30 °C. Colocamos el resto de ingredientes en un cazo y los cocemos 1 minuto. Trituramos con un túrmix. Seguimos cociendo hasta tener una masa homogénea de consistencia untuosa y de cierta densidad. Vertemos la mezcla en un bol y añadimos la gelatina, previamente remojada. Rápidamente agregamos el aceite a hilo con la ayuda de un batidor. Cuando tengamos una textura de mayonesa y la masa acepte todo el aceite, añadimos parte o la totalidad del jugo de fécula, dependiendo de la densidad que queramos. Reservamos como mínimo 1 hora.

5 dl de agua mineral | 200 g de hojas de perejil | 1 g de sal | 15 g de tapioca

PARA EL JUGO DE PEREJIL Limpiamos las hojas con agua y una gota de lejía alimentaria. Escaldamos las hojas 20 segundos en el agua con sal y enfriamos con agua y hielo. Licuamos el perejil y reservamos. En 100 ml de agua de cocción, cocemos la tapioca por espacio de 15 minutos. Cuando la tapioca esté translúcida, trituramos con un túrmix. En una sartén antiadherente bien caliente, reducimos la tapioca y el jugo de perejil. Cuando esté untuosa, enfriamos rápidamente para no perder color.

1 litro de fumet de merluza | 1 cebolla | 1 cebolleta | 3 dientes de ajo | 100 g de harina | 1 dl de aceite de oliva picual | 1 dl de vino blanco seco | sal y pimienta blanca

PARA LA VASCA LIGERA Rehogamos las verduras cortadas pequeñas en el aceite procurando que no cojan color. Cuando estén cocidas, añadimos el vino y reducimos. Agregamos la harina tamizada como si fuera un roux y pasamos por un vaso americano hasta conseguir un puré muy fino. Cocemos junto con el fumet, rectificamos de sal y pimienta y reservamos.

100 g de hongos *Boletus edulis* | 50 g de ajos tiernos | sal y pimienta blanca

PARA EL RAGÚ DE HONGOS Y AJO TIERNO Cocemos los ajos tiernos en agua salada 20 segundos y enfriamos con hielo. Cortamos los ajos de 1 cm. Limpiamos bien los hongos intentando no mojarlos demasiado. Laminamos y salteamos un minuto con el aceite y los ajos. Reservamos al calor.

germinado de guisante | aceite de cacahuete | 8 almejas gallegas de calidad

MONTAJE En un bol, ponemos una cucharada de perejil triturado y lo cortamos con el aceite de cacahuete. Cocemos las almejas en la vasca ligera, antes de mojar la merluza, y las sacamos de sus conchas. Dibujamos trazos de crema de aceite. En el centro, disponemos el ragú de hongos con las almejas y encima la merluza. Repartimos los germinados de forma atractiva y acabamos con el aceite cortado de perejil.

LUBINA MACERADA Y ASADA CON EMULSIÓN MARINA DE ACEITE,
ENCERRADOS DE OSTRAS Y ACELGAS CON PERCEBES Y
CLOROFILA CÍTRICA

2 dl de aceite de oliva 0,4º | 80 g de jengibre fresco y pelado | 100 g de citronela fresca | 20 g de piel de naranja sin nada de blanco | una pizca de sal

PARA EL ACEITE DE CITONELA, NARANJA Y JENGIBRE Laminamos finamente el jengibre, retiramos las 2 primeras hojas de las citronelas y las picamos finamente con un cuchillo. En una bolsa de vacío colocamos todos los ingredientes. Cocemos la bolsa dentro de un baño de agua caliente durante 45 minutos a 55 °C. Introducimos la bolsa en la cámara y dejamos macerar toda una noche. Pasado ese tiempo, filtramos bien fino y reservamos en un recipiente hermético.

1 lomo de lubina real salvaje de 800 g | 1 dl de aceite de citronela, naranja y jengibre | sal y pimienta blanca | c.s. de aceite de oliva picual

TRABAJO CON LA LUBINA Pulimos el lomo y lo dejamos bien limpio de espinas. Unos 10 minutos antes de acabar el plato, cortamos 4 tajadas y las envasamos, ligeramente aliñadas junto con el aceite de aromáticos. Cocemos durante 6 minutos en un baño de agua caliente a 55 °C. Abrimos la bolsa y aliñamos la lubina con aceite de oliva virgen nuevo. Asamos la lubina sobre una superficie antiadherente bien caliente hasta que la piel esté bien dorada. Damos la vuelta al pescado y cocemos unos 5 segundos por el lado de la carne. Servimos de inmediato.

2 dl de aceite de oliva virgen | 40 g de raíz de Micri (raíz de mandioca texturizada) | 1,4 g de gelatina neutra | 0,4 g de agar-agar | 1,2 g de pectina Nh | 1 g de sal | 1 dl de agua mineral | 2 dl de agua de ostrones y la sobrante de abrir las ostras

PARA LA CREMA DE ACEITE Y OSTRAS Colocamos el aceite en un recipiente dosificador y lo mantenemos a una temperatura constante de 30 °C. Introducimos el Micri, el agua y los gelificantes en un cazo. Trituramos con un túrmix y colocamos el cazo al fuego. Cocemos a fuego moderado hasta que la mezcla tenga una textura densa. Remojamos la gelatina neutra. Colocamos la masa reducida en una sopera, añadimos la gelatina y, con la ayuda de una varilla, vamos emulsionando el aceite. Cuando la masa admita todo el aceite, cortamos el proceso de gelificación con el agua de ostrones y ostras. La textura tiene que ser bastante líquida y totalmente emulsionada y lisa. Comprobamos la fluidez y el sazonamiento y reservamos hasta el momento de emplatar.

2 hojas de acelga | 4 ostras planas de buena calidad | sal | aceite de oliva picual

PARA LOS RAVIOLIS DE ACELGA Y OSTRA Escaldamos las hojas de acelga en agua salada y las enfriamos rápidamente en un baño de agua y hielo. Extendemos las hojas en una tabla de corte y realizamos 4 tiras de 2 por 7 cm y otras 4 de 1,5 por 6 cm. Intentamos que las tiras sean solo de hoja, sin las ramificaciones propias de las acelgas, ya que estas resultan duras y fibrosas en la boca. Abrimos las ostras reservando el jugo para la emulsión. Retiramos cada ostra de su concha y la colocamos en los extremos de las tiras más pequeñas. Realizamos un ravioli que quedará abierto de los laterales. Colocamos la tira más grande con el fin de dejar el ravioli perfectamente cerrado. En una fuente pequeña, colocamos los raviolis y los percebes. Aliñamos con aceite de oliva. En el momento de servir, calentamos 20 segundos en la salamandra y servimos rápidamente.

200 g de hojas de acelgas | 30 g de Micri | 1 dl de aceite de citronela, naranja y jengibre | sal

PARA LA CLOROFILA CÍTRICA Limpiamos las hojas con agua y unas gotas de lejía, las limpiamos de nuevo para retirar el baño de lejía y escaldamos las hojas durante 5 segundos en una cantidad mínima de agua salada hirviendo. Reservamos el agua de cocción y enfriamos las hojas en agua helada. Texturizamos el Micri en 80 ml de agua de cocción. Licuamos las hojas de acelga 2 veces y filtramos el jugo resultante. Colocamos el aceite en la nevera para que esté bien frío. En una sartén antiadherente, reducimos a fuego fuerte el jugo de acelgas y el de Micri. Cuando adquiera una textura bien densa, lo introducimos en el aceite bien frío. En el momento de servir, lo trabajamos ligeramente con una cuchara.

8 percebes de buen tamaño | 1 dl de agua | sal

PARA LOS PERCEBES Hervimos el agua con la sal, introducimos los percebes y, cuando recupere el hervor, contamos 7-8 segundos y retiramos del fuego. Pelamos los percebes y los reservamos en el agua que suelten hasta el momento de servir.

escamas de sal | hojitas de tomillo limonero | 4 ostras

MONTAJE En un plato hondo ponemos 2 cucharadas de crema de aceite y ostras. Colocamos un ravioli, 2 percebes y una ostra, disponemos un corte de lubina encima y aliñamos con el aceite de clorofila.
Acabamos con unas escamas de sal y unos brotes de tomillo limonero.

MARIDAJES CON LÓGICA
nuestro trabajo en sala

Este apartado del libro hace referencia a la zona de la sala, lugar donde culmina todo el trabajo que conlleva la buena elaboración de cualquiera de los platos cuya preparación hemos podido ver detalladamente, desde la materia prima utilizada en su estado más natural, con cocciones ligeras y presentaciones sencillas donde la importancia está en el sabor primario del producto, hasta los platos más elaborados y condimentados que buscan una armonía entre todos sus ingredientes.

Nuestro trabajo es el de maridar (aunque no es una palabra que me guste mucho), buscar la armonía entre un plato y un vino (el maridaje entre un sólido y un líquido es la base de la gastronomía), en función de unas cuantas reglas no escritas, pero suficientemente abiertas para poder dar toques de creatividad a nuestras combinaciones, muy subjetivas debido a la diferencia de paladar.

La primera parte, muy importante, es hacer un análisis crítico de cada plato y cada producto. Para llegar a esto, es vital que entre el sumiller y el chef haya una relación profesional directa y continua, poder probar todos los platos desde la perspectiva del chef hasta el punto de vista del cliente final. El sumiller es el encargado de transmitir lo que el chef quiere expresar en ese plato en un lenguaje asequible al comensal y lograr que este no se sienta como si estuviera comiendo en un laboratorio. Al restaurante se va a disfrutar y no a tomar apuntes de cocciones, temperaturas y técnicas.

Para analizar los platos, tendremos en cuenta los cuatro sabores básicos: dulce, ácido, salado y amargo. Es importante saber el juego que podemos dar a los sabores entre sí partiendo de la base de que un plato armónico es aquel en el que intervienen varios sabores, dando al paladar una sensación de redondez. Por ejemplo, una textura grasa contrasta con un toque ácido, la acidez se puede corregir con el dulce y al revés (una compota de fruta muy ácida se corrige con azúcar), un punto de amargor final proporciona equilibrio ya que es el último que nos queda en el paladar, y estos parámetros son tan válidos a la hora de elaborar un plato como de maridar un plato con un vino.

También la textura juega un papel importante. Puede ser de naturaleza fibrosa como una carne, un pescado tipo rape, unos espárragos; crujiente como hojaldres, caviar; gelatinosa como los pies de cerdo, crestas de gallo, rabo de toro, bacalao; harinosa como patatas, legumbres, pastas, arroz; sedosa como el foie y algunos quesos.

Para finalizar, los aromas son otro factor que debemos tener en cuenta a la hora de entrelazar comida con bebida buscando similitudes. Para un maridaje perfecto necesitamos una carta variada con vinos de distintas zonas y climas, jugando con diferentes métodos de elaboración, variedades de uva, tipos de vino y sobre todo con un perfecto conocimiento de nuestros platos y de los vinos de nuestra bodega. Todo ello para hacer que la persona que visite nuestro restaurante con ganas de ser sorprendido vea culminado su deseo desde el aperitivo, donde se busca incitar las papilas gustativas, ya sea con un toque de amargor de un fino o manzanilla, algo dulce como un oporto o Pedro Ximénez, el toque de acidez del txacolí, o el carbónico crujiente de un cava o cerveza hasta los postres y sobremesa. Con tal variación de platos, hay infinitas posibilidades de encontrar un vino o más de uno que encaje a la perfección, teniendo en cuenta que hay platos con un abanico más amplio de vinos a su disposición y otros que pueden resultar más difíciles de combinar o con escasas posibilidades de encontrar vinos idóneos para él.

Nuestro trabajo nunca termina, cada día adquirimos experiencia gracias al intercambio de opiniones entre nosotros y los comensales. Esto te enriquece día a día y hace que pierdas el miedo a combinaciones por contraste o simplemente más atrevidas. En los últimos tiempos la cocina ha tenido un gran auge y el cliente necesita conocer nuevas sensaciones. Es de vital importancia que confíe en nuestro hacer, argumentando el porqué de este plato con este vino. Un maridaje perfecto es la mejor forma de agradecérselo.

Jordi Soler
Sumiller

JUGO DE MELÓN CON IBÉRICO
(Receta en pág. 30)

Aunque sea solo un aperitivo, tiene personalidad suficiente debido a su combinación de sabores para ser acompañado por una garnacha blanca con algo de macabeo de la zona de la Terra Alta, elaborado con una ligera crianza en barrica con sus notas balsámicas, fruta madura, compota, miel. De boca agradable donde las notas melosas, dulces y la acidez se funden a la perfección a medida que pasa por el paladar con la nota del melón, toque graso del ibérico y el frescor de la menta y la lima kaffir. Es un deleite de contrastes entre madurez y frescor.

JUGO DE BACALAO CON LOMO LIGERAMENTE AHUMADO, PATATA, TRUFA Y CRUJIENTE DE ALIOLI
(Receta en pág. 98)

El caldo de bacalao es reforzado por su propia materia prima con un toque ligeramente ahumado que, a su vez, combina sabores como la trufa y la ligera teja de alioli. En la copa serviríamos un blanco chardonnay fermentado en barrica para casarlo con el ahumado del bacalao, siempre y cuando el tostado sean pequeñas notas que combinan perfectamente con la fruta blanca de la chardonnay, que al mismo tiempo la harán atractiva, fragante y compleja. Una vez en la boca, buscamos amplitud, buena acidez para poder aguantar la gelatina del bacalao que nos dará frescor y un final de boca largo y placentero.

JUGO DE JUDÍAS PERONAS AL ACEITE DE OLIVA, CON PERCEBES, PATATA Y CIGALAS AL VAPOR DE ROMERO
(Receta en pág. 38)

He aquí un plato de cuchara donde la sutileza de sabores y aromas finos como la judía, con un ligero aroma a romero de la cigala al vapor, se fundirán con un blanco de pasa blanca, variedad autóctona de Alella. Fresco en nariz con aromas a fruta verde y floral, combina con el ligero romero y la judía. En la boca, equilibrio perfecto de acidez y frescor con la intensidad del jugo de judías y la patata, componiendo un final de aromas y gustos francos de sólido y líquido.

CREMA DE ALCACHOFAS BRETONAS CON TRUFAS Y LANGOSTINOS AROMATIZADOS
(Receta en pág. 34)

Estamos ante un producto difícil de maridar y enemigo de la gran mayoría de vinos. Por eso hemos escogido una cerveza de baja fermentación con cuerpo y amargor, para que neutralice la alcachofa y pueda dar juego a la textura crujiente de los langostinos al vapor con aroma de trufa y formar un conjunto armónico de texturas, sabores y sensaciones táctiles.

ENSALADA TIBIA DE FOIE CON HOJAS CÍTRICAS
(Receta en pág. 22)

El foie contrasta con la chispa alegre de las hojas cítricas, la calabaza y los puerros, con el crujiente de pan de miel y mejorana. Para deleitarnos de placer, un espumoso de buena crianza con recuerdos a fruta madura, sus tostados y bollería, con una alegre acidez, hacen de este plato un contraste en el paladar donde juegan la untuosidad del foie con el cítrico de las hojas y el crujiente pan tostado compite con el carbónico, creando una unión del principio al fin de boca.

VIEIRAS TRATADAS COMO UNA ENSALADA
(Receta en pág. 108)

Para respetar al máximo tanto las vieiras como su cocción, junto con la ensalada, calabaza, aceite de trufa, etc., creemos que un txacolí joven será una buena opción, vino blanco ligero de la zona norte de España, con un clima atlántico que destaca por ser aromático, frutas frescas y florales. De suave entrada en boca, fresca acidez y de paso muy agradable con un punto final de amargor que combina con el toque de la ensalada.

TARTAR DE SALMÓN LIGERAMENTE AHUMADO
(Receta en pág. 44)

El protagonista, aunque sea en forma de tartar combinado con pan crujiente, es el propio sabor del salmón; su textura grasa y su toque ahumado son la base del maridaje. Aquí un cava Brut Nature, por su fresca acidez y poco o nulo contenido en azúcar, nos ayudará a desengrasar la boca y, por otra parte, una larga crianza como un reserva será el encargado de combinar los aromas de su envejecimiento en botella, bollería y tostados con el toque ahumado del salmón, las crujientes burbujas del carbónico con el pan crujiente a la mantequilla.

VIEIRAS AL ACEITE DE OLIVA, MAÍZ, TRUFA
Y JUGO DE GALLINA
(Receta en pág. 60)

La sutileza de las vieiras al aceite de oliva con maíz se refuerza con un toque de trufa y jugo de gallina. Buscando un blanco seco, elegante, afrutado y con cuerpo nos desplazamos a Alsacia y con un riesling daremos personalidad a la vieira, artífice del plato que, con su sabor marino y el bouquet exquisito del vino, es capaz de soportar el ligero toque de trufa y el caldo de gallina.

RISOTTO DE HONGOS
(Receta en pág. 120)

Un arroz donde el protagonista es el hongo, con su peculiar sabor y aroma, pero sin pasar por alto el toque que le da el queso parmesano en cuanto a sabor más intenso y textura más pastosa. Si escogemos un viognier de Condrieu, valle del Ródano, tenemos un vino que soporta perfectamente el paso por madera, da buena acidez y una estructura incapaz de pasar desapercibida ante un risotto, dejándonos hipnotizar por sus toques cítricos, florales, anisados y romero. En boca es agradable, glicérico, vivo, cálido y salino.

RISOTTO VENERE
(Receta en pág. 122)

Este tipo de arroz es tan especial por su color y consistencia que, arropado por el bogavante, le da un aire marino e intenso a la vez. Aunque parezca atrevido, un tinto de Toro, de terruño árido continental marcado por la madurez de la fruta y un paso por boca carnoso, se acopla con gran elegancia al paladar del risotto, aumenta su complejidad por el tipo de queso utilizado y le da cremosidad, y su textura harinosa se funde con los taninos maduros del vino.

ARROZ DE BOGAVANTE HACIENDO REFERENCIA
A LA PAELLA VALENCIANA
(Receta en pág. 124)

En este arroz con caldo de pescado, el carpaccio de bogavante y el langostino semicocido le dan un sabor a mar que personaliza el plato. Un buen acorde sería un albariño, sobre todo con barrica, con aromas tostados y su fondo de fruta. Voluminoso en boca, frescor goloso y acidez viva para acompañar al arroz, con un final persistente y ligeramente ahumado.

CANELÓN DE CIGALAS, PERCEBES Y SEPIA
(Receta en pág. 70)

El sabor y aroma del mar son la nota predominante gracias a las cigalas, los percebes y la sepia en forma de carpaccio que los envuelve en canelón, potenciado por una base de sofrito, donde un toque de cebolla rehogada toma personalidad. Un buen chardonnay de clima frío, tipo Chablis, donde las fragantes flores, miel, melocotón, mineral, una mezcla de madurez y frescor darán paso a unos recuerdos gustativos intensos, melosos, frescos y un final agradable, donde la melosidad y el frescor se fundirán con el sabor marino del plato, haciendo que el comensal disfrute intensamente.

RODABALLO SALVAJE AL CHARDONNAY
(Receta en pág. 84)

Aquí, por encima de todo, prima la calidad del rodaballo salvaje, de textura grasa, que se suaviza con el aporte de frescor del albaricoque y las uvas. Buscamos un vino blanco de nariz fresca con un ligero ahumado, redondo en boca, amplio, bien equilibrado, con un buen retronasal de final largo y agradable; en fin, sabroso y con buena estructura: por ejemplo, un godello de Valdeorras, con una ligera crianza en barrica. Su frescor se encargará de dar juego a la textura grasa y su cuerpo, con toques ahumados de crianza, de armonizar el paso por boca junto con la fruta, buscando un final agradable.

HÍGADO DE PATO ASADO, NARANJA, MELOCOTÓN, VAINILLA Y MASCABADO
(Receta en pág. 168)

En este plato la textura del foie se ve favorecida por el contraste de la naranja y la vainilla. Buscando un enlace de sabores, texturas y aromas con el vino les ofrecemos un tokaji, reconocido vino dulce húngaro, cuyo color ambarino intenso esconde aromas de albaricoque, melocotón y vainilla, con una entrada dulce, pero enseguida nos refresca su gran acidez, dando su paso en boca una gran permanencia con un final suave y agradable que, ligado con este plato, hace de este manjar un conjunto de aromas y sensaciones en boca, una armonía perfecta donde la untuosidad del foie se ve favorecida por una buena acidez del vino, dejando una sensación de ligereza y finura.

FILETES DE CIERVA CON RAGÚ DE FRUTAS AL TOMILLO
(Receta en pág. 202)

Un plato de caza consistente, sabroso, con el toque de bosque mediterráneo del tomillo necesita un vino mediterráneo, un priorat elaborado con garnacha y cariñena, de aromas maduros confitados, torrefactos y minerales. Potente en boca donde la complejidad y estructura de la carne de cierva se verá envuelta por el fuego de los taninos, acidez y alcohol del vino, pasando a un posgusto agradable y un recuerdo inigualable.

PIES DE CERDO ASADOS
(Receta en pág. 134)

Nos encontramos con la textura gelatinosa de los pies de cerdo envueltos en panceta con un ligero toque crujiente delgado y el sabor especiado de la vainilla y el azafrán. Un buen tinto de mencía del Bierzo, con cierta crianza en barrica para buscar intensidad aromática con toques especiados que se unan a las especias del plato. De buena entrada en boca, con taninos presentes y mucho volumen para que se fundan con la gelatina de los pies de cerdo y su paso sea de lo más agradable y redondo, dejando un final largo y placentero.

PASTELITO DE CHOCOLATE HACIENDO REFERENCIA A UNA GANACHE
(Receta en pág. 238)

Ante nosotros tenemos un irresistible pastel de chocolate de sabor intenso refrescado por el helado de almendras tostadas. Maridaremos nuestro postre con un Pedro Ximénez no muy intenso y los típicos aromas a fruta seca tostada e higos que desarrolla esta variedad con un toque de crianza, voluminoso en boca, dulce y con un final largo y un posgusto a pasas, que se unen al dulzor del chocolate y a sus aromas finales junto con el bouquet del vino. Vuelve el recuerdo del tostado del helado junto con el del vino. Las escamas de sal volcánica potencian aún más todos los sabores, para mayor placer.

MIEL Y REQUESÓN CON UN COMPACTO DE FRUTA SECA, CRUJIENTE DE PIÑONES Y UNA PECTINA EFECTO FRAMBUESA
(Receta en pág. 240)

Típico postre de nuestra zona versionado a nuestra manera, con la parte refrescante del helado de miel y romero y el compacto de fruta seca. Un moscatel de grano menudo, como los que se pueden elaborar en Navarra, de buena intensidad aromática y con la personalidad de la uva de entrada dulce, equilibrado paso en boca fino y agradable y posgusto placentero nos casa a la perfección. Los aromas dulces de miel y toque silvestre del romero con el floral del vino, en boca su dulzura acompaña al requesón y frutos secos hacia un posgusto que amplía la complejidad y sutileza de sus componentes.

HACIENDO REFERENCIA A NUESTRAS HOJAS DE CACAO: EL TURRÓN 2005
(Receta en pág. 220)

Este postre es un deleite para la entrada de las fiestas navideñas, una combinación de turrón en forma de mousse helada con las tejas crujientes. Para aunar dulce, frutos secos, texturas crujientes y pastosas necesitamos un vino con personalidad propia como una garnacha roja del Empordà, uvas recogidas con una ligera sobremaduración que le dan el punto de dulzura, grado alcohólico e intensidad combinado con una crianza en soleras con toques de frutos secos, almendrados, humo y chocolate amargo. Una vez en boca, la increíble presencia del turrón se acompaña hasta el final con el vino dulce pero no excesivo y su punto rancio con recuerdos a frutos secos y chocolates, logrando un maridaje que se mueve entre la armonía y el contraste.

ANEXO

Todos los ingredientes de las recetas están calculados para 4 raciones, exceptuando aquellas en cuya preparación es necesario aumentar la cantidad o bien en aquellas recetas que se indique lo contrario.

c.s. cantidad suficiente
c/s cucharada sopera
c/c cucharada de café

ACEITE DE ALBAHACA Y PIÑONES

20 g de hojas de albahaca fresca | 2 dl de aceite de oliva royal o picual | 30 g de piñones | sal

Introducimos 1 dl de aceite dentro de la nevera para que esté bien frío. Colocamos el resto de aceite en un cazo junto a los piñones, y calentamos hasta que los piñones cojan color. Colocamos las hojas de albahaca en la Thermomix aliñadas con la sal. Escaldamos las hojas con el aceite y los piñones y trabajamos con la Thermomix durante 30 segundos. Pasamos el aceite a un recipiente hermético y cortamos la cocción con el aceite frío para no perder color.

ACEITE DE CACAO

40 ml de jugo de cacao *Véase anexo* | 1 dl de aceite de cacahuete

Juntamos los dos ingredientes y reservamos. En el momento de utilizar el aceite, lo trabajamos con una cuchara hasta que se formen pequeñas gotitas de jugo dentro del aceite.

ACEITE DE TRUFA (*Tuber melanosporum*)

50 g de trufa negra rallada | 1 dl de aceite de trufa negra | 2 dl de aceite de oliva | sal

Juntamos todos los ingredientes y los trabajamos con el túrmix hasta que la trufa quede bien pequeña pero entera.

CREMA DE AJOS ASADOS

8 cabezas de ajos morados | 100 g de mantequilla | 50 ml de consomé de ave | sal

Quitamos la primera capa de piel a las cabezas de ajos y hacemos un corte en la parte superior, a 1 centímetro partiendo de la parte más alta. Colocamos los ajos en una fuente de asar con el corte hacia arriba. Cortamos la mantequilla en láminas finas y cubrimos los ajos. Asamos en el horno a 160 °C de 15 a 20 minutos. Damos la vuelta a los ajos con el fin de que absorban la mantequilla y se asen por el interior. Seguimos cociendo hasta que estén hechos. Presionamos las cabezas en caliente para extraer la pulpa guisada y la trituramos con el resto de ingredientes. El porcentaje de consomé puede variar según la densidad deseada para cada receta.

CALDO DE AVE Y CARNE

1 gallina | 1 kg de recortes y huesos de carne | 1 pollo | 1 ramita de apio | 75 g de hojas de col | 2 zanahorias peladas | 75 g de nabo fresco pelado | 100 g de patata pelada | 2 blancos de puerro | 2 cebollas medianas | 1 cebolleta | 200 g de garbanzos crudos | 6-8 litros agua | sal

Limpiamos y cortamos todas las carnes y huesos en trozos regulares. Los introducimos durante 5 minutos en agua helada para desangrarlas. Pulimos todas las verduras y las cortamos en *mirepoix*. Juntamos carnes, verduras y los garbanzos dentro de una olla con el agua y cocemos un mínimo de 2 a 3 horas a fuego muy suave.

CALDO DE GALLINA

2 gallinas de buen tamaño | 3 dl de vino de Oporto | 2 dl de coñac o brandi | 2 cebolletas | 1 cebolla | 1 ramita de apio | 1 blanco de puerro | 1 cabeza de ajo morado | 1 hoja de laurel | 1 ramita de tomillo | sal y pimienta

Limpiamos las gallinas vaciándolas perfectamente y retirando el exceso de grasa. Las cortamos en pedazos regulares y las desangramos en agua muy fría 5 minutos. Colocamos la carne de gallina en una fuente amplia para asar. Cocemos a 180 °C hasta que quede bien asada. Hacemos una bresa con las verduras peladas y las salteamos en una sartén con aceite hasta que tomen color. Cuando la carne esté bien tostada, añadimos las verduras salteadas y cocemos unos minutos más. Desglasamos la fuente con los licores y rectificamos. Pasamos el conjunto a una olla con el agua. Cocemos unas 3 horas a fuego moderado y filtramos por un chino.

CALDO DE PORRUSALDA

4-5 litros de agua | 3 blancos de puerro | 3 patatas medianas | 4 cebolletas | 3 zanahorias medianas | sal y un hilo de aceite de oliva

Limpiamos, pelamos todas las verduras y las cortamos en *mirepoix*, menos las patatas que dejamos enteras. Juntamos todos los ingredientes en una cazuela y los hervimos. Situamos la cazuela al lado de la plancha y dejamos que infusione unas 2 horas a 95 °C aproximadamente. Filtramos sin presionar demasiado.

COMPOTA DE MANZANA NEUTRA

6 manzanas golden | 100 g de mantequilla | 5 dl sidra natural

Descorazonamos las manzanas y las horneamos junto con la mantequilla y la sidra a 180 °C hasta que estén cocidas. Trituramos el conjunto con la Thermomix. Podemos ajustar de sal o azúcar según su aplicación.

CREMA DE FOIE ASADO

150 g de foie fresco | 50 g de pulpa de patata escalivada | 2 dl de consomé de ave y carne | 50 g Micri (raíz de mandioca texturizada) | sal y pimienta blanca

Colocamos el consomé, las patatas en dados y el Micri en un cazo. Lo hervimos. Aliñamos el foie cortado en dados de 1 cm y los asamos en una sartén bien caliente, lo justo para que quede tostado, no más de 1 minuto. Pasamos el foie asado al cazo y trituramos rápidamente hasta que quede una crema fina. Rectificamos y reservamos. Corregimos la densidad, si fuera necesario, con un poco de consomé.

CREMA DE PATATA A LA MANTEQUILLA

2 patatas medianas | 100 g de mantequilla en flor | 3 dl de leche | sal y pimienta blanca | una pizca de nuez moscada (opcional)

Aliñamos las patatas con unas gotas de aceite y las cubrimos con papel de aluminio. Las cocinamos a horno moderado hasta que estén hechas. Las dejamos enfriar y las pelamos. Para estas cantidades, necesitamos 150 g de patata cocinada. Mezclamos la pulpa con la leche y hervimos. Trituramos, añadiendo la mantequilla y rectificamos de sal y pimienta.

FUMET DE PESCADO BASE

1 kg de espinas y recortes de pescado: merluza, rape, cintas, etc. | 1,2 litros de agua mineral | 1 hoja de laurel | 2 ajos | ½ blanco de puerro | 1 ramita de apio | 2 cebolletas | 3 c/s de aceite de oliva picual | 1 dl de vino blanco | perejil | sal

Hacemos una bresa con todas las verduras limpias y las hervimos con las aromáticas. Cocemos 5 minutos y añadimos los recortes y espinas de pescado. Cocemos a fuego lento durante 15-20 minutos. Sacamos del fuego y añadimos el vino blanco y el aceite. Dejamos enfriar para que el conjunto macere un mínimo de 15 minutos más y filtramos por un chino fino.

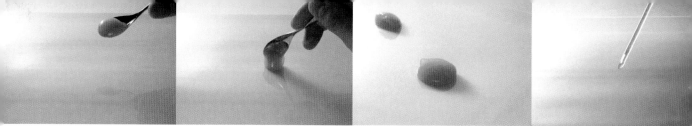

JUGO DE CABRITO

2 kg de huesos y recortes de cabrito | 6 litros de agua |
4 tomates maduros | 2 zanahorias medianas | 2 cebolle-
tas | 1 cebolla | 1 blanco de puerro | 1 ramita pequeña
de apio | 1 cabeza de ajos | 1 ramita de romero | 3 dl de
coñac o brandi

Colocamos los huesos de cabrito en una fuente y los asamos con un poco de aceite hasta que tomen un bonito
tono dorado. Añadimos todas las verduras y las hierbas
aromáticas, limpias y troceadas menudas. Asamos el
conjunto hasta que quede bien dorado y desglasamos
con el licor. Pasamos a una olla con el agua y cocemos a
fuego muy suave de 3 a 4 horas. Pasamos por un chino.

JUGO DE CACAO

120 g de azúcar | 30 g de glucosa | 2 dl de agua mineral |
30 g de cacao en polvo

Juntamos el azúcar, el agua y la glucosa en un cazo y lo
hervimos. Añadimos el cacao trabajando constantemente con una varilla. Cuando adquiera una textura densa,
lo pasamos por un colador y lo reservamos. Al enfriarse,
el jugo gana en densidad, por ese motivo es importante
sacarlo del fuego con un grado de densidad menor al deseado. De acuerdo con la receta a elaborar, podemos modificar estas cantidades, según sea para realizar tejas o
formas crujientes, salsas o aceites cortados.

JUGO DE CAZA MAYOR O MENOR

2 kg de recortes y huesos de caza mayor o menor | 6 a
8 litros de agua | 2 zanahorias medianas | 2 cebolletas |
1 cebolla | 1 blanco de puerro | 1 ramita pequeña de apio
| 1 cabeza de ajos | 1 dl de coñac, brandi o armañac | 2 dl
de vino tinto reserva | 1 ramillete de hierbas aromáticas
| sal y pimienta

Colocamos los huesos y recortes de carne en una fuente
de horno donde quepan holgados. Asamos con un poco de
aceite hasta que queden bien tostados. Limpiamos y pelamos todas las verduras, las cortamos menudas y las
rehogamos con un poco de aceite hasta que tomen un ligero tono dorado. Añadimos las verduras y aromáticas a
las carnes tostadas y cocemos el conjunto 5 minutos
más. Desglasamos la bandeja con los licores y pasamos a
una olla con el agua. Cocemos de 3 a 4 horas a fuego suave y pasamos por un colador fino. Si utilizamos este jugo
como salsa o base para una receta, lo reduciremos con
una nuez de mantequilla a la textura deseada.

JUGO DE CERDO ASADO

1 espinazo de cerdo | 500 g de recortes de cerdo con muy
poca grasa | 6-8 litros de agua | 2 zanahorias medianas |
2 cebolletas | 1 cebolla | 1 blanco de puerro | 1 ramita pe-
queña de apio | 1 cabeza de ajos | 2 dl de vino de Oporto
| 1 dl de coñac o brandi | sal y pimienta

Cortamos el espinazo por la junta de los huesos, y desangramos los huesos y recortes de carne durante 5 minutos
en agua helada. Escurrimos las carnes perfectamente y
colocamos en una fuente donde quepan holgadas. Asamos con un poco de aceite hasta que queden bien tostadas. Limpiamos y pelamos todas las verduras, las cortamos menudas y las rehogamos con un poco de aceite
hasta que tomen un ligero tono dorado. Añadimos las
verduras y las hierbas aromáticas y cocemos el conjunto
5 minutos más. Desglasamos la fuente con los licores y
pasamos a una olla con el agua. Cocemos de 3 a 4 horas a
fuego suave y pasamos por un colador fino. Si utilizamos
este jugo como salsa o base para una receta, lo reduciremos con una nuez de mantequilla a la textura deseada.

JUGO DE PESCADO

2 kg de pescados de roca | 500 g de cangrejos de mar | 300 g de cabezas de bogavante | 150 g de cabezas de gamba | 4-5 litros de fumet base *Véase anexo* | 1 cebolla | 2 cebolletas | 15 g de crema de ajos asados | 2 zanahorias medianas | 1 ramita de apio | 4 tomates en dados (solo la pulpa) | 1 dl de vino blanco seco | 50 ml de brandi o coñac | 200 g de pan tostado para sopa | 80 g de salsa de tomate natural concentrada | sal y pimienta blanca

Ponemos las verduras en una marmita baja, las rehogamos lentamente, al final añadimos el tomate a dados y el coñac, y cocemos 5 minutos a fuego rápido. Añadimos el pan de sopa tostado y cortado en rodajas finas junto con la salsa de tomate. Cocemos de 5 a 10 minutos más y reservamos. Ponemos a asar el pescado limpio al horno durante 15 minutos a 200 °C. En una marmita amplia y grande, rehogamos las cabezas de marisco junto con los cangrejos. Cuando tomen un bonito color dorado, añadimos el vino blanco. Reducimos a seco. Agregamos el pescado, el guiso de verduras y mojamos con el fumet reposado y filtrado. Cocemos por espacio de 1 hora a partir de la ebullición. Trituramos un poco y filtramos.

PRALINÉ SALADO DE ALMENDRAS

200 g de almendras peladas | 50 ml de aceite de cacahuete | gotas de aceite de almendras | sal

Asamos las almendras con el aceite de cacahuete y un pellizco de sal hasta que tomen un bonito color tostado. Escurrimos el aceite de cacahuete y ponemos las almendras bien calientes en la Thermomix con un hilo de aceite de almendras. Trituramos las almendras hasta conseguir una masa lisa y untuosa. Debemos tener mucho cuidado, pues al principio es difícil conseguir la textura deseada y podemos pasarnos con el aceite de almendra. Si utilizáramos más de la cuenta, el praliné quedaría demasiado líquido.

ROMESCO TRADICIONAL

½ litro de aceite de oliva picual | 300 g de avellanas peladas tostadas | 450 g de almendras peladas tostadas | 6 tomates | 4 ajos | 1 dl de vinagre balsámico | 50 ml de vinagre de Jerez | 1 ñora | 1 guindilla | sal

Asamos los tomates al horno sin el nudo, aliñados con sal, un poco de azúcar y aceite hasta que estén bien hechos. Con la mitad del aceite freímos los ajos laminados, lentamente y partiendo de aceite frío. Cuando los ajos tomen color, añadimos la ñora y la guindilla. Al minuto, incorporamos los frutos secos y el vinagre. Cocinamos el conjunto un par de minutos y agregamos los tomates. Dejamos cocer 5 minutos más y trituramos finamente añadiendo el aceite restante. Podemos sustituir una pequeña porción del aceite por aceite de avellana tostada o almendra para potenciar su sabor según la receta que elaboremos.

VINAGRETA SIMPLE

2 dl de aceite de oliva royal o picual | 40 ml de vinagre de Jerez | 10 ml de vinagre balsámico | 10 g de sal

Juntamos los ingredientes y los emulsionamos con la ayuda de un túrmix. Esta operación se repetirá cada vez que tengamos que aliñar alguna ensalada, teniendo en cuenta que para utilizarla tiene que estar bien fría. La cantidad de sal puede modificarse a nuestro gusto, en este caso es alta, pero nuestros comensales agradecen comer unas hojas bien aliñadas.

ÍNDICE DE RECETAS

ENTRANTES

18
BLOODY ON THE ROCKS, sorbete de apio y salazones (versión receta ABaC 2016)

22
ENSALADA TIBIA DE FOIE CON HOJAS CÍTRICAS, esencia de calabaza y ajo tierno con puerros caídos y crujientes de pan, miel y mejorana

24
MEDALLONES DE CIGALA Y PANCETA con terrina de foie, crema de aceite, aceite infusionado al romero y esencia de judías a la mantequilla

26
CURRI DE MEJILLONES

30
JUGO DE MELÓN CON IBÉRICO, menta y lima kaffir

32
JUGO DE HONGOS CON EMULSIÓN DE AVELLANA, salteado de setas y crestas de gallo con crujiente de pan, ibérico y trufas

34
CREMA DE ALCACHOFAS BRETONAS con trufas y langostinos aromatizados

38
JUGO DE JUDÍAS PERONAS AL ACEITE DE OLIVA con percebes, patata escalivada y cigalas al vapor de romero

44
TARTAR DE SALMÓN LIGERAMENTE AHUMADO, pan de mantequilla, manzanas al horno e hinojo en todos sus estados

46
TARTAR DE FOIE NATURAL CON TOQUE ÁCIDO Y BALSÁMICO, pan de miel con mejorana y falsa gelatina de Tokaji Aszú

48
TARTAR DE ANCHOAS DE LA ESCALA con los componentes de una tostada

52
BAGUETINA HINCHADA CON ANCHOA, berenjenas y pimientos a la brasa sobre un jugo infusionado de escalivada

60
VIEIRAS AL ACEITE DE OLIVA , maíz salteado con aceite de trufa, crema láctea y jugo infusionado de calabaza y gallina

68
RAVIOLIS INVERTIDOS DE BONITO CON SUERO DE PARMESANO, crujiente de arroz, tomate en estados y hojas de albahaca

76
ESFERAS DE SCAMORZA AHUMADA con texturas de pan con tomate

78
ÑOQUIS DE SALMÓN LIGERAMENTE AHUMADOS con crema de coliflor y pan a la mantequilla

82
GAZPACHO DE FRUTAS con
melocotón, chardonnay
y fresas

98
JUGO DE BACALAO
CON LOMO LIGERAMENTE
AHUMADO, patata, trufa y tejas
crujientes de alioli

100
COCA DE SARDINAS Y ESPÁRRAGOS
LIGERAMENTE AHUMADOS con
brotes de rúcula al aceite cítrico
de pistachos y coco

104
SALMONETES Y MAÍZ TRATADOS
COMO UNA ENSALADA con tomates
en dos cocciones, hojas aliñadas
al chardonnay, crema de parmesano
y aceite de oliva

106
TACO DE BACALAO TRATADO
COMO UNA ENSALADA, espuma
de arbequina, tejas de pan y suave
sofrito en dos cocciones

108
VIEIRAS TRATADAS COMO UNA
ENSALADA con calabaza, maíz a la
trufa y tejas de pan a la naranja

112
RAVIOLIS DE BACALAO CON EL
SABOR DE LA ESQUEIXADA, jugo de
vegetación gelatinizado, yemas de
tomate y hojas de escarola joven
ligeramente aliñadas

116
CALÇOTS ASADOS Y CONFITADOS
con pan de humo y romesco helado

120
RISOTTO DE HONGOS con picada,
rúcula y virutas de ibérico

122
«RISOTTO VENERE» CON CAMISA
DE BOGAVANTE, gorgonzola,
jugo de corales y crujientes
frutos secos

124
HACIENDO REFERENCIA A LA
PAELLA VALENCIANA, arroz de
bogavante y camisa de gamba con
crema de ganxet, alcachofas y aceite
ibérico

126
RISOTTO DE CONEJO EN DOS
COCCIONES con maridaje de puerro,
queso de cabra y dos trufas

128
ARROZ DE PICHÓN CON FOIE
Y HONGOS, dos texturas de
manchego y esencia de hierbas de
montaña

138
JUGO MARINO CON PESCADOS
DE ROCA, naranja, azafrán y aire de
anisados

140
SOPA FRESCA DE PUERRO Y COCO
con pequeña mariscada y una
pectina cítrica de hojas perfumadas
y aire de lima kaffir

PESCADOS Y MARISCOS

144
ARROZ DE POLLO DE CASERÍO
ASADO con nueces y queso Saint
Félicien

148
BUN DE CERDO IBÉRICO Y GAMBA
DE PALAMÓS con toques exóticos

150
A MODO DE NIGIRI DE CALAMAR
ATEMPERADO y pieles de atún
cocidas

170
TACO DE MAÍZ Y FOIE GRAS con café,
chile, vainilla y cilantro

198
HUEVO DE CASERÍO A BAJA
TEMPERATURA con crujientes de
ibérico, yemas de espárragos,
espumoso de manchego y hojas de
rúcula

212
YEMA DE HUEVO CURADA y
COCINADA con parmentier de patata
y texturas de ibéricos

40
CANGREJOS DE RÍO AL AROMA DE
JENGIBRE, texturas de alcachofas y
aceite dulce de soja y naranja

54
GAMBAS DE PALAMÓS ASADAS,
infusión de sus cabezas con
colmenillas y aceite haciendo
referencia a la donostiarra

56
MERO AL HORNO SOBRE ARROZ DE
SETAS, infusión de hongos y aceite
de romero

62
GAMBA DE PALAMÓS ASADA con
suave flor de calabacín, ravioli de
cigala y su jugo muy clarificado

64
BULLABESA INFUSIONADA
DE CARABINEROS

70
CANELÓN DE CIGALAS CON
PERCEBES Y SEPIA, salsifí, tomate
en dos cocciones y albahaca
perfumada

84
RODABALLO SALVAJE AL
CHARDONNAY, dos uvas, crema
espumosa de albaricoques y aceite
ibérico

90
RODABALLO EN INFUSIÓN DE
CÍTRICOS con frutas perfumadas
y crema de paraguayo al tomillo
limonero

92
RAYA DEL MEDITERRÁNEO CON UNA
CREMA DE PLÁTANO Y NARANJA
infusionada al tomillo limonero
y salteada con hojas de tomate y
gambas

114
CABALLA DEL MEDITERRÁNEO
TRATADA COMO UNA ENSALADA
haciendo referencia a un escabeche
de conserva

152
LUBINA Y CIGALITAS DE COSTA A LA TAILANDESA

156
PEZ DE SAN PEDRO CONFITADO EN ACEITE IBÉRICO, crema de patata ratte, coca crujiente con tuétanos de verdura tratados como un pisto

158
LOMO DE BACALAO CON JUGO DE ESPÁRRAGOS BLANCOS, huevo de codorniz a la trufa, espuma de yema al aceite de arbequina y aceite de oliva con beluga

160
FILETES DE DORADA DEL MEDITERRÁNEO sobre un arroz de hongos y la picada texturizada natural y cremosa

162
FRITURA DE SALMONETES Y ESCAMAS con tomates desecados, jugo de espinas y alioli de citronela

164
CORVINA ASADA con texturas de alcachofas y aceitunas negras

188
LOMO DE RAPE CON CAMISA DE OLIVAS NEGRAS y mostaza de grano al aceite de oliva «versión 2004»

190
RAPE EN CAMISA SECA DE ROMESCO con picada y sofrito en dos cocciones «versión 2004»

208
LOMO DE RAPE CON ROMESCO, verduritas corales y gambas de costa «versión 2005»

210
LOMO DE RAPE CON OLIVAS NEGRAS Y MOSTAZA EN GRANO, crema de aceite y tubérculos con brotes de pipa y pan de olivas «versión 2005»

252
VIEIRAS ASADAS CON PASTA DE ACEITE Y BROTES DE SOJA con alcachofa, apionabo y aceites esenciales

254
LOMO DE MERLUZA HACIENDO REFERENCIA A LA VASCA, almejas, crema de aceite en esencia de perejil y ajos tiernos, germinado de guisante y cebolletas

256
LUBINA MACERADA Y ASADA CON EMULSIÓN MARINA DE ACEITE, encerrados de ostras y acelgas con percebes y clorofila cítrica

CARNES

72
RAVIOLIS DE CARACOLES DE BORGOÑA con su jugo concentrado en cebolla, panceta, nabo negro y aceite de nuez al ibérico

94
NUESTRA LIEBRE A LA ROYALE con manzana cocinada, aceite caliente de enebro y jugo macerado con haba de cacao torrefacta

132
COCHINILLO IBÉRICO CON TRES TEXTURAS DE ALMENDRAS, el grano del cuscús con toque de avellana, ras el hanout y pequeñas hojas de sisho moradas

134
PIES DE CERDO ASADOS, crema infusionada de garbanzos a la vainilla y cangrejos de río al vapor de azafrán

142
NUESTRO FRICANDÓ A BAJA TEMPERATURA con infusión de setas, cebollitas trufadas y aceite de zanahorias dulces

168
HÍGADO DE PATO ASADO CON NARANJA, MELOCOTÓN, VAINILLA Y MASCABADO

172
PINTADA ASADA CON FOIE GRAS, carbón de pan negro y berenjenas ahumadas

178
TRATADO COMO UN ROSBIF, láminas de ternera atemperadas con aceite de trufas, pan de avellana, hongos, foie y patatas tratadas

180
PIEZA DE CABRITO A BAJA TEMPERATURA con manzana a la sidra y rebozuelos de margen

182
PECHUGA DE PATO AZULÓN con pequeñas hojas de espinaca, crema espumosa de patata y diversos sabores de almendras crudas y tostadas

184
FILETE DE JABALÍ CON FRUTOS Y FRUTAS SECAS, cebollitas a la vainilla y una crema suave de zanahoria con coco

200
CANETÓN ASADO Y REPOSADO con tallarines de otoño a baja temperatura, perfumados con pimienta serpiente

202
FILETES DE CIERVO CON RAGÚ DE FRUTAS AL TOMILLO Y FOIE ASADO, crema de melocotón asado, jugo de guiso, aceite cítrico y haba de cacao torrefacta

204
COSTILLAS DE CORDERO LECHAL CON RAGÚ DE PATATA, crema de berenjenas asadas y verduras con el sabor de las brasas

PREPOSTRES Y POSTRES

16
VERMUT DE MANDARINA

86
COPA DE COCO CON UN TOQUE
CÍTRICO

192
PLÁTANO AL CACAO

214
YOGUR, HINOJO Y MANDARINAS
al aceite de oliva

218
HACIENDO REFERENCIA A UN
CAPUCHINO, hojas crocantes de
cacao con esfera láctea, café, nata
batida y leche concentrada

220
HACIENDO REFERENCIA A
NUESTRAS HOJAS DE CACAO:
EL TURRÓN 2005, hojas, aceites
y frutas de almendras y avellanas
con crema de turrón, helado nougat
y esfera de Jijona

226
HACIENDO REFERENCIA AL GIN-
TONIC, agua mineral tonificada,
gasificada y gelatinizada con
infusión de limón y bayas de enebro

228
LECHE DE CABRA CUAJADA AL
MOMENTO con pectina de miel y
piñones tostados

232
ESFERA DE ANÍS con crujiente de
quinoa y diversidad en la mora

234
EL TIRAMISÚ CEREAL

238
PASTELITO DE CHOCOLATE
HACIENDO REFERENCIA A UNA
GANACHE, almendras blancas y
amargas, avellanas tostadas, sal
volcánica y maridaje con uva pasa

240
MIEL Y REQUESÓN con un compacto
de fruta seca, crujiente de piñones y
una pectina efecto frambuesa

242
ESPUMA DE CREMA CATALANA
CARAMELIZADA con ocumare,
helado de plátano y piña guisada al
ron añejo

244
BAJO UNA ESCARCHA DE FLORES
SECAS, nubes de yogur, galletas
crujientes y helado de violetas

Primera edición: noviembre de 2016

© 2016, Jordi Cruz
© 2016, de la presente edición en castellano para todo el mundo:
Penguin Random House Grupo Editorial, S. A. U.
Travessera de Gràcia, 47-49. 08021 Barcelona

Créditos de las fotografías
Edu García: p. 2 y portada del libro
Joan Llenas: pp. 4, 16, 18, 26, 64, 76, 78, 116, 144, 148, 150, 152, 162, 164, 170, 172, 192, 212, 214 y 244
Las fotografías restantes son de © Buffet & Ambigú, S. L.

ISBN: 978-84-16449-50-7
Depósito legal: B-19.654-2016

Impreso en Egedsa
Sabadell (Barcelona)

D O 4 9 5 0 7

Penguin
Random House
Grupo Editorial